Ilana Pardes

Das Buch Ruth

Geschichte einer Migration

Aus dem Englischen von
Christa Krüger und Ursula Gräfe (Vorbemerkung)

SUHRKAMP VERLAG
JÜDISCHER VERLAG

Die Originalausgabe erschien 2022 unter dem Titel
Ruth. A Migrant's Tale bei Yale University Press,
New Haven und London

Klimaneutral
Druckprodukt
ClimatePartner.com/14438-2110-1001

Erste Auflage 2022
Deutsche Erstausgabe

Umschlaggestaltung: Rothfos & Gabler, Hamburg
Umschlagabbildung: James Tissot, *Ruth bei der Nachlese (Ruth Gleaning)*, ca. 1896, Gouache auf Holz,
The Jewish Museum, New York, Foto: bpk/The Jewish Museum
of NY/Art Resource, NY/Kris Graves
Satz: Dörlemann Satz, Lemförde
Druck: CPI books GmbH, Leck
Printed in Germany
ISBN 978-3-633-54320-5

www.suhrkamp.de

Das Buch Ruth

Geschichte einer Migration

Für Keren und Eyal in Liebe

Inhalt

Vorbemerkung

Das Buch Ruth erzählt so ausführlich wie keine andere biblische Geschichte von weiblichen Lebenszusammenhängen, dennoch ist selbst dieser verhältnismäßig detaillierte Bericht erstaunlich knapp gehalten und somit kein Buch im eigentlichen Sinne. Es umfasst lediglich vier Kapitel und ist damit eher eine Kurzgeschichte oder eine sehr kurze Geschichte. Eine Biographie über Ruth zu schreiben, bedeutet also, selbst zur Sammlerin – zur Ährenleserin – zu werden, Fragmente und Hinweise aus den spärlichen, lückenhaften Szenen zusammenzustoppeln. Denn allen Auslassungen zum Trotz besitzt die hintergründige Geschichte der Ruth die bemerkenswerte Kraft, aus nur wenigen skizzenhaften Schilderungen das lebendige Porträt einer der faszinierendsten Gestalten der Bibel zu zeichnen.

Das Buch Ruth beginnt mit einer lakonischen Schilderung des Auszugs von Elimelechs Familie aus dem Land Juda nach Moab. Eine Hungersnot treibt sie dazu, in Moab nach Nahrungsquellen zu suchen. Ähnlich wie Abraham und Jakob, die in Zeiten des Hungers nach Ägypten zogen, wandert auch Elimelech in ein fremdes Land aus, um einen neuen Lebensunterhalt zu finden. Seine Frau Noomi und die beiden Söhne Machlon und Kiljon begleiten ihn. Aber die Geschichte ihrer Migration nimmt kein gutes Ende. Bald nach ihrer Ankunft stirbt Elimelech, zehn Jahre später kommen auch die beiden Söhne ums Leben. Ruth wird in dieser Vorrede zum ersten Mal neben Kiljons Ehefrau, der Moabiterin Orpa, als Machlons ebenfalls aus Moab stammende Frau erwähnt. Mehr Informationen über ihre Abstammung und ihren Hintergrund erhalten wir nicht.

Der Midrasch füllt diese Lücke, indem er aus Ruth eine der Töchter Eglons, des Königs von Moab, macht und sie so zur Prinzessin erhebt. In der Bibel selbst spielt Ruths Vergangenheit in Moab keine Rolle. Noch auffälliger ist, dass Ruths Ehe mit Machlon und ihre gemeinsamen kinderlosen Jahre keine Erwähnung finden. Ruth könnte so verzweifelt gewesen sein wie die unfruchtbare Rahel, als sie Jakob anschrie: »Verschaff mir Söhne! Wenn nicht, sterbe ich.«[1] Doch die Geschichte hält sich weder mit Ruths Eheleben auf, noch verrät sie etwas über ihre Reaktion auf den Tod ihres Mannes. Stattdessen geht die Vorrede in eine weitere Migrationsgeschichte über – hier beginnt das Drama, das nun in die entgegengesetzte Richtung von Moab nach Bethlehem führt.

Ruth betritt erst die Bühne, als sie ihr Zuhause und ihre Heimat verlässt, um sich auf den Weg in das ihr völlig fremde Land Juda zu machen. Ihre Migration ist so radikal wie Abrahams Aufbruch nach Kanaan, wenn auch von ganz anderer Art. Kein Gott ruft Ruth und verlangt von ihr wie aus dem Nichts, ihre angestammte Heimat zu verlassen. Sie bricht aus eigener Initiative auf, und ihr oberstes Ziel ist nicht, Gott zu gehorchen, sondern Noomi beizustehen. Mit bemerkenswertem Gespür macht Ruth die liebende Güte *chesed*[2] zu ihrem Leitmotiv und erklärt sich bereit, alle Gefahren auf sich zu nehmen, um ihrer verarmten unglücklichen Schwiegermutter in die Fremde zu folgen.

Die Geschichte von Ruths Migration ist eine Ausnahme in der Bibel. Die großen Narrative vom Auszug in der Genesis und im Buch Exodus werden von männlichen Charakteren bestimmt. Hier steht jedoch eine Frau im Mittelpunkt, und die Eigenarten eines Migrantinnenlebens werden mit besonderer Anschaulichkeit geschildert. Wir folgen Ruth durch die verschiedenen Stadien ihrer Wanderschaft, angefangen mit dem Moment, in dem sie Moab als kinderlose Witwe verlässt und die Entscheidung trifft, sich Noomi anzuschließen, bis hin zu dem mühevollen Prozess der Eingewöhnung in Bethlehem, der mit ihrem Kampf ums Überleben als Ährenleserin auf den Gerstenfeldern beginnt und mit ihrer Heirat mit dem »einheimischen« Boas und der Geburt ihres Sohnes Obed endet.

Noch außergewöhnlicher an Ruths Geschichte ist der Umstand, dass sie Moabiterin ist. Eine Frau aus Moab wird nach ihrer Übersiedlung nach Bethlehem nicht nur ein Mitglied des Volkes Israel, sondern auch zur Ahnfrau König Davids. Diese dramatische Veränderung von Ruths Status ist eines der Rätsel ihrer Biographie: Wie konnte eine Fremde zur Begründerin der Dynastie Davids werden? Was ist ihr Zauber? Was macht sie unersetzlich?

Ruths Leben spielt »zu der Zeit, als die Richter richteten« (Ruth 1,1).[3] Die »Richter«, die *schoftim*, sind Stammeshäuptlinge, die in der vormonarchischen Zeit herrschten, vermutlich vom 13. bis zum 11. Jahrhundert v. u. Z. Ungeachtet dieser historischen Einordnung im ersten Vers des Buches Ruth stellt sich die Frage, ob Ruth eine historische oder eine fiktive Gestalt ist. Es gibt keine archäologischen Funde oder außerbiblischen Texte, die ihre Existenz bestätigen würden. Dieser Mangel an Beweisen belegt jedoch nicht, dass es auf den Feldern von Bethlehem nie eine Ruth gegeben hätte. Es ist kaum vorstellbar, dass ein Schriftgelehrter es gewagt hätte, ohne jede historische Grundlage eine Moabiterin als Vorfahrin an den Anfang der Dynastie Davids zu setzen. Doch ob Ruth nun eine historische Figur war oder nicht, das Buch Ruth behandelt sie als solche. Der Gott Israels offenbart sich in der Geschichte und setzt seinen Plan mithilfe realer Menschen sowie auch gegen sie durch. Die Bibel ist geprägt von historischen Impulsen, auch wenn sich diese gewiss von unserer modernen Vorstellung von Geschichtsschreibung unterscheiden.

In der Bibel geht Geschichtsschreibung Hand in Hand mit Literatur, und die Erzählung ist der vorherrschende Modus bei der Aufzeichnung vergangener Ereignisse. Merkmale, die heute als Domäne der Literatur gelten – wie eine ausführliche Betrachtung zwischenmenschlicher Beziehungen, die Schilderung von Gesprächen, die niemand bezeugen kann, Gedanken und Gefühlsäußerungen –, sind im biblischen Kontext entscheidend für das Verständnis historischer Wirklichkeit.[4] Martin Buber erklärt in einem Kommentar zu den Bibelwissenschaftlern, die auf einer Unterscheidung zwischen Fakten und Legenden in der Moses-Geschichte bestehen, derartige Bemühungen für vergeblich. Statt zu versuchen, eindeutige Grenzen zwischen Historie und Literatur zu ziehen, plädiert Buber dafür, die Macht der Erfahrung eines tatsächlichen Gründungsereignisses oder die tatsächliche Begegnung mit einer herausragenden historischen Figur bei der Entstehung von Literatur zu berücksichtigen. Dichtung und Sage mögen weit von der historischen Wahrheit entfernt sein, bewahren aber tatsächlich auf ganz eigene Weise die Erinnerung an die erste spontane Gefühlsreaktion auf die unerwartete Natur eines historischen Ereignisses oder einer Person.[5] Wir kennen ähnliche Phänomene auch aus späteren Zusammenhängen. Abraham Lincoln, Theodor Herzl und Mahatma Gandhi sind historische Persönlichkeiten, dennoch haben sie in unserem kulturellen Gedächtnis den Status von Legenden. Auch wenn Ruth in ihrem historischen Umfeld keine Anführerin oder Richterin war, hatten vielleicht diejenigen, die ihr begegneten, den Eindruck, ihr Leben sei so außergewöhnlich und bedeutsam, dass ihre Geschichte weitergegeben werden sollte.[6]

Die Verknüpfung von Ruth mit der Zeit der Richter ist einigermaßen sonderbar, denn ihre Geschichte scheint in starkem Gegensatz zur Darstellung dieser Epoche im Buch der Richter zu stehen. Der bekannteste und wiederkehrende Vers darin lautet: »Jeder tat, was in seinen Augen recht war«. Die Epoche galt als eine Zeit, in der Gesetzlosigkeit und Unfrieden herrschten. Ad-hoc-Stammeshäuptlinge, die *schof-tim*, versuchten willkürlich, den losen Verband der hebräischen Stämme vor ihren Feinden zu schützen, doch selbst nach der siegreichsten Schlacht hielt sogleich wieder das Chaos Einzug. Das Buch Ruth bietet mit seiner singulären Atmosphäre der Güte eine menschlichere Alternative oder vielleicht sogar einen Blick auf ein anderes Kapitel innerhalb dieser Umstände. Wir betreten Bethlehem zur Erntezeit, nicht der Schatten eines Feindes ist in Sicht. Die Menschen auf den Feldern grüßen einander mit Respekt, und Rechtsangelegenheiten werden friedlich am Stadttor geregelt.

Im Buch Ruth gibt es keine Schurken. Tatsächlich ist die überzeugende Darstellung guter Menschen eine seiner erstaunlichen literarischen Leistungen. Sie zeigt eine Ausnahmewelt, in der *chesed* – die Güte – als wünschenswertes Prinzip menschlicher Beziehungen hervorgehoben wird. Ruth besticht als Hauptvertreterin dieses Prinzips und wird immer wieder dafür gepriesen. Auch andere Charaktere werden als gütig und barmherzig geschildert. Selbst Orpa, die im Gegensatz zu Ruth beschließt, nach Moab zurückzukehren, statt ihrer Schwiegermutter nach Bethlehem zu folgen, wird nicht negativ dargestellt. Noomi dankt ihr für *chesed* und Fürsorge und drängt sie, ins Haus ihrer Mutter zurückzukehren. Orpa ist ein guter Mensch, nur weniger gut als Ruth. Auch Gott spielt eine entscheidende Rolle bei der Förderung von *chesed*, bleibt jedoch hinter den Kulissen. Er ist keine handelnde Figur, und seine Stimme ist nicht zu hören. Vor allem menschliches Handeln und menschliche Güte bestimmen die Dramaturgie des Buches Ruth.

Toni Morrison weist 2012 in einem Vortrag zum Thema »Goodness« darauf hin, dass »die zeitgenössische Literatur nicht an Güte in größerem oder auch nur begrenztem Umfang interessiert ist. Sobald sie in Erscheinung tritt, hält sie einen Entschuldigungszettel in der Hand und hat Mühe, ihren Namen auszusprechen.«[7] Morrison kritisiert diese Tendenz und verweist auf Schriftstellerinnen des 19. Jahrhunderts, die keine Hemmungen hatten, sich mit dem keineswegs reizlosen Leben guter Menschen zu beschäftigen. Seltsamerweise unterscheiden sich die biblischen Geschichten in ihrem Argwohn gegenüber dem Guten gar nicht so sehr von der modernen Literatur. Viele von ihnen handeln von Eifersucht, Betrug und Gewalt. Jakob betrügt seinen Bruder Esau und seinen Vater Isaak, um an das Erbe zu kommen; Lea und Rahel liefern sich einen erbitterten Kampf um Jakobs Liebe; Josef wird von seinen Brüdern in eine Zisterne geworfen; David schickt Uria in den Tod, um seine Affäre mit Batseba zu vertuschen. Die nachdrückliche Betonung des Guten in Ruths Geschichte bildet eine seltene Ausnahme von der Regel. In gewisser Weise ist Ruth eine Vorläuferin von Herman Melvilles Billy Budd und mehr noch von George Eliots Dorothea, der Protagonistin von *Middlemarch*, deren bedingungslose Hingabe an ihren Mann Casaubon einer der fesselndsten Aspekte des Romans darstellt. Gute Charaktere sind weder makellos noch ist ihr Leben notwendigerweise weniger elend oder frei von Wechselfällen, dennoch verfügen sie über ein einzigartiges Leuchten, eine eindrucksvolle Großzügigkeit, die alle um sie herum in ihren Bann zieht – selbst diejenigen, die ihre Anziehungskraft zu leugnen versuchen.

Wann diese Geschichte der *chesed* verfasst wurde, bleibt

ein Mysterium. Dass sie in den Tagen der Richter spielt, bedeutet nicht, dass sie auch in dieser Zeit geschrieben wurde. Der Stammbaum am Ende des Buches, der mit dem Hinweis auf König David schließt, deutet auf eine weit spätere Entstehungszeit hin. Zahlreiche moderne Gelehrte sehen im Buch Ruth einen im 5. Jahrhundert v. u. Z. verfassten Protest gegen die damalige von Esra und Nehemia propagierte Ablehnung fremdstämmiger Ehefrauen. Sie stützen sich dabei auf linguistische Indizien – das Auftreten bestimmter Wörter aus späteren Schichten des biblischen Hebräisch – sowie auf den Inhalt, das heißt die positive Darstellung einer Ausländerin. Allerdings weist diese Methode der Datierung gewisse Tücken auf. Die sprachlichen Belege bezeugen die Zeit der Endredaktion, dennoch könnten frühere Versionen der Geschichte Ruths bereits in der vormonarchischen Zeit oder während der Herrschaft König Davids in Umlauf gewesen sein.[8] Überdies kann die Verknüpfung einer angenommenen Ideologie des Textes mit einer bestimmten historischen Situation nicht ausschlaggebend sein. Die Ablehnung von Mischehen und ausländischen Frauen findet sich in einer Reihe von biblischen Texten in unterschiedlichen historischen Zusammenhängen. Der Text könnte in der Zeit von Esra und Nehemia verfasst worden sein, doch muss dies nicht zwingend der Fall sein. Jeder Versuch, das Buch Ruth mit eindeutigen politischen Absichten zu verknüpfen, ist ebenso fragwürdig, wie das Buch Samuel als entweder pro-davidisch oder anti-davidisch definieren zu wollen. Statt eine bestimmte Idee zu propagieren, bietet das Buch Ruth eher einen aufschlussreichen Bericht über das Leben einer Migrantin und verzichtet wie jede profunde Betrachtung menschlicher Daseinszustände auf Idealisierung. Ruth ist, wiewohl eine Fremde, bemerkenswert positiv dargestellt, dennoch ist die Geschichte nicht frei von Ambivalenzen. Die Menschen in Bethlehem heißen Ruth zwar willkommen, doch lauert im Hintergrund stets der Schatten ihrer Herkunft aus Moab. Die Akkulturation hat Grenzen.

Nicht nur die Entstehungszeit des Buches Ruth ist unbekannt, sondern auch die Identität seines Autors oder seiner Autoren. Eine talmudische Überlieferung schreibt die Autorschaft dem Propheten Samuel zu, während sich in der modernen Forschung eine Vielzahl von Ansichten und Theorien findet. Neben der Vermutung, der Verfasser sei ein Befürworter von Mischehen in der Zeit Esras und Nehemias gewesen, gibt es eine Theorie, die aus Ruths Geschichte die Stimme einer »klugen Frau« (analog zur »klugen Frau« aus 2 Sam 14,2)[9] herauszuhören glaubt. Wieder andere Wissenschaftler vermuten, dass es vor der schriftlichen Fixierung eine mündliche, von Geschichtenerzählerinnen überlieferte Version gab. Auch wenn Frauen nicht zu den Bibelschreibern gehörten, könnten mündlich von ihnen weitergetragene Inhalte in den Kanon eingedrungen sein.[10] Der beträchtliche Raum, den die Geschichte der weiblichen Perspektive einräumt, stützt die These, das Buch Ruth sei ein Produkt weiblicher Vorstellungskraft, dennoch bleibt sie (wie überzeugend auch immer) spekulativ. Die Macht großer Schriftstellerinnen und Schriftsteller zeigt sich häufig in ihrer Fähigkeit, Grenzen zu überschreiten und in Gefilde einzutauchen, die jenseits ihres unmittelbaren Erfahrungshorizonts liegen. Dies gilt auch für Geschlechtergrenzen: Gustave Flaubert scheute sich nicht, Madame Bovarys Welt in allen Einzelheiten zu beschreiben, und Virginia Woolf schilderte ihren Orlando sowohl in Gestalt eines Mannes als auch in der einer Frau.

Die Aufgabe einer Biographin besteht in der Regel darin, aus einer Fülle von Dokumenten die relevantesten auszuwählen und aus bekannten und bisher unbekannten Quellen eine neue Geschichte zu entwickeln. Eine Biographie der Ruth zu verfassen ist ein eher ungewöhnliches Unterfangen. Die einzige Primärquelle hierfür ist das Buch Ruth, dessen Datierung und Autorschaft nicht genau zu bestimmen ist. Auf was wir jedoch zurückgreifen, ist ein weitreichendes Netz von Verbindungen zwischen Ruth und anderen biblischen Figuren, durch das sich ihr Porträt verdichten lässt. Keine Gestalt der Bibel ist eine Insel. Jede ist untrennbar mit anderen Figuren verknüpft – nicht nur durch familiäre Beziehungen, sondern auch durch wiederkehrende Muster. Ruths Schicksal ist in erster Linie an das ihrer Schwiegermutter Noomi gebunden, aber in ihrer Biographie finden sich auch Spuren aus den Lebensgeschichten von Frauen aus ferner Vergangenheit. Im letzten Kapitel des Buches Ruth segnen die Ältesten die junge Frau am Stadttor als eine, die dazu bestimmt ist, in die Fußstapfen der Stammmütter Rahel und Lea sowie der Tamar zu treten. Aber nicht allein der Segen weist auf ihre Zukunft. In verschiedenen der Zeremonie am Tor vorangehenden Szenen wird Ruth bereits, wenn auch nur implizit, in Beziehung zu den drei weiblichen Gründerfiguren der Genesis gesetzt. Andere Verbindungen sind nicht so offenkundig, so die zwischen Ruth und Lots Tochter, ihrer berüchtigten Vorfahrin aus Moab, die nach der Zerstörung Sodoms (mithilfe ihrer Schwester) den eigenen Vater verführte. Eine weitere Andeutung beschwört eine Analogie zwischen Ruths Wanderschaft und der Abrahams. Auch zwischen Ruth und dem Migranten Josef besteht eine vage Affinität.

Ich beginne meine Biographie mit einer gründlichen Lektüre, oder besser gesagt, einer Nacherzählung des Buches Ruth. Sie konzentriert sich auf die dramatischen Eigenschaften der Geschichte mit ihren lebendigen Dialogen, die an zentraler Stelle die jeweils dominanten Handlungsfiguren charakterisieren. Ich folge den berichteten Einzelheiten, widme jedoch dem, was zwischen den Zeilen steht, ebenso viel Aufmerksamkeit. Zwischen Offenkundigem und Unausgesprochenem oszillierend, sondiere ich das gesamte Netz der Verbindungen zwischen der Geschichte der Ruth und den Erzählungen anderer biblischer Gestalten. Berücksichtigt werden auch Bezüge zum Gesetzescorpus der Bibel und zum komplexen Geflecht der verschiedenen Rechtsinstitutionen – von der gesetzlichen Regelung der Nachlese über das Levirat bis zum Gesetz der Erlösung. Die Einbettung dieser Gesetze in die Erzählung Ruth lässt den Text weder trocken noch technisch erscheinen, sondern verleiht der Geschichte Farbe.

Meine besondere Aufmerksamkeit gilt der nuancierten Darstellung von Ruths Leben als Migrantin. Damit widme ich mich einem Thema, das mir für die Belange des 21. Jahrhunderts besonders dringlich erscheint. Die uralte Geschichte der Ruth bietet meiner Ansicht nach einen überaus reichen Fundus für die Erforschung von Migrationserfahrungen, die heute weiterhin ungebrochene Relevanz besitzen – das qualvolle Gefühl von Entwurzelung, das Ringen um einen Lebensunterhalt im fremden Land, die zum Überleben notwendige Widerstandskraft und Kühnheit, das Heimweh und die Suche nach einem Neuanfang. Es ist jedoch nicht mein Ziel, historische Unterschiede einzuebnen. Ich möchte den spezifischen Bedingungen von Migranten, und insbesondere von Migrantinnen, im biblischen Zusammenhang nachgehen. Dabei verwende ich im Zusammenhang mit der biblischen Ruth absichtlich den Begriff »Migrantin« statt »Immigrantin«. »Migration« ist ein weiter gefasster Begriff, der nicht nur mit modernen Nationalstaaten assoziiert wird, und scheint daher den biblischen Figuren angemessener.

Der größte Teil dieser Biographie dreht sich jedoch um die Rezeption der Erzählung. Über die Jahrhunderte waren zahlreiche Menschen unterschiedlicher kultureller und religiöser Herkunft so fasziniert von der Figur der Ruth, dass sie beschlossen, sie neu zu interpretieren. So werden wir uns auch mit einigen besonders fesselnden Bearbeitungen ihrer Geschichte beschäftigen. Ruth erscheint als Konvertitin im Midrasch, als Schechina im Exil im Sohar, als ländliche Ährenleserin in der französischen Malerei, als Pionierin im frühen Zionismus und als paradigmatische Fremde und Ausgestoßene in verschiedenen Darstellungen des 20. und 21. Jahrhunderts. Walter Benjamin erklärt in seinen Überlegungen zu »Leben« und »Fortleben« eines Textes: »Denn in seinem Fortleben, das nicht so heißen dürfte, wenn es nicht Wandlung und Erneuerung des Lebendigen wäre, ändert sich das Original.«[11] Durch seine Verwandlung – oder vielmehr seine ständigen Verwandlungen – wird ein Text wieder lebendig und erhält neue Bedeutungen, von denen einige für vorherige Generationen unvorstellbar gewesen wären. Benjamin spricht die Frage des Fortlebens im Kontext der Übersetzung an. Obwohl es bei ihm um die Beziehung zwischen einem Original und seinen Übersetzungen geht, sind seine Beobachtungen auch für das Fortleben von Figuren von Relevanz. Sobald Ruth in einem neuen historischen Kontext eine Rolle spielt, erfährt ihre vorherige Biographie eine kulturelle Anverwandlung. Im Sinne Benjamins lässt sich sagen, dass die zahlreichen Facetten von Ruths Fortleben nicht nur viel über ihre eigene Zeit verraten: Sie beleuchten auch den biblischen Text, verwandeln, erneuern und erweitern die Rätsel im ursprünglichen Leben der altehrwürdigen Ährensammlerin.

Auch bei einem Streifzug durch Ruths Fortleben bleibt die Frage der Migration im Zentrum. Bei der Auslegung jeder Szene, die uns am Wegesrand begegnet, werden die wechselnden Perspektiven auf Ruths Stellung als Fremde in Augenschein genommen. Untersucht werden soll die Bemühung der Rabbinen, Ruths fremde Herkunft einzuhegen, indem sie zu einer mustergültigen Konvertitin wird, und die beharrliche Behauptung im Sohar, Ruths Herkunft aus Moab sei für ihre Erlösungskraft als Verkörperung der Schechina entscheidend. Wir sehen uns pastorale Gemälde von der antiken Ährensammlerin in der französischen Kunst der frühen Neuzeit und der Moderne an, die Ruths fremde Herkunft herunterspielen oder gänzlich verschleiern. Wir folgen der europäischen Ährenleserin, die Anfang des 20. Jahrhunderts als Pionierin auf die Felder Zions zieht.

Die beiden letzten Kapitel sind der Rezeption von Ruths Geschichte in Israel und den Vereinigten Staaten gewidmet und diskutieren modernistische und zeitgenössische Lesarten in Literatur, Fotografie und Film, die Ruths buchstäbliche und übertragene Wandlungen in den Vordergrund stellen und als Teil ihres ästhetischen und ethischen Erbes betrachten. Sie sind Positionen gewidmet, die ihr Augenmerk auf die migratorische Dimension der Erzählung richten und damit näher an meiner eigenen sind. Auch wenn ich diesen mehr Raum verleihe, liegt es nicht in meiner Absicht, die Berechtigung vorheriger Ansätze in Zweifel zu ziehen. Jedes Fortleben hat angesichts der wechselnden Bedingungen oder Krisen, die es erzwingen, seinen eigenen Reiz. Eine Erkundung der langen Auslegungsgeschichte des Buches Ruth ermöglicht eine historisch-kritische Betrachtungsweise und ein tiefer gehendes Verständnis aktueller Deutungen. Vor allem jedoch gestattet uns das Eintauchen in die vielfältige Überlieferung die wunderbare Freiheit, Ruth, die Moabiterin, zu neuem Leben zu erwecken.

1. Die Moabiterin

In der ersten Szene des Dramas sind drei Frauen, Noomi, Ruth und Orpa, unterwegs auf der Straße zwischen Moab und Bethlehem. Einzelheiten über das Aussehen oder die Kleidung dieser Frauen erfahren wir nicht. Vermutlich gingen sie in Lumpen, denn sie waren verarmt und auf dem Weg nach Bethlehem, um nicht zu verhungern. Die üblichen biblischen Zeichen für Wohlstand, lastentragende Esel und Knechte, fehlen in dieser Szene. Wie lange die Frauen unterwegs waren, ob sie mit anderen Reisenden sprachen, wissen wir nicht. Sie müssen einen außergewöhnlichen Anblick geboten haben. In biblischen Zeiten waren Frauen nur in äußersten Notlagen allein unterwegs. Die Straße war Männern vorbehalten. Wo genau befanden sich die drei, als sie miteinander sprachen? Das erfahren wir nicht. Statt uns eine erklärende Einführung zu geben, schildert die Geschichte eine Krise. Wir können uns vorstellen, dass die drei Frauen einen Augenblick lang innehalten, als Noomi zu sprechen beginnt. In schwerer Sorge um ihre Schwiegertöchter will sie offenbar nicht, dass die beiden sie weiter nach Bethlehem begleiten, und drängt sie, nach Moab zurückzukehren:

> Geht hin und kehrt um, eine jede ins Haus ihrer Mutter! Der HERR tue an euch Barmherzigkeit, wie ihr an den Toten und an mir getan habt. Der HERR gebe euch, dass ihr Ruhe findet, eine jede in ihres Mannes Hause! Dann küsste sie die beiden. Da erhoben sie ihre Stimmen und weinten und sprachen zu ihr: Wir wollen mit dir zu deinem Volk gehen. Aber Noomi sprach: Kehrt um, meine Töchter! Warum wollt ihr mit mir gehen? Wie kann ich noch einmal Kinder in meinem Schoße haben, die

> eure Männer werden könnten? Kehrt um, meine Töchter, und geht hin; denn ich bin nun zu alt, um wieder einem Mann zu gehören. Und wenn ich dächte: Ich habe noch Hoffnung!, und diese Nacht einem Mann gehörte und Söhne gebären würde, wolltet ihr warten, bis sie groß würden? Wolltet ihr euch einschließen und keinem Mann gehören? Nicht doch, meine Töchter! Mein Los ist zu bitter für euch, denn des HERRN Hand hat mich getroffen. (Ruth 1,8-13)[1]

Es hat keinen Sinn, sich einer alten Witwe anzuschließen, deren Schoß »leer« ist, gesteht sich Noomi unerbittlich ein. Die Söhne, die sie geboren hat, sind tot, und für einen Neuanfang ist sie zu alt. Einen Augenblick lang lässt sie ihrer Phantasie freien Lauf und stellt sich vor, noch in der gleichen Nacht einen neuen Mann zu finden und neue Söhne zu gebären. Aber dann zerstört sie das Traumbild und fragt ihre Schwiegertöchter, ob sie wirklich so absurd lange warten würden, bis diese imaginären Söhne erwachsen wären. Sie bereut, dass sie sich anfangs die Begleitung der jungen Frauen gewünscht hatte, und dankt ihnen jetzt für ihre Barmherzigkeit, die *chesed,* und bittet sie dringend, wieder nach Moab, in die Heimat ihrer Mütter, zurückzukehren. Sie ist physisch und psychisch am Ende und hat nichts mehr zu bieten. Ihre schonungslosen rhetorischen Fragen sollen alle Hoffnungen auf eine bessere Zukunft am Ziel dieser Reise zerschlagen. Noomi macht deutlich, dass die Migration in ein unbekanntes Land das Elend nur vergrößern und die Aussichten, dort heimisch zu werden und neue Familien zu gründen, verringern würde.

Die emotionale Intensität dieser Szene nimmt zu, als Ruth und Orpa laut weinen (Ruth 1,14). Sie weinen wohl über die Verluste und die Not, die sie teilen, aber sie weinen auch bei dem Gedanken, dass ihnen noch einmal eine Trennung bevorsteht. Orpa befolgt am Ende Noomis Rat und kehrt nach Moab zurück. Ihr Name *orpa* (in dem das Wort *oref,* »Nacken« mitschwingt) scheint auf ihren Entschluss zur Rückkehr hinzudeuten. Aber Orpa ist durchaus nicht herzlos, sie entscheidet sich nur für den Weg, der in einer Männerwelt üblich und vernünftig ist, denn in dieser Welt gehört eine Witwe zu den hilflosesten der unterprivilegierten Menschen; sie steht auf einer Stufe mit den Fremden und den Waisen.[2] Auch heute mag das Leben als Witwe schmerzlich sein, schließt aber nicht notwendig den Verlust von Einkommen und Status ein. Im Kontext der Bibel ist eine Witwe jedoch per definitionem sozial und ökonomisch schutzlos. Witwe und Ausländerin zu sein, ist ohne Zweifel noch schlimmer.

Anders als Orpa lässt Ruth sich nicht abschrecken von der Aussicht auf das doppelte Unglück, das nach der Migration ins Land Juda womöglich auf sie wartet. Sie wählt den »weniger begangenen Pfad« und bleibt bei ihrer notleidenden Schwiegermutter. Ihre *chesed* ist offenbar mehr als die Barmherzigkeit und die Güte, die wir gewöhnlich mit dem Begriff verbinden. Die Bedeutung des Namens Ruth – hebräisch *Rut* – ist nicht ganz geklärt. Möglich ist eine Verbindung zum Begriff *re'ut,* »Freund« oder, genauer, »Gefährtin«, sodass der Name auf Ruths einzigartigen Charakter hinweist.[3]

Der Treueschwur auf dem Weg zwischen Moab und Bethlehem

In diesem spannungsreichen Augenblick auf der Straße, als die beiden Schwägerinnen in entgegengesetzten Richtungen weitergehen, wird Ruth als individuelle Persönlichkeit präsentiert und spricht zum ersten Mal in eigener Sache. Ihre

Worte sind so voller Leidenschaft und unbeugsamer Kühnheit wie keine andere Zeile der Erzählung:

> Bedränge mich nicht, dass ich dich verlassen und von dir umkehren sollte. Wo du hingehst, da will auch ich hingehen; wo du bleibst, da bleibe ich auch. Dein Volk ist mein Volk, und dein Gott ist mein Gott. Wo du stirbst, da sterbe ich auch, da will ich auch begraben werden. Der HERR tue mir dies und das, nur der Tod wird mich und dich scheiden. (Ruth 1,16-17)

Ruths bewegender Treueschwur, sehr bekannt und reichlich zitiert, ist inzwischen womöglich so abgegriffen, dass seine Schönheit und Kraft kaum noch bemerkt werden. Vorher hatten Ruth und Orpa mit einer Stimme gesprochen (Ruth 1,10), aber jetzt, da ihre Schwägerin gegangen ist, klingt Ruth anders – sie wechselt von Prosa zu Dichtung und verwendet parallel gebaute Sätze (Parallelismus ist die häufigste Form biblischer Poesie). Das Einfügen kurzer poetischer Passagen in eine Bibelerzählung unterstreicht oft einen herausragenden Moment, eine dramatische Szene, die besondere Aufmerksamkeit verlangt.[4] Ruths Gelöbnis ist ein solcher Moment. Der feierliche Parallelismus zu Beginn »Wo du hingehst, da will auch ich hingehen« bestimmt mit seiner rhythmischen Kraft und emphatischen Wiederholung den Ton der Rede. Ruths Entschluss, Noomi zu begleiten, ist bedingungslos. Das heißt, sie wird bei Noomi bleiben, auch wenn die Schwiegermutter keine rechte Unterkunft in Bethlehem findet, sie wird sich sogar dem Volk und dem Gott ihrer Schwiegermutter anschließen. Nur der Tod wird die beiden scheiden, in gewisser Weise nicht einmal er, denn Ruth ist entschlossen, selbst im Grab ihrer Schwiegermutter nahe zu sein.

Ohne ein Bekenntnis zu Noomis Gott und Volk hätte Ruths außergewöhnlicher Schwur ihr das Tor zu Bethlehem jedoch nicht geöffnet. In heutigen Migrations-Szenarien werden potenzielle Immigranten von Beamten ihres Gastlandes peinlich genau befragt, bis sichergestellt ist, dass sie die geforderten Bedingungen erfüllen. Die Heirat mit einem Bürger des Gastlandes gilt häufig als gangbarer Weg. Im Bibeltext ist die Aussicht auf Einbürgerung durch Heirat eher fragwürdig. Mischehen werden gewöhnlich verurteilt, vielleicht gibt es deshalb keine offiziellen Richtlinien. In der Praxis gilt eine Mischehe allerdings oft als zulässig – etwa Moses Ehe mit der Midianiterin Zippora oder gar Davids Tross fremdländischer Ehefrauen. Die implizite Voraussetzung dafür ist offenbar, dass ausländische Ehefrauen die monotheistische Basis des Lebens akzeptieren und bereit sind, ihre kulturelle Vergangenheit aufzugeben.

Die Töchter der Moabiter haben in dieser Hinsicht einen zweifelhaften Ruf. Als die Israeliten auf ihrer Wanderschaft endlich die Hochebenen Moabs erreichten und an der Schwelle zum Gelobten Land standen, »fing das Volk an zu huren«, mit Moabiterinnen, von denen sie verführt wurden, an Opfermahlen zu Ehren des kanaanitischen Götzen Baal-Peor (4 Mose 25,1) teilzunehmen. Unter dem Einfluss der verlockenden Töchter der Moabiter, die man am Ende der Wüste entdeckt hatte, »hängte« *(vayitsamed)* sich Israel an das Götzenbild. Ruths Verhalten ist das genaue Gegenteil dessen, was ihre moabitischen Vorläuferinnen im 4. Buch Mose taten. Als Ruth über die Grenze zwischen Moab und Juda geht, entscheidet sie sich für Noomis Gott und Volk und besteht die Aufnahmeprüfung ins Land Juda.[5]

Ruth ist als Schwiegertochter und als Migrantin vorbildlich, aber Noomi reagiert nicht auf Ruths staunenswerten Treueschwur. Statt Ruth zu umarmen und ihre Dankbarkeit zum Ausdruck zu bringen, schweigt sie, sagt kein einziges Wort. Biblische Gestalten sind, wie Robert Alter feststellt,

»oft nicht vorhersehbar, in gewisser Weise undurchschaubar, sie tauchen im Halbschatten der Mehrdeutigkeit abwechselnd auf und unter«.[6] Ein Wunder biblischer Geschichten besteht darin, dass sie uns einladen – oder besser, von uns verlangen, Verschwiegenes zu erkunden sowie divergierende mögliche Erklärungen für Motive und emotionale Reaktionen zu bedenken. Der Erzähler biblischer Geschichten ist allwissend, aber wir, die Leser, sind es nicht. Figuren in diesen Geschichten müssen wir genauso allmählich kennenlernen wie Menschen in unserem täglichen Leben – durch andauernde Konjekturen. Womöglich zeigt Noomis Entscheidung, auf der Straße nicht weiter mit Ruth zu sprechen, ihren inneren Zwiespalt. Sie schätzt ihre Schwiegertochter, aber vielleicht möchte sie Ruth nicht mehr an ihrer Seite haben. Ist Noomi jetzt, da sie Bethlehem näher kommen, in Sorge, weil Ruth aus Moab stammt? Fürchtet sie die Reaktion der Leute in Bethlehem auf ihre fremdländische Schwiegertochter?[7] Vielleicht. Aber das ist nicht die einzig mögliche Interpretation. Wir können genauso gut annehmen, dass ihr Schweigen Ausdruck ihrer tiefen Melancholie ist. Noomi in ihrem Unglück mag meinen, dass sie das Mitgefühl ihrer Schwiegertochter nicht verdient, oder vielleicht kann sie sich nicht mehr über das große Geschenk von Ruths *chesed* freuen. Diese verschiedenen Lesarten schließen einander nicht aus: Noomi könnte zwiespältig und melancholisch, liebevoll und verschlossen zugleich sein. Wie auch immer, die beiden Frauen wandern gemeinsam weiter Richtung Bethlehem, und Noomi versucht nicht mehr, Ruth umzustimmen.

Streng genommen ist nur Ruth eine Migrantin auf dem Weg in eine unbekannte Stadt, aber in mancher Hinsicht ist Noomi ebenfalls eine oder sogar eine zweifache Migrantin. Zuerst wanderte sie nach Moab aus – und jetzt, auf dem Rückweg in die Stadt Bethlehem nach zehn Jahren in der Fremde und mittlerweile in Not, fühlt sie sich wieder vollkommen entwurzelt. Ruth und Noomi teilen sich die Bühne auf komplizierte Weise – jede steuert ihre eigenen Farben zu dieser Migrationsgeschichte bei. Während Ruth deutlicher die Fremde, die Moabiterin darstellt, die sich einem ihr noch unbekannten Volk anschließt, bringt Noomi stärker den inneren Tumult der Selbstentfremdung zum Ausdruck. Der letzte Satz des Einleitungskapitels betont, dass die beiden Frauen untrennbar sind: »Es war aber um die Zeit, da die Gerstenernte anging, als Noomi mit ihrer Schwiegertochter Ruth, der Moabiterin, zurückkehrte vom Moabiterland nach Bethlehem.« (Ruth 1,22) Auf den ersten Blick überraschend, wird Ruth ganz ähnlich wie Noomi als »Rückkehrerin« in ihr Heimatland betrachtet, obwohl sie noch nie einen Fuß in das Land Juda gesetzt hatte. So wie die Heimkehr der beiden hat auch ihre Migration Gemeinsamkeiten.[8]

Als die beiden in Bethlehem ankommen, »erregt sich die ganze Stadt«. In diesem außergewöhnlichen Text, der das Handeln von Frauen in den Vordergrund stellt, wird auch Bethlehem – wenigstens auf den ersten Blick – als eine feminine Welt verstanden. Die Stadt, das sind die Frauen: Sie gehen den beiden Ankömmlingen entgegen, sie fragen: »Ist das die Noomi?« Wahrscheinlich fällt es ihnen schwer, sie nach all den Jahren wiederzuerkennen. Aber Noomi ordnet die Frage anders ein, so wie es ihrer tiefen Entfremdung entspricht:

> Nennt mich nicht Noomi, sondern Mara; denn [Schaddai] der Allmächtige hat mir viel Bitteres angetan. Voll zog ich aus, aber leer hat mich der HERR wieder heimgebracht. Warum nennt ihr mich denn Noomi, da doch der HERR mich gedemütigt hat und der Allmächtige mir Leid angetan hat? (Ruth 1,20-21)

Ihre Selbstentfremdung zeigt sie an, indem sie sich von ihrem Namen distanziert, dem entscheidenden Identitätsmerkmal. Der Name »Noomi« (verwandt mit »angenehm«) passe nicht mehr zu ihr, klagt sie: »Mara« – die Bittere – wäre angemessener. Nicht viel anders als Hiob hadert Noomi mit einem Gott, der sie ohne einen erkennbaren Grund erbarmungslos gequält hat.[9] An dieser Stelle wechselt der Stil wieder vom Prosaischen zum Poetischen und unterstreicht so die emotionale Intensität des Moments. Noomi stellt ihre jetzige Leere gegen die Fülle, mit der sie gesegnet war, als sie nach Moab aufbrach. »Voll zog ich aus, aber leer hat mich der HERR wieder heimgebracht.« Während sie auf dem Weg noch davon gesprochen hat, dass Gottes Hand sie getroffen habe (Ruth 1,14), erhebt sie jetzt, da sie ohne Ehemann und ohne Söhne in ein leeres Haus zurückkehrt, mit harten Worten Klage gegen den Himmel. Sie sieht sich als Angeklagte vor einem ungerechten Gericht: Die Bestrafung sei vollzogen, Vorwürfe und Beweise jedoch im Dunkeln geblieben.

Niemand antwortet auf Noomis Protest – weder die Frauen aus Bethlehem noch Ruth. Vielleicht nehmen sie wahr, dass Worte Noomis Schmerz nicht lindern können, so wie Hiobs Freunde (die gekommen waren, ihn zu trösten) sieben Tage und sieben Nächte bei ihm am Boden sitzen und nichts mit ihm redeten, »denn sie sahen, dass sein Schmerz sehr groß war« (Ijob 2,13). Dass Ruth schweigt, könnte man auch als Zeichen ihrer tiefen Identifikation mit Noomi verstehen. In Noomis Aufschrei muss etwas von Ruths eigenem Schmerz – sie zieht als kinderlose Witwe durch die Straßen einer fremden Stadt – mitgeklungen haben. Ruths Gedanken bleiben unausgesprochen, aber als sie merkte, dass die Frauen von Bethlehem und auch Noomi sie anscheinend überhaupt nicht wahrnahmen, muss sie sich noch mehr als Heimatlose gefühlt haben. Das ausgeprägt kryptische Buch Ruth lässt uns die unerträgliche Zerrissenheit im Leben von Migrantinnen nicht vergessen, auch wenn der Text zunehmend mehr Gewicht auf den dringenden Wunsch nach einer neuen Heimat und einem neuen Anfang legt.

Das erste Kapitel des Buchs endet mit einem Kommentar: »Es war aber um die Zeit, da die Gerstenernte anging, dass Noomi mit ihrer Schwiegertochter [...] zurückkam vom Moabiterland nach Bethlehem.« (Ruth 1,22) Dieser Schlusssatz scheint ein schwaches Zeichen oder die Andeutung eines möglichen Übergangs aus einer Szene der Trauer, des Hungers und der Entfremdung in eine Welt der Fülle mit reichlich Brot zu sein. Bestand zu Beginn der Erzählung eine Diskrepanz zwischen der Bedeutung von »Bethlehem« – Haus des Brotes – und der Hungersnot, die das Land getroffen hatte, erhält die Stadt Bethlehem jetzt anscheinend wieder ihren früheren Glanz. Das Gerücht, das Noomi noch in Moab gehört hatte, »dass der HERR sich seines Volkes angenommen und ihnen Brot gegeben hatte« (Ruth 1,6), war nicht unbegründet.

In dieser letzten Zeile glimmt ein Hoffnungsschimmer, sie ist aber keine Theodizee. Die Erzählung versucht nicht, Gottes Wege zu rechtfertigen oder Gründe anzugeben für das Leiden ohne Schuld, das wir mitangesehen haben. Es handelt sich um eine rein deskriptive Aussage, die unvermeidliche Höhen und Tiefen im Menschenleben markiert. Gott kann Hungersnöte schicken und ebenso für Brot sorgen. An diesem Punkt der Erzählung ist jedoch noch nicht klar, ob Gottes neuerliche Barmherzigkeit gegen Bethlehem die Sorgen Ruths und Noomis lindern wird. Als Abraham während einer Hungersnot nach Ägypten hinabzog, kam er mit großem Reichtum von seiner Reise zurück. Noomi dagegen ist mit leeren Händen ohne jeden materiellen Gewinn zurückgekehrt. Es gibt nicht einmal Anzeichen dafür, dass sie wieder in ihr früheres Haus einziehen kann. Wo Noomi und Ruth in Bethlehem unterkommen, wird nicht gesagt.

Und doch liegen die Möglichkeiten einer anders gearteten Zukunft in der Luft. Könnte Noomis Name, so wie der Name Bethlehems, wieder passen? Deutet die Fruchtbarkeit des Landes darauf hin, dass auch menschliche Fruchtbarkeit wiederhergestellt werden könnte? Wird diese fremd gewordene Stadt für Ruth und Noomi wieder vertrauter werden?

Ährenlesen auf fremden Feldern: Die ersten Schritte

Kurz nach der Ankunft in Bethlehem macht sich Ruth auf den Weg zu den Gerstenfeldern. Ihre Migrationsgeschichte dreht sich – wie die meisten dieser Geschichten damals und heute – um die Suche nach Arbeit und Lebensunterhalt im neuen Land. Wie zuvor auf der Straße zeigt sich Ruths Kühnheit auch in Bethlehem. Entschlossen, das dringlichste Problem – den Hunger – zu lösen, bittet sie ihre Schwiegermutter: »Lass mich aufs Feld gehen und Ähren auflesen bei einem, vor dessen Augen ich Gnade finde.« (Ruth 2,2) Noch weiß Ruth nicht, auf wessen Feld sie Ähren lesen wird, aber sie weiß von Anfang an, dass es entscheidend ist, vor den Augen des Gutsherrn »Gnade zu finden«. Fremde sind angreifbar und müssen bei der Arbeitssuche ihre Schritte sorgfältig planen. Noomi geht nicht mit Ruth – weil sie vor Kummer gelähmt oder zu alt für die Arbeit ist.

Julia Kristeva schreibt: »Der Fremde ist der, der arbeitet [...] [Man erkennt] den Fremden daran, dass er die Arbeit *immer noch* als einen Wert betrachtet. Eine Lebensnotwendigkeit, sicher, seine einzige Möglichkeit zum Überleben, die er nicht zwangsläufig verklärt, sondern einfach als Grundrecht, als Ausgangspunkt der Menschenwürde geltend macht.«[10] Da es für Fremde weit dringlicher ist, Arbeit zu finden, sind sie sehr strebsam, bereit, alle Jobs anzunehmen und sogar neue zu erfinden. Viele Erfolgsgeschichten von Migranten drehen sich um bescheidene Anfänge, den Kampf ums Überleben, die Schwierigkeiten mit einer fremden Sprache und den Umgang mit unvermeidlichen Demütigungen. Dann kommt es – wenigstens in den Varianten mit gutem Ende – zu einer dramatischen Wende: von der Arbeit auf steinigen Äckern und in halsabschneiderischen Ausbeuterbetrieben zu einem Leben in Reichtum und Überfluss und einer führenden Rolle bei finanziellen, wissenschaftlichen oder kulturellen Veränderungen, an die man bis dahin nicht im Traum gedacht hatte.

Der Held der migrantischen Erfolgsgeschichte vom Tellerwäscher zum Millionär ist jedoch heute noch – und war im Alten Testament erst recht – zumeist ein Mann. Josef wird als Sklave nach Ägypten gebracht und schafft es gegen alle Wahrscheinlichkeit, ganz nach oben zu kommen. Zuerst »findet er Gnade« bei Potifar und wird dessen Diener. Potifar »setzte ihn über sein Haus; und alles, was er hatte, gab er in seine Hände« (1 Mose 39,4). Später steigt Josef auf der sozialen Leiter noch weiter nach oben und gewinnt eine einflussreiche Position am Hof des Pharaos. Tief beeindruckt von Josefs einzigartiger Voraussicht bestimmt der Pharao ihn zu seinem wichtigsten Ratgeber und Verwalter und setzt ihn »über ganz Ägyptenland« (1 Mose 41,42-43). Josef ist genau der Typ des hartarbeitenden Migranten, der nicht in Schablonen denkt und in Ägypten eine ökonomische Umwälzung in Gang setzen kann, die das Vorstellungsvermögen aller anderen übersteigt.

Ruths Geschichte ist die einer Migrantin und nimmt als Geschichte einer Frau einen ganz anderen Verlauf. Die Welt der Bibel schließt Frauen in der Regel von Lohnarbeit aus. Mädchen kommen gelegentlich als Erntehelferinnen oder Hirtinnen vor, aber im Großen und Ganzen bleiben Frauen am häuslichen Herd. Ährenlesen ist eine Kategorie eigener Art, eine Arbeit für Notleidende, die keine Unterstützung haben. Das Recht auf Ährenlesen gehört zu den Menschenrechten, die das biblische Sozialsystem sichert, um die Ärmsten der Armen, also Fremde (oder Gäste), Waisen und Witwen mit einer minimalen Nahrungsquelle zu versorgen.[11] Das Gesetz über das Ährenlesen im 5. Buch Mose ist alles andere als ein trockener Erlass, seine Basis ist ein Appell an Israel, Leiden durch Identifizierung mit den Leidenden anzuerkennen:

> Denn du sollst daran denken, dass du Knecht in Ägypten gewesen bist und der HERR, dein Gott, dich von dort erlöst hat. Darum gebiete ich dir, dass du solches tust. Wenn du auf deinem Acker geerntet und eine Garbe vergessen hast auf dem Acker, so sollst du nicht umkehren, sie zu holen, sondern sie soll dem Fremdling, der Waise und der Witwe zufallen, auf dass dich der HERR, dein Gott, segne in allen Werken deiner Hände. (5 Mose 24, 18-19)[12]

Da das Volk Israel nur zu gut weiß, was es heißt, im Elend zu sein, wird es verpflichtet, für das Wohlergehen der Ausgestoßenen und Fremden in seiner Mitte zu sorgen. Bemerkenswert ist, dass die auf dem Acker liegengebliebenen Ähren den Armen nicht einfach als ein Akt der Barmherzigkeit geschenkt werden: Sie müssen dafür arbeiten. Die Formulierung des Gesetzes erspart dem Eigentümer Kosten, hat aber auch die Notleidenden im Blick. Ährenlesern wird Gelegenheit gegeben, sich selbst um ihren Lebensunterhalt zu kümmern. Anders als die Erntehelfer werden sie für ihre Arbeit nicht bezahlt, sie können aber von dem, was sie auflesen, satt werden (oder sollen es können).

Ruth hat als Witwe und als Fremde das Recht, Ähren zu lesen, aber sie nimmt dieses Recht nicht selbstverständlich in Anspruch. Ihr Verhalten auf dem Acker ist vorbildlich. Bevor sie anfängt, Ähren aufzulesen, bittet sie um Erlaubnis, und dann sammelt sie nur Ähren auf, die aus den Garben herausgefallen sind, deshalb bleibt sie hinter den Schnittern (Ruth 2,3). Dazu kommt Ruths außergewöhnlicher Fleiß: Vom Morgen an »steht sie da«, vermutlich ohne Pause (Ruth 2,7). In den Grenzen dessen, was Migrantinnen in der biblischen Welt überhaupt erreichen können, gelingt es Ruth, genau wie Josef in Potifars Haus und später im Palast des Pharaos, »Gnade zu finden«, das heißt, auf eine Weise ausgezeichnet zu werden, die ihr nach und nach Zugang zu unerwarteten Vorrechten verschafft.

Einen Hauch Romantik erhält die Szene, als Boas,[13] der Gutsherr, auftritt und seinen Aufseher fragt: »Zu wem gehört diese junge Frau [*na'arah*]?« (Ruth 2,5) Wir erfahren, dass Ruth, obwohl Witwe, jung aussieht und in den Augen von Boas eine heiratsfähige junge Frau ist. Er fragt: »Zu wem?«, das heißt, er nimmt an, dass sie dem Haus ihres Vaters unterstellt sein muss. Nach der günstigen Auskunft des Aufsehers über die junge Ährenleserin aus Moab interessiert sich Boas noch mehr für Ruth, und er spricht sie direkt an: »Hörst du wohl, meine Tochter? Du sollst nicht auf einen anderen Acker gehen, um aufzulesen; geh auch nicht von hier weg, sondern halt dich zu meinen Mägden. Und sieh, wo sie schneiden im Felde, da geh ihnen nach [...]. Und wenn dich dürstet, so geh hin zu den Gefäßen und trinke von dem, was meine Knechte schöpfen.« (Ruth 2,8-9)

Boas räumt Ruth eine privilegierte Stellung unter den Ährenleserinnen ein. Ruth darf sich den jungen Frauen anschließen, die auf diesem Acker ernten, und sie hat Erlaubnis, wenn sie durstig ist, von dem Wasser zu trinken, das die Knechte aus dem Brunnen schöpfen.[14] Ruth muss in ihrer Reaktion auf Boas' Großzügigkeit bescheiden bleiben: »Da fiel sie auf ihr Angesicht und beugte sich nieder zur Erde und sprach zu ihm: Womit hab ich Gnade gefunden vor deinen Augen, dass du mich erkennst [*lehakireni*], die ich doch eine Fremde [*nochriya*] bin?« (Ruth 2,10)[15] Dass Ruth das Wort *nochriya* (Fremde) wählt, ist interessant. Die Bibel unterscheidet zwischen *ger* und *nochri. Ger* bezeichnet einen Status, der dem Status heutiger Ausländer mit Aufenthalts- und Arbeitserlaubnis gleicht, *ger ist* ein Fremder, der als Mitglied, allerdings nicht als Vollmitglied, der Gemeinde gilt. Folglich muss er gewisse israelitische Grundgesetze beachten und hat gewisse Rechte, unter anderem das Recht, Ähren zu lesen, und das Recht, am Sabbat zu ruhen. Ein *nochri* dagegen ist ein Fremder, der nicht zur israelitischen Gemeinde gehört; das Wort kann aber auch bildlich gemeint sein und eine innere Entfremdung bezeichnen.[16] Rechtlich gesehen, ist *ger* die zutreffendere Bezeichnung für Ruth, doch wenn sie sich selbst eine *nochriya* nennt, betont sie damit, wie fremd sie sich bei ihren ersten Schritten in einem ihr unbekannten Land fühlt. Ihre Bescheidenheit könnte aber auch ein Versuch sein, im Umgang mit den Machthabern Vorsicht zu üben. Wenn der Flüchtling David in einer Höhle in En-Gedi Saul begegnet, erklärt er: »Wem zieht der König von Israel nach? Wem jagst du nach? Einem toten Hund, einem einzelnen Floh!« (1 Sam 24,15) Ruth ist nicht so listig wie ihr Nachfahre, aber sie begreift, was Migranten und Flüchtlinge begreifen müssen, wenn sie überleben wollen: dass Bescheidenheit eine lebenswichtige Strategie ist.

Während sie sich selbst herabsetzt, lobt sie Boas. Ihr rhetorischer Einfallsreichtum zeigt sich in ihrem Spiel mit zwei antithetischen Wörtern: *erkennen* und *die Fremde*, die beide die gleiche Wurzel haben: *n ch r.* Statt sie zu übersehen, statt fremd mit der Fremden *(nochriya)* umzugehen, hat Boas den Mut, sie anzusehen, zu erkennen *(lehakireni)*. Eine konventionellere Antwort auf Boas' Großzügigkeit wäre ein demütiger Dank gewesen. Aber Ruths Dank ist kompliziert, da sie die bittere Wahrheit offenlegt, dass Fremde gewöhnlich unsichtbar bleiben. Warum hat Boas sich aber entschieden, sie »zu erkennen«, sie als eine sichtbare Person zu behandeln? Natürlich beschwert sich Ruth nicht, sondern sie unterstreicht mit ihrer Frage, dass Boas sich ungewöhnlich verhält, und drängt ihn zugleich, darüber nachzudenken. Und – ja – eine leichte Koketterie schwingt mit, Ruth stellt ihre Frage, damit Boas an sie denkt und die Unterhaltung fortsetzt.

Ein Funke springt über zwischen den beiden. Boas' Antwort hat ihr eigenes Flair. Wenn er erklärt, warum er Ruth »erkennt«, hat Ruths Verhalten in seinen Augen abrahamitische Ausmaße:

> Boas antwortete und sprach zu ihr: »Man hat mir alles angesagt, was du getan hast an deiner Schwiegermutter nach deines Mannes Tod; dass du verlassen hast deinen Vater und deine Mutter und dein Vaterland und zu einem Volk gezogen bist, das du vorher nicht kanntest. Der HERR vergelte dir deine Tat, und dein Lohn möge vollkommen sein bei dem HERRN, dem Gott Israels, zu dem du gekommen bist, dass du unter seinen Flügeln Zuflucht hättest.« (Ruth 2,11-12)

Boas' Worte erinnern an Gottes Verheißung für Abraham im 1. Buch Mose: »Geh [*lech lecha*] aus deinem Vaterland und von deiner Verwandtschaft und aus deines Vaters Hause in ein Land, das ich dir zeigen will. Und ich will dich zum großen Volk machen und will dich segnen und dir einen großen Namen machen, und du sollst ein Segen sein.« (1 Mose 12,1-3) Dass Boas eine Analogie zwischen Abraham und Ruth herstellt, verleiht der Migration der Moabiterin in das Land Juda besondere Größe und unterstreicht, wie viel Wagemut und Opfer das Durchtrennen engster Bindungen und der Aufbruch an einen neuen, fremden Ort verlangen. Ruth ist keine geringe Fremde, sondern eine bewundernswürdige Frau, deren Kraft zum Aufbruch – zum Verlassen der Heimat – so eindrucksvoll ist wie die des Gründungsvaters der Israeliten. Weil sie Moab um ihrer Schwiegermutter willen verlassen hat, hat sie Gottes Lohn besonders verdient.

Dass Boas ihr Handeln so rückhaltlos anerkennt, bewegt Ruth. »Sie sprach: Lass mich Gnade vor deinen Augen finden, mein Herr; denn du hast mich getröstet und deine Magd freundlich angesprochen, und ich bin doch nicht einmal wie eine deiner Mägde.« (Ruth 2,13) Ruth gesteht, dass Boas sie »getröstet« *(nihamtani)* hat, das heißt, dass seine freundlichen Worte die Ängste gemildert haben, die sie, Migrantin und Witwe, quälen. Sie deutet sogar an, dass er an ihr Herz gerührt hat, bleibt aber vorsichtig und betont, sie sei es nicht einmal wert, seine Magd zu sein.

Ein idyllischer Moment folgt: »Boas sprach zu ihr, als Essenszeit war: Komm hierher und iss vom Brot und tauche deinen Bissen in den Essigtrank! Und sie setzte sich zur Seite der Schnitter. [...] und sie aß und wurde satt und ließ noch übrig.« (Ruth 2,14) Das klingt wie der Wunschtraum einer hungrigen Migrantin. Brot gibt es reichlich, sodass Ruth noch etwas »übrig ließ«. Und noch köstlicher schmeckt dieses Brot, weil es in Essig getaucht wurde, das biblische Äquivalent einer würzigen Soße. Der Hunger, der in der ersten Episode eine Hauptrolle spielte, ist vergangen.

Es kommt noch besser. Boas spendet Ruth nicht nur das dringend benötigte Brot, sondern auch die dringend benötigte menschliche Wärme. Ruth ist im Kreis der Schnitter willkommen, setzt sich aber bescheiden nur in deren Nähe, nicht zwischen sie. Und dann legt ihr Boas in einer liebenswürdigen Geste eigens geröstete Körner vor. Gleich nach dem Essen trägt er seinen Knechten auf, sie sollten Ruth nicht nur hinter den Schnittern nachlesen lassen, sondern ihr auch das Lesen zwischen den Garben erlauben (Ruth 2,15). Mehr noch: Sie sollten außerdem etwas aus den Garben für sie herausziehen und sie nicht zurechtweisen (Ruth 2,16). Boas geht damit über den Buchstaben des Gesetzes hinaus, jedoch hat seine bewundernswerte Großzügigkeit Grenzen. Er erwähnt nicht, dass er ein Verwandter von Elimelech ist und deshalb womöglich noch mehr Verantwortung für die neue Ährenleserin auf seinem Acker hat.

Als Ruth in die Stadt zurückkommt, gibt sie ihrer Schwiegermutter, »was sie übrig behalten hatte, nachdem sie satt geworden war« (Ruth 2,18). Ruths früherer Entschluss, etwas von ihrer Ausbeute aufzuheben, erlaubt ihr, das Sammelgut mit Noomi zu teilen. Der Schwur von unterwegs nimmt in Bethlehem eine neue Form an, die sie mit ihrem Handeln verdeutlicht: Meine Gerstenähren sind deine, so wie mein kleines Glück auch deines ist. Ruths fortdauernde Loyalität scheint ihrer Schwiegermutter nahezugehen. Noomi fragt: »Wo hast du heute gelesen, und wo hast du gearbeitet? Gesegnet sei, der dich erkannt oder beachtet hat.« (Ruth 2,19) Noomi war nicht auf den Äckern, nennt den Wohltäter aber wie Ruth einen Menschen, der die am Boden Liegenden »beachtet« *(makirech)*. Und als sie hört, dass der Acker ausgerechnet Boas gehört, wirkt Noomi erst recht ermutigt. Sie, die melancholische, Hiob ähnliche Frau, die vor den Toren Bethlehems fast Gott verfluchte, segnet jetzt Boas und spricht dankbar von göttlicher *chesed*: »Gesegnet sei er vom HERRN, der seine Barmherzigkeit nicht abgewendet hat von den Lebendigen und den Toten.« (Ruth 2,20) Gott quält nicht mehr, sondern er übt Barmherzigkeit, und seine *chesed* spiegelt sich in der menschlichen *chesed*.

Noomis plötzliche Freude beschränkt sich nicht auf das Korn, das allmählich ihre Leere füllt. Sie lässt Ruth mit knappen Worten wissen, dass die zufällige Begegnung mit Boas eine besondere Bedeutung hat, da er ihrer beider Verwandter ist, ein »Löser«, ein *go'el*. Dieser Terminus verbindet ihre Lebensumstände mit dem Leviratsgesetz, das für Ruths Geschichte zentral wird. Es ist eine im 5. Buch Mose erlassene Verfügung zum Erhalt der Kontinuität in Familien: Wenn ein verheirateter Mann kinderlos stirbt, ist sein Bruder verpflichtet, die Witwe zu heiraten, und ein Sohn aus dieser Ehe gilt als Sohn des ersten Ehemannes (5 Mose 25,5-6). Dieses Gesetz soll nicht nur verhindern, dass ein Stammbaum gefällt wird, sondern sichert implizit auch die Unterstützung kinderloser Witwen. Im Buch Ruth ist das Gesetz leicht modifiziert, sodass es nicht nur für die Brüder des Verstorbenen gilt, sondern auch für seine anderen nahen Verwandten. Noomi spricht nicht aus, was sie sich wünscht, deutet aber wohl an, dass Boas mehr bieten könnte als Gerste, wenn er sich nur aufraffen würde, seine Pflicht als Löser zu erfüllen, also Ruth zu heiraten.

Ruth liest weiter Ähren, bis die Gerste und der Weizen geerntet sind. Sie ist noch immer die hart arbeitende Migrantin, die sie bei Erntebeginn war. Offen bleibt, ob Ruth weiter eine arme Ährenleserin sein oder in Boas Haushalt aufgenommen werden wird. Noch bekennt sich Boas nicht zu seiner Verwandtschaft mit der Wanderarbeiterin aus Moab. Aber Ruth und Noomi können nicht mehr lange warten. Die Erntezeit ist vorbei, und wieder droht Gefahr, dass sie Hunger leiden müssen. Ein neuer Plan muss her, und die Tenne, auf der das Korn nach der Ernte geworfelt wird, scheint der perfekte Ort für seine Durchführung.

Mitternächtliche Verführung auf der Tenne: Der Schatten Sodoms

Zur rätselhaftesten Episode in Ruths Leben kommt es in der Nacht, als sie sich auf die Tenne wagt, wo Boas schläft. Offenbar übernachteten Gutsherrn auf der Tenne, um ihre Ernte zu bewachen und um die Feste mitzufeiern, die zum Abschluss der Erntesaison stattfanden. Noomi hat den Einfall, dass Ruth sich nachts auf die Tenne stehlen und zu Füßen des schlafenden Boas legen soll:

> Meine Tochter, soll ich dir nicht eine Ruhestatt suchen, dass dir's wohlgehe? Siehe, Boas, unser Verwandter, bei dessen Mägden du gewesen bist, worfelt diese Nacht Gerste auf der Tenne. So bade dich und salbe dich und lege dein Kleid an und geh hinab auf die Tenne. Gib dich dem Mann nicht zu erkennen, bis er gegessen und getrunken hat. Wenn er sich dann schlafen legt, so merke dir die Stelle, wo er sich hinlegt, und geh hin und decke seine Füße auf und leg dich hin, so wird er dir sagen, was du tun sollst. (Ruth 3,1-4)[17]

Noomi beginnt mit einer rhetorischen Frage, besorgt, dass ihre Schwiegertochter noch keinen Ehemann oder, um ihre merkwürdige indirekte Wendung zu zitieren, keine »Ruhestatt« *(manoach)* gefunden hat. Ohne es ausdrücklich zu sagen, hält sie Boas für den besten Kandidaten und erklärt ihren Plan: Ruth müsse ein Bad nehmen, sich mit duftendem Öl salben, ihre schönsten Kleider anziehen und zur

Tenne gehen. Dort solle sie warten, bis Boas genug gegessen und (vermutlich Wein) getrunken habe, und sich dann neben ihn legen. Ohne Zweifel inszeniert Noomi eine Verführungsszene. Sogar eine Szene, die eine fast unheimliche Ähnlichkeit mit der Geschichte von der dubiosen Verführung Lots hat, der im Schlaf seine eigenen Töchter (eine von ihnen ist die Ahnin Moabs) in einer Höhle bei Sodom schwängerte. Im Buch Ruth ist ein Echo dieser sodomitischen Verführung hörbar.

Die Geschichte Sodoms beginnt mit Gottes Zorn über die finstere Verkommenheit der Stadt. Um den Sodomitern noch eine letzte Chance zu geben, schickt Gott zwei als Menschen verkleidete himmlische Boten in die Stadt. Lot, der die Regeln der Gastlichkeit hochhält, nimmt die beiden Engel in seinem Haus auf. Aber dann kesseln die Männer der Stadt Lots Haus ein, um den Gästen Gewalt anzutun. Sodom ist verloren. Gott lässt »Schwefel und Feuer« auf die Stadt regnen (1 Mose 19,24). Aber einen Augenblick bevor Sodom zerstört wird, drängen die Himmelsboten Lot, er solle mit seiner Frau und seinen Töchtern fliehen. Auf der Flucht dürfen sie sich nicht umsehen. Trotz des Verbots dreht sich Lots Frau um, blickt zurück und erstarrt zur Salzsäule. Nur Lot und seine Töchter überleben die Vernichtung ihrer Stadt. Und obwohl Lot als der einzige rechtschaffene Mensch in Sodom gilt, lässt er sich unwissentlich von seinen Töchtern verführen. Die ältere Tochter sagt zur jüngeren: »Unser Vater ist alt und kein Mann ist mehr im Lande, der zu uns eingehen könnte nach aller Welt Weise. So komm, lass uns unserm Vater Wein zu trinken geben und bei ihm schlafen, dass wir uns Nachkommen schaffen von unserm Vater.« (1 Mose 19,31-32) Die Episode in der Höhle ist nicht so abstoßend wie die in Sodom begangenen Sünden – schließlich versuchen die Töchter, die

Stammlinie zu erhalten –, aber sie ist ein klarer Verstoß gegen das Inzestverbot, das zu den Grundgesetzen einer Zivilisation gehört. Aus dieser inzestuösen Verbindung werden zwei Söhne geboren, ausgerechnet die Gründungsväter zweier berüchtigter Feinde Israels: Amon und Moab. Aus israelitischer Sicht sind diese beiden Völker mit dem Schandmal des Inzests gebrandmarkt. Im Fall Moabs weist sogar der Name darauf hin: *mo'av* (Moab) ist in einem Wortspiel mit *me'av* – »vom Vater« verknüpft. Die Geschichte Sodoms ist ein Musterbeispiel für die – bis heute nur allzu übliche – Tendenz, abstoßendes Sexualverhalten anderen Kulturen zuzuschreiben. Kein Zufall, dass Immigranten oder Minderheiten mit weit höherer Wahrscheinlichkeit der Vergewaltigung oder Promiskuität verdächtigt werden als Einheimische. Unerlaubtes sexuelles Begehren wird nur zu gern abgestritten und auf andere projiziert.

Was fangen wir nun mit dem Schatten Sodoms auf Boas' Tenne an? Betrachten wir zunächst Ähnlichkeiten. In beiden Geschichten geht es um den Erhalt der Stammlinie mithilfe einer fragwürdigen Verführung, und in beiden Fällen wird ein Mann in die Falle gelockt, während er besonders wehrlos ist, nämlich dann, wenn er, schwer vom Wein, eingeschlafen ist.[18] Die Szene auf der Tenne schmückt Ruths Porträt mit schillernden Farben und verrät ein anhaltendes Misstrauen gegen die Moabiterin, die nach Bethlehem eingewandert ist. Es gibt aber auch spürbare Unterschiede zwischen beiden Geschichten. Der erste ist der Schauplatz: Die Geschichte von Lot und seinen Töchtern spielt in einer Höhle und ist folglich mit der unzivilisierten Welt verbunden, die Verführungsszene im Buch Ruth dagegen entwickelt sich auf der Tenne, einem festen Bestandteil des landwirtschaftlichen Lebens. Dass nicht eine Moabiterin den Anstoß gibt, sondern Noomi, die Israelitin, mildert das

Ganze ebenfalls. Der wichtigste Unterschied aber besteht darin, dass Ruth, anders als ihre Ahnin, nicht versucht, den eigenen Vater, sondern nur eine Vaterfigur zu verführen (Boas nennt sie »meine Tochter«, meint das aber nur bildlich). Und die Geschichte von der nächtlichen Begegnung hat zwar deutlich erotische Untertöne, enthält aber keine offene Sexualität. Der Text spielt mit dem Verb »liegen«, es wird mehrfach verwendet, bezeichnet aber keinen »Beischlaf«. Ruth legt sich zu Boas, der sich »hinter einen Kornhaufen« (Ruth 3,7) gelegt hatte, aber es bleibt bei der erotischen Schilderung der räumlichen Nähe der beiden.[19]

Was in dieser Erntenacht genau zwischen den beiden geschah, erfahren wir nicht. Die Begegnung gleicht einem Traum und wirkt dadurch noch nebelhafter. Es ist eine Nacht der verschwimmenden Identitäten, eine zugleich bezaubernde und verstörende Nacht. Boas wird wach, nachdem Ruth seine Füße aufgedeckt (womöglich sind die Füße ein Pars pro Toto für den gesamten Unterkörper) und sich dicht danebengelegt hat: »Als es nun Mitternacht ward, erschrak der Mann, zitterte und drehte sich um; und siehe, eine Frau lag zu seinen Füßen. Und er sprach: Wer bist du?« (Ruth 3,8-9)[20] Boas, der die Ausländerin Ruth mitten am Tag auf dem Acker »erkennen« konnte, ist um Mitternacht nicht dazu in der Lage. Vielleicht befindet er sich in dem verwirrenden Zwischenreich zwischen Traum und Realität, aufgeschreckt von der Frau, die aus dem Dunkel aufgetaucht ist wie ein Widerschein seiner wilden Phantasie. Er zittert, unfähig herauszufinden, ob diese Frau, die seine Füße entblößt hat, ein gefährlicher böser Geist ist oder eine geheimnisvolle gütige Versucherin.

Mitternacht ist die Stunde, da Geister und Dämonen ihren Auftritt haben, aber im Bibeltext ist es auch eine für radikale Umwandlungen besonders geeignete Zeit. Selbst die großartigste Geschichte einer Rettung, der Auszug aus Ägypten, findet um Mitternacht statt (2 Mose 11,4; 12,29). Mitternacht ist auch im Buch Ruth ein Moment der Erlösung, hier im individuellen oder Familienbereich. Ruth gibt sich dem verwirrten Boas zu erkennen und fordert ihn zum Handeln auf: »Ich bin Ruth, deine Magd. Breite den Saum deines Gewandes [deinen Flügel] über deine Magd, denn du bist der Löser [*go'el*].« (Ruth 3,9)

Ein Wagnis hatte sie bereits auf sich genommen, als sie sich nachts auf die Tenne schlich, und jetzt zögert sie nicht, ihr Glück noch einmal aufs Spiel zu setzen, indem sie Boas mutig beschwört, seine Pflicht zu erfüllen. Statt abzuwarten, was Boas ihr zu sagen hat (wie Noomi ihr aufgetragen hatte), behält sie die Initiative und widersetzt sich einer Gendernorm.[21] Ihre Rhetorik ist brillant, wie gewohnt. Sie nimmt die Worte auf, die Boas bei ihrer ersten Begegnung auf dem Feld gesagt hat – »Der HERR vergelte dir deine Tat, und dein Lohn möge vollkommen sein bei dem HERRN, dem Gott Israels, zu dem du gekommen bist, dass du unter seinen Flügeln [*kenafav*] Zuflucht hättest.« (Ruth 2,12) –, und verlangt jetzt von ihm, Gott nachzuahmen und »Flügel« über ihr auszubreiten. Sie spricht nicht ausdrücklich von Heirat, aber die Redewendung »Zuflucht unter dem Flügel zu suchen« ist unter anderem auch eine Metapher für die Eheschließung. Hesekiel bezeichnet sogar den Bund zwischen Gott und Israel in der Wüste, gleich nach dem Exodus, mit dieser Metapher als eine Heirat: »Und ich ging an dir vorüber und sah dich an, und siehe, es war die Zeit, um dich zu werben. Da breitete ich meine Flügel [*kenafi*] über dich und bedeckte deine Blöße. Und ich schwor dir's und schloss mit dir einen Bund, spricht Gott der HERR, und du wurdest mein.« (Hes 16,8)[22] Wenn Boas die Rolle des *go'el* annimmt, wie Ruth ihm nahelegt, dann könnte er dem göttlichen Vorbild des Erlösers folgen. Als Ruth ihre Verführung auf der Tenne inszeniert, ist ihre kulturelle Anpassung so weit gediehen wie nie zuvor; sie kennt die Gesetze ihres Gastlandes bis in alle Einzelheiten. Anders als ihre Moabiter Ahninnen verstößt Ruth nicht gegen das Recht. Im Gegenteil: Sie besteht darauf, dass das Leviratsgesetz angewendet wird, dass also ein vom Aussterben bedrohter Familienzweig rechtmäßig gerettet wird. Aber wenn diese Nacht trotzdem einen Zauber hat, dann deshalb, weil es um mehr geht als um Gerechtigkeit und Überleben. Ruth und Boas haben anscheinend schon bei ihrer ersten erotisch angehauchten Begegnung auf dem Acker Zuneigung zueinander gefasst.

Boas kann Ruths Heiratsantrag nicht ablehnen, aber seine Zustimmung nimmt eine unerwartete Wendung. Statt Ruths Bitte zu erfüllen, als übe er damit *chesed* oder einen Akt der Barmherzigkeit, bringt er sein tiefes Verständnis für ihre *chesed* zum Ausdruck: »Er aber sprach: Gesegnet seist du vom HERRN, meine Tochter! Du hast deine Liebe [*chesed*] jetzt noch besser erzeigt als vorher, dass du nicht den jungen Männern nachgegangen bist, weder den reichen noch den armen. Nun, meine Tochter, fürchte dich nicht. Alles, was du sagst, will ich dir tun; denn das ganze Volk in meiner Stadt [*sha'ar 'ami*] weiß, dass du eine beherzte Frau bist.« (Ruth 3,10-12)[23] Er gibt ihr damit zu verstehen, dass sie, indem sie einen älteren Mann einem jüngeren vorziehe, ihn nicht weniger errette als er sie. Die Güte, die Ruth zeigte, als sie Noomi folgte, wird nun (in seiner Sicht) übertroffen von einer noch größeren Güte, ihrer Entscheidung für ihn. Er verspricht, alles zu tun, was sie sagt, und rühmt sie als eine Frau, die alle Einwohner der Stadt – wörtlich »das Tor meines Volks« *(sha'ar'ami)* – beherzt *(eshet hayil)* nennen. Die Wanderarbeiterin wird somit um Mitternacht als tatkräftiges Mitglied der Gemeinde anerkannt und durch das symbolische Tor eingelassen.

Auch wenn Boas zu diesem Zeitpunkt schon bereit ist, ein *go'el* zu sein, beeilt er sich, auf eine mögliche Komplikation hinzuweisen. Offenbar gibt es einen potenziellen Löser, der näher mit Ruths verstorbenem Ehemann verwandt ist. »Bleib über Nacht hier. Will er dich dann am Morgen lösen, gut, so mag er's tun; hat er aber keine Lust, dich zu lösen, so will ich dich lösen, so wahr der HERR lebt. Schlaf bis zum Morgen! Und sie schlief bis zum Morgen zu seinen Füßen.« (Ruth 3,13-14) Boas weist darauf hin, dass es einen näheren Verwandten und Konkurrenten um die Rolle des Lösers gibt. Aber er ist anscheinend nicht übermäßig besorgt, nicht nur, weil er möchte, dass Ruth die Nacht mit ihm auf der Tenne verbringt, sondern auch, weil er wohl annehmen kann, dass der konkurrierende *go'el* sehr wahrscheinlich kein Interesse haben wird. Das Leviratsgesetz ist nicht leicht zu befolgen: Es erzwingt eine Ehe und sprengt das Familienleben derer, die es umsetzen müssen.[24] Eine Witwe aus dem Ausland erschwert das Verfahren zusätzlich.

Ruth verlässt die Tenne im Morgengrauen, zu der Zeit zwischen Tau und Tag, in der nichts klar erkennbar ist: »Und sie schlief bis zum Morgen zu seinen Füßen. Und sie stand auf, ehe einer den andern erkennen konnte.« (Ruth 3,14) Selbstverständlich muss sie auf ihren Ruf achten, aber die Schilderung ihres Verschwindens verstärkt die traumgleiche, geheimnisvolle Stimmung der Szene und den dunklen Charme des verdeckten, an Ungehörigkeit grenzenden erotischen Spiels der beiden. Kurz bevor Ruth geht, füllt Boas ihr Kopftuch *(mitpahat)* mit »sechs Maß Gerste« – ein Zeichen für den heimlichen Bund, den die beiden geschlossen haben, und ein Versprechen zukünftiger Fülle und Fruchtbarkeit. Verstohlen kehrt Ruth zu ihrer Schwiegermutter zurück, die sie mit der Frage empfängt: »Wer bist du?« (Ruth 3:16)[25] Wahrscheinlich meint Noomi: »Wie steht's mit dir?« Aber merkwürdig genug ist die Formulierung, eine wörtliche Wiederholung der Frage, die Boas auf der Tenne stellte, als er aus dem Schlaf aufschrak. Noomi hat sich schon mit ihren Anweisungen an Ruth zu Beginn des Kapitels indirekt mit allen Einzelheiten der Verführungsszene befasst, und wenn sie jetzt *»mi'at«* fragt, klingt sie, als wäre sie selbst auf der Tenne. In der ersten Episode des Buches hatte sie sich ausgemalt, »in dieser Nacht« (Ruth 1,12) einen Ehemann zu haben, diese Hoffnung auf einen neuen Anfang jedoch sofort bitter als eine Illusion zurückgewiesen, jetzt dagegen darf sie sicher sein, dass ihr Traum sich mittels Ruth in einer anderen Nacht erfüllen wird. Um ihre Schwiegermutter noch stärker am Erlebten zu beteiligen, erzählt Ruth ihr von Boas' Freundlichkeit und zeigt ihr die Menge der Gerstenkörner in ihrem Kopftuch: »Diese sechs Maß Gerste gab er mir; denn er sagte: Du sollst nicht mit leeren Händen [*reikam*] zu deiner Schwiegermutter kommen.« (Ruth 3,17) Boas hatte Noomi nicht erwähnt, als er Ruth das Korn schenkte, dieses Detail dichtet Ruth hinzu, um Noomi noch mehr an der Szene zu beteiligen. Ihre Worte sind aber auch ein Echo auf Noomis bittere Klage vor den Toren Bethlehems: »Voll zog ich aus, aber leer [*reikam*] hat mich der HERR wieder heimgebracht.« (Ruth 1,21) Bei der Ankunft in Bethlehem leugnet Noomi die Tatsache, dass sie nicht »leer« zurückkam, da Ruth an ihrer Seite war; jetzt wird sie indirekt dazu aufgerufen, anzuerkennen, welche Fülle die moabitische Schwiegertochter in ihr Leben gebracht hat. Noomi trägt nun weniger schwer an ihrer inneren Entfremdung, und Bethlehem, dessen Getreide ihr weit über ihre kühnsten Hoffnungen hinaus den Magen füllt, wird einer Heimat ähnlicher. Noomi glaubt mehr und mehr an die Möglichkeit einer Veränderung und sagt zuversichtlich: Boas »wird nicht ruhen, er bringe es denn heute zu Ende« (Ruth 3,18). Nun ist Boas am Zuge.

Vor dem Gesetz: Mischehe und Mutterschaft

Eine Mischehe ist der Königsweg einer Migrantin zur kulturellen Anpassung, der Weg, sichtbarer, eindringlicher an der Gastkultur teilzuhaben. Ruth war schon in Moab mit einem Israeliten verheiratet, aber der Umzug nach Bethlehem bedingt eine Mischehe anderer Art: die Heirat mit einem Israeliten, der in seinem Mutterland lebt. Eine Mischehe ist anscheinend die erste und wichtigste Möglichkeit einer Migrantin zur kulturellen Anpassung, aber das gilt nicht ausschließlich für Frauen. Auch in Lebensgeschichten von Migranten kommt sie gelegentlich vor. Als Josef Großwesir des Pharaos wird und als Ägypter gilt, heiratet er Asenat, die Tochter eines ägyptischen Priesters. Und Moses verschafft sich durch seine Heirat mit Zippora, ebenfalls Tochter eines Priesters (Jitro), Einlass in die midianitische Kultur. Ruth wie Josef und Moses heiraten nicht einfach irgendwelche »Einheimischen«, sondern hochangesehene. Die Ehe mit Boas wird Ruths Leben vollkommen verändern, sie wird Bürgerin Bethlehems werden und sofort zur Elite der Stadt Zugang haben.

Das vierte und letzte Kapitel des Buchs Ruth beginnt mit einer Szene am Tor, dem wichtigsten öffentlichen Versammlungsort und der Gerichtsstätte, wo wohlhabende Älteste Entscheidungen treffen. Wie Noomi vorhersagte, verliert Boas keine Zeit, sondern geht gleich am Morgen zum Tor, um die rechtlichen Bedingungen für seine Ehe mit Ruth zu erfüllen. In der Nacht lobte Boas Ruth, da das Volk seiner

Stadt (*sha'ar 'ami:* Tor meines Volks) sie für eine beherzte Frau halte, jetzt sitzt er am tatsächlichen Tor seines Volks, um Ruth offiziell in die israelitische Gemeinde Bethlehem aufnehmen zu lassen. Seine Erwartung, dass der Löser-Verwandte an diesem zentralen Platz vorbeikommt, trifft zu. Als er den potenziellen *go'el* Ruths sieht, ruft Boas ihm zu: »Komm, setz dich her, es geht um dich!« (Ruth 4,1) Der nähere Verwandte wird nicht einmal beim Namen genannt, sondern nur mit *ploni almoni,* »Soundso«, angeredet und also von Anfang an als eine Person kenntlich gemacht, die nur eine ganz nebensächliche Rolle in der Geschichte spielt. Boas, ein Mann von hohem gesellschaftlichem Rang, behandelt Soundso von oben herab und befehlsgewohnt, so wie er auch zehn Älteste als Zeugen herbeizitiert.

Jetzt entwickelt sich vor dem Tor ein juristisches Drama. Der versierte Boas bringt das Leviratsgesetz nicht gleich zur Sprache. Stattdessen beginnt er mit dem Hinweis, dass Noomis Acker ausgelöst – zurückgekauft – werden müsse. Anscheinend hatte Noomi einen Teil von Elimelechs Land geerbt (der seltene Fall einer Witwe, der ein Recht auf eigenen Grund und Boden zugebilligt wird), ist aber so verarmt, dass sie es verkaufen muss. Nach dem Gesetz im 3. Buch Mose 25, 24-25 muss der Grundbesitz einer Familie erhalten bleiben und »ausgelöst«, zurückgekauft werden, falls ein Familienmitglied zum Verkauf gezwungen ist. Auf Boas' Frage, ob er bereit sei, Noomis Grund und Boden auszulösen, antwortet Soundso mit Ja. Aber dann dreht Boas eine unerwartete Pirouette und erklärt ihm, dass das Gesetz zur Auslösung und das Leviratsgesetz untrennbar verbunden sind. »Boas sprach: An dem Tage, da du von Noomi das Feld kaufst, musst du auch Ruth, die Moabiterin, die Frau des Verstorbenen, nehmen, um den Namen des Verstorbenen zu erhalten auf seinem Erbteil.« (Ruth 4,5) Der Begriff

»lösen« wird im biblischen Rechtscorpus im Zusammenhang mit Landrückkauf verwendet. Im Buch Ruth dient er jedoch auch zur Kennzeichnung der Leviratsehe, und deshalb kann Boas die beiden Vorschriften leichter verbinden.[26] Soundso macht eilends einen Rückzieher, aus Sorge, dass eine derartige Ehe sein »Erbteil schädigen« würde. Er sagt nicht, warum das so sein sollte, aber anscheinend beunruhigt ihn, dass Ruth aus Moab stammt. Das Gesetz im 5. Buch Mose 23,4 verbietet eine Ehe mit Ammonitern und Moabitern, da diese Stämme kein Entgegenkommen aufbrachten für die Israeliten auf ihrer Wanderung ins Gelobte Land. Entweder kannten die Autoren des Buches Ruth dieses Gesetz nicht oder sie waren dagegen. Eine Ehe mit Ruth wird an keiner Stelle als Gesetzesverstoß dargestellt, vielmehr gilt sie als ein Gebot. Und doch ist anzunehmen, dass die Geschichte von Sodom Unruhe stiftet. Soundso ist das männliche Spiegelbild von Orpa. Er ist kein Sünder, aber in seinen Entscheidungen eindeutig konventioneller als Boas, sodass sein Verhalten als Hintergrund dient, vor dem sich Boas' außergewöhnlicher Mut noch deutlicher abhebt.

Indem er die Rolle des Lösers übernimmt, stellt Boas sicher, dass er Ruth heiraten und zugleich das Land erwerben kann. Diese doppelte Transaktion macht deutlich, dass seine Ehe mit Ruth auch auf die (Er-)Lösung Noomis abzielt. So wie Noomi im Geist bei Ruth auf der Tenne war, ist ihr Interesse jetzt selbstverständlich Teil der juristischen Verhandlung vor dem Tor. Im Buch Ruth werden selbst potenziell angespannte Situationen ohne Konflikt bereinigt. Soundso ist einverstanden und gibt das Recht, Löser zu sein, an Boas weiter. Und Boas verkündet den Ältesten und dem Volk, das sich am Tor versammelt hat:

> Ihr seid heute Zeugen, dass ich von Noomi alles gekauft habe, was Elimelech, und alles, was Kiljon und Machlon gehört hat. Dazu habe ich mir auch Ruth, die Moabiterin, die Frau Machlons, zur Frau genommen, dass ich den Namen des Verstorbenen erhalte auf seinem Erbteil und sein Name nicht ausgerottet werde unter seinen Brüdern und aus dem Tor seiner Stadt; dessen seid ihr heute Zeugen.« (Ruth 4,9-10)

Damit ist verhindert, was am meisten gefürchtet worden war: dass der Tote »aus dem Tor seiner Stadt« *(sh'ar mekomo)* ausgesperrt würde.

Wir wissen nicht, ob Ruth jetzt auftritt und sich zu Boas stellt, aber die Stadtältesten legen Zeugnis ab und sprechen einen Segen, der Teil einer Hochzeitszeremonie hätte sein können. Wieder gibt es eine kurze poetische Einfügung in den Text – ein paar Parallelismen –, um die Feierlichkeit des Augenblicks zu betonen:

> Und alles Volk, das im Tor war, samt den Ältesten sprach: Wir sind Zeugen. Der HERR mache die Frau, die in dein Haus kommt, wie Rahel und Lea, die beide das Haus Israel gebaut haben; […] Und dein Haus werde wie das Haus des Perez, den Tamar dem Juda gebar, durch die Nachkommen, die dir der HERR geben wird von dieser jungen Frau.« (Ruth 4,11-12)

Als Ruth in Boas' Haushalt aufgenommen wird, wird sie eingebunden in eine lange Ahnenreihe eindrucksvoller Frauen – von den Gründungsmüttern Rahel und Lea bis zu Tamar, der Ahnin des Hauses Perez.

Der Segen der Ältesten ist nicht nur auf die Zukunft ausgerichtet. Der Zeremonie am Tor gehen mehrere Szenen voraus, in denen Ruth, zumindest implizit, bereits bezogen auf die drei Matriarchinnen der Genesis handelt. Der hohe Ton im Segensspruch der Ältesten mildert jedoch die zweideutigen Aspekte, die mit der Berufung auf diese weibliche Ahnenreihe verknüpft sind. So berühmt die drei Frauen der Vergangenheit sein mögen, sind sie doch alle drei an fragwürdigen Transaktionen und Verführungen beteiligt. In der Geschichte von Rahel und Lea sind die Liebesäpfel einschlägig. Beide Schwestern sind mit Jakob verheiratet und liegen ständig im Streit miteinander. Ihre Rivalität ist besonders heftig, weil jede der beiden sich etwas wünscht, was die andere hat. Während Lea, die ältere Schwester, einen Sohn nach dem andern zur Welt bringt, ist die jüngere, Rahel, unfruchtbar. Aber Rahel ist von Anfang an Jakobs wahre Liebe und Lea die vernachlässigte Ehefrau, die nie aufhört, sich nach der Liebe zu sehnen, die ihr verweigert wird. Verzweiflung auf beiden Seiten führt schließlich dazu, dass die Schwestern sich auf einen Handel einlassen. Rahel verleiht Jakob für eine Nacht an Lea (er spielt die demütigende Rolle, Tauschobjekt zu sein), und Lea gibt der Schwester dafür Liebesäpfel, die Fruchtbarkeit versprechen. Nach Gottes Willen werden beide Schwestern schwanger, Lea allerdings als erste, womöglich eine verdeckte Kritik an Rahels Bereitwilligkeit, Fruchtbarkeit mit zweifelhaften Mitteln zu erreichen.[27]

Auch die Geschichte Tamars enthält eine fragwürdige sexuelle Szene. Ihre Bedeutung für das Buch Ruth ist noch offenkundiger, da sie von einer Anwendung des Leviratsgesetzes handelt. Tamar ist Judas Schwiegertochter, die Frau seines Erstgeborenen Er. Als Er gestorben ist, verlangt Juda, dass sein zweiter Sohn, Onan, Tamar heiratet, um seinem Bruder Nachkommen zu schaffen (1 Mose 38,8). Onan gehorcht seinem Vater, aber immer, wenn er mit Tamar ins Bett geht, »ließ er's auf die Erde fallen und verderben« (1 Mose 38,9). Im Wissen, dass ein Kind, das er mit Tamar in die Welt setzen würde, nicht sein eigenes, sondern das seines verstorbenen Bruders wäre, ist er nicht bereit, ein Ersatzvater zu sein. Gott ist erzürnt und lässt Onan sterben. Nun muss Juda Tamar versprechen, dass sie Schela, seinem jüngsten Sohn, angehören wird, wenn der erwachsen ist. Aber viel Zeit vergeht, ohne dass Juda sein Versprechen hält. Die Geschichte wird kompliziert, als Tamar beschließt, nicht abzuwarten, sondern zu handeln. Sie legt die Witwenkleider ab, verschleiert sich, setzt sich vor das Stadttor von Enaim und passt Juda ab. Er kommt, hält sie für eine Hure, möchte bei ihr liegen, verspricht ihr zum Lohn einen Ziegenbock aus seiner Herde und gibt ihr sein Siegel, die Schnur und seinen Stab zum Pfand. Später hört er, dass seine Schwiegertochter vom Huren schwanger geworden sei (1 Mose 38,24). Ohne noch einmal nachzudenken, verurteilt er sie zum Tode: »Führt sie heraus, dass sie verbrannt werde.« (1 Mose 38,24) Tamar schweigt nicht, sondern wendet sich an ihren Schwiegervater und sagt: »Von dem Mann bin ich schwanger, dem dies gehört. […] Erkennst du auch, wem dieses Siegel und diese Schnur und dieser Stab gehören?« Juda erkennt sein Pfand und hat den Mut, zu gestehen, dass er ihr Unrecht getan hat: »Sie ist gerecht, ich nicht; denn ich habe sie meinem Sohn Schela nicht gegeben.« (1 Mose 38,25-26) Am Ende gebiert Tamar Zwillinge – Perez, den Vorfahren von Boas, und Serach.

Wenn Ruth jetzt am Stadttor in die Gemeinde aufgenommen wird, ist damit wissentlich oder unwissentlich anerkannt, dass das Haus Israel von Beginn an mit halb illegalen Handlungen gebaut wurde, die sich gegen alle Erwartung als nützlich erwiesen. Ganz ähnlich wie der dubiose Handel von Lea und Rahel schließlich zur Geburt eines Gründervaters der israelitischen Stämme führte und ganz ähnlich wie Tamars List die Geburt von Perez zur Folge hatte, dem Urgroßvater von Boas und Ahnen der Dynastie Davids, so bahnt auch die List Ruths und Noomis den Weg zur Geburt künftiger Lenker der Nation. Wir sollten jedoch bedenken, dass Ruth zwar von den Ältesten als Gründermutter angesehen, jedoch kurz zuvor »Ruth, die Moabiterin« genannt wird (4,10). Das heißt, ihre kulturelle Anpassung wird eingeschränkt. Sie ist Teil der israelitischen Kultur, dringt ins Zentrum vor und bleibt doch eine Fremde.

Die Erzählung schreitet schnell von der Beschreibung der Zeremonie am Tor zu einem knappen Kommentar von Ruths Schwangerschaft und der Geburt ihres Sohnes Obed. Jetzt hat das lang ersehnte Kind seinen Auftritt. Und Noomi bleibt zwar kinderlos – das Wunder, noch im Alter ein Kind zu gebären, wird allein Sara gewährt –, aber immerhin wird sie sozusagen Obeds Pflegemutter: »Und Noomi nahm das Kind, legte es auf ihren Schoß und ward seine Wärterin.« (Ruth 4,16) In früheren Episoden teilt Ruth die Gerste mit ihrer Schwiegermutter, in dieser letzten Szene teilt sie die Mutterrolle. Sie hätte ihren Schwur noch um eine Versicherung ergänzen können: »Mein Sohn ist dein Sohn.« In Ruths Version des Leviratsgesetzes ist das Lösen nicht nur ein Mittel, die Erinnerung an Machlon zu bewahren, sondern auch und vielleicht vor allem ein Weg, Noomi aus ihrer tiefen Depression zu retten. Das Gesetz unterstützt Ruths Modell der geteilten Mutterrolle: Da Obed als Machlons Sohn gilt, ist Noomi tatsächlich seine Großmutter.

Damit scheint die Geschichte, die mit Migration, Kinderlosigkeit und Witwenschaft begann, ein glückliches Ende zu nehmen. Wir haben auf Toni Morrison hingewiesen, die kritisch bemerkt, wie viel Misstrauen Güte in der zeitgenössischen Literatur weckt. Für die Hoffnung gilt Ähnliches. Diese alten Erzählungen bringen uns dazu, unsere gegenwärtigen Neigungen zu überdenken. Ruths Geschichte, in der sich *chesed* und Beharrlichkeit unter unmöglichen Bedingungen verquicken, lehrt uns, was wir gewinnen können, wenn wir auf diese wunderbaren menschlichen Fähigkeiten aufmerksam werden. »Glücklich bis ans Ende unserer Tage« leben wir alle nicht – und das Leid der Vergangenheit verschwindet nicht, aber die Freuden einer neuen Heimat und die Hoffnung auf eine bessere Zukunft behalten die Oberhand.

Aus heutiger Sicht erscheint das Ende weniger glücklich, da Ruth und Noomi kein einziges Wort sagen. Wir dürfen uns wohl fragen, warum das so ist. Sind sie nebensächlich geworden, nachdem das Hauptproblem, die Erhaltung des Stammbaums, gelöst ist? In der gesamten Erzählung wurde das Handeln der Frauen hervorgehoben, aber jetzt, auf dem von Männern dominierten Schauplatz am Tor, sind die Frauen aus dem Blickfeld gerückt – jedoch nicht vollständig. Eine Stimme ist noch hörbar, die eine unerwartete Perspektive eröffnet.

Plötzlich, wie aus heiterem Himmel, erheben die Nachbarinnen ihre Stimmen im Chor. Wie die Ältesten fügen sie feierliche poetische Wendungen in ihren Segen ein. Sie sprechen Noomi an:

> Gelobt sei der HERR, der dir heute den Löser nicht versagt hat! [...] Der wird dich erquicken und dein Alter versorgen. Denn deine Schwiegertochter, die dich geliebt hat, hat ihn geboren, die dir mehr wert ist als sieben Söhne.« (Ruth 4,14-15)

Vielleicht spiegeln die Nachbarinnen die Hochstimmung, die Noomi erlebt, wenn sie mitansieht, wie ihre Welt durch die Geburt ihres Enkels allmählich wiederersteht. Aber vielleicht füllen sie auch eine Leerstelle und ergänzen, was Noomi, die weiter unter Verlusten und Entfremdung leidet, zum vollen Glück noch fehlt. Die Worte der Nachbarinnen sind nicht nur tröstlich, sondern unerwartet radikal. Sie sagen sogar, dass Ruth (für Noomi) besser sei als sieben Söhne. Das ist eine erstaunliche Anerkennung von Ruths Wert in einer Welt, in der die Geburt von Söhnen ein vorrangiges Ziel ist. Vielleicht wollen die Nachbarinnen Noomi auch Mut machen, sich endgültig von den womöglich zwiespältigen Gefühlen hinsichtlich der moabitischen Herkunft ihrer Schwiegertochter zu befreien. Aber das Buch endet nicht mit dieser Ehrung Ruths.

Der letzte Satz des Buches Ruth ist eine Genealogie:

> Dies ist das Geschlecht des Perez: Perez zeugte Hezron; Hezron zeugte Ram; Ram zeugte Amminadab; Amminadab zeugte Nachschon; Nachschon zeugte Salmon; Salmon zeugte Boas; Boas zeugte Obed; Obed zeugte Isai; Isai zeugte David, (Ruth 4,18-22)

Diese Genealogie nimmt die Genealogien im 1. Buch Mose zum Vorbild und sichert damit die Fortdauer des Lebens und die ununterbrochene Generationenfolge über die Kluft der Zeit hinweg. Genealogien sind eine von mehreren Antworten der Menschen auf den Tod. In jedem »zeugte«-Satz werden wir daran erinnert, dass die Familie, die Gemeinschaft, weiterlebt. Dass Machlons Name in dieser Genealogie nicht auftaucht, ist verständlich. Dieser Name ist verwandt mit dem Wort »Krankheit«, zwar ein prophetischer Name (so wie der seines Bruders Kiljon – »Zerstörung«), aber zu düster, um in den Stammbaum aufgenommen zu werden.[28] Trotz der Richtlinien des Leviratsgesetzes wird Boas als Obeds Vater genannt, der Name des Verstorbenen wird nur implizit wieder ins Leben gerufen.

Es gibt noch eine zweite eklatante Auslassung im Text. Wie in allen biblischen Genealogien fehlen auch hier in der abschließenden Genealogie die Frauen, die diese Generationenfolge erst möglich machen. Die Aufzählung schreitet von den Vätern zu den Söhnen fort, ohne dass die Mütter, die sie geboren haben, erwähnt werden. Ist das ein Versuch, die außergewöhnliche Hervorhebung der Frauenleben im Buch Ruth am Schluss wieder abzuschwächen? Soll man diesen Schluss in Analogie zum Prediger Salomo verstehen, der endet mit dem Satz: »Fürchte Gott und halte seine Gebote; denn das gilt für alle Menschen.« (Pred 12,13) – ein Ende, das unmissverständlich nicht mit den ketzerischen Lehren des Kohelet vereinbar ist? Aber wie im Fall des Predigers Salomo tilgen die Schlussworte des Buches Ruth nicht wirklich, was ihnen voranging.

Der allerletzte Name in der abschließenden Genealogie ist David. Jetzt begreifen wir, dass Ruths Taten nicht nur für das Weiterleben von Elimelechs Stamm entscheidend waren, sondern auch für die Gründung der hochangesehenen israelitischen Dynastie. Ruths Verwandtschaft mit David wird ihre Aufnahme in den Kanon erleichtert und ihr zusätzlich zur Anerkennung der Ältesten am Tor auch ein königliches Siegel beschert haben. Aber nicht allein die Verbindung mit der Dynastie Davids bahnte Ruth den Weg in die Heilige Schrift. Bei der Kanonbildung hat man bewusst oder unbewusst einige Regelwidrigkeiten im Corpus der biblischen Schriften bewahrt. Deutliche Abweichungen von Gesetzen gibt es nicht nur im Buch Ruth, sondern auch in den Büchern Prediger, Hiob und im Hohelied, dessen Aufnahme in den Kanon sehr verwunderlich ist. Vermutlich hat die besondere literarische Qualität, mit der diese regelwidrigen Texte ihre antagonistischen Ansichten präsentieren, dazu beigetragen, dass die Abwägung zu ihren Gunsten ausfiel. Die literarische Qualität eines Textes war zwar bei der Entscheidung über die Aufnahme in den Kanon kein ausdrücklich genanntes Kriterium, spielte aber dennoch eine Rolle. Es ist gut denkbar, dass Ruths Migrationsgeschichte nicht zuletzt deshalb in den Kanon aufgenommen wurde, weil niemand diesem literarischen Juwel widerstehen konnte; weil der Text uns so überwältigend deutlich zeigt, was wir gewinnen können, wenn wir uns auf unbekanntes Gelände begeben und die Welt mit den Augen einer Migrantin aus Moab sehen.

Die biblische Geschichte von Ruths Leben endet mit ihrer Heirat mit Boas und der Geburt ihres Sohnes Obed. Was sie in den Jahren danach erlebte, wird nirgendwo berichtet. Wie es für sie war, zu Boas' Haushalt zu gehören, ob sie weiter für Noomi sorgte, ob sie noch mehr Kinder bekam, wissen wir nicht, auch nicht, ob sie jemals in der Nacht mit Heimweh nach Moab aufwachte und sich fragte, was geschehen wäre, hätte sie sich damals entschieden, ins Haus ihrer Mutter zurückzukehren. In den biblischen Biographien berühmter Männer, Jakobs und Davids zum Beispiel, erfahren wir genaue Einzelheiten über ihren Niedergang im Alter und ihre Mühen bei der Bestimmung ihrer Erben. Im Buch Ruth findet sich nichts davon, und Ruth taucht auch in keinem anderen Bibeltext auf. Das Buch Ruth ist die ausführlichste Geschichte einer Frau im gesamten Kanon, aber trotzdem ist es unglaublich kurz. Und doch hört Ruths Biographie nicht endgültig mit dem Schlusskapitel des Buches Ruth auf. Ihr Fortleben von der Spätantike bis heute ist in einer ganzen Reihe fesselnder Darstellungen gesichert.

2. Die Konvertitin

In der Spätantike taucht Ruth als Konvertitin wieder auf. Als die Konversion Teil der jüdischen Tradition und des Rechtes in der rabbinischen Welt der Spätantike wird, gilt Ruth als besondere Wegbereiterin und wird auf ein Podest gehoben, da potenzielle Konvertiten sich ihren Lebenslauf zum Vorbild nehmen sollen. Seit die Rabbinen Ruth zur mustergültigen Konvertitin erklärten, wird sie immer wieder in dieser Rolle verehrt. Noch heute wählen viele Frauen, die zum mosaischen Glauben konvertieren, Ruth als ihren hebräischen Namen.

Viele nehmen an, dass Ruth bereits in der Bibel als Konvertitin bezeichnet wird, aber das ist nicht der Fall. Konversionen kommen in der Welt der Bibel nicht vor. Der Begriff *ger* bezeichnet, wie schon gesagt, Fremde oder Gäste, die Teil der israelitischen Gemeinde geworden sind. Ein *ger* muss sich an gewisse mosaische Grundgesetze halten und besitzt bestimmte Rechte – unter anderem das Recht auf Ährenlese –, ist aber nicht verpflichtet, offiziell zum Israeliten zu werden. Für die Rabbinen waren die biblischen Abgrenzungen zwischen Israeliten und ausländischen Einwohnern jedoch zu fließend. Sie brauchten klarere Unterscheidungen zwischen Juden und Nicht-Juden und erließen Regeln für Neuankömmlinge.[1] In rabbinischen Kontexten wird das Wort *ger* weiter benutzt, wird aber zur Bezeichnung für einen Konvertiten. Und für *ger*, den Konvertiten, werden neue Gesetze geschrieben: *hilchot gerim*, die Gesetze der Konversion. Wenn potenzielle Konvertiten Teil der jüdischen Gemeinde werden wollen, müssen sie ihren unbedingten Willen zum Konvertieren beweisen, die Gebote lernen und sich dem Ritualbad unterziehen sowie der Beschneidung, falls sie Männer sind.

Die Konversion wird Thema, als das rabbinische Judentum bemüht ist, sich von anderen Religionen im römischen Palästina zu unterscheiden. Die jüdische Gemeinde befand sich im Herrschaftsgebiet der Römer und war ständig den Verlockungen einer altbewährten heidnischen Kultur ausgesetzt. Ein zusätzlicher Grund zur Sorge war die wachsende Beliebtheit des Christentums, das großen Zulauf hatte. Durch Überlegungen und Gesetze zur Konversion legten die Rabbinen nicht nur Kriterien für die Aufnahme neuer Mitglieder fest, sie suchten auch die Konturen des Judaismus scharf zu zeichnen und gegen die Gebote und Praktiken ihrer römischen und christlichen Konkurrenten abzugrenzen.[2] Genau das macht die Konversion so interessant: Sie ist ein gesellschaftliches Phänomen, das die Grundsätze einer gegebenen Religion einschließt. Die Rabbinen bieten uns jedoch keine einheitliche Form der Konversion zum mosaischen Glauben oder in einem weiteren Sinn des Judentums im Ganzen. Die rabbinische Kultur ist vor allem – und das macht sie so einzigartig – eine Streitkultur, und deshalb erhalten wir vielfältige, sogar widersprüchliche Ansichten über Konversion und Konvertiten.

Überwiegend heißen die Rabbinen Konvertiten willkommen. Sie berufen sich auf den Vers im 5. Buch Mose 10,18, der Gott beschreibt als einen, der den *ger* liebt und ihm Speis und Trank gibt, und leiten daraus ab, dass der Bekehrte vor dem Gottkönig eine einzigartige Stellung hat. Sie fragen: »Denn wer ist größer, der, welcher den König liebt, oder der, welchen der König liebt?«[3] Der große Talmudgelehrte Resch Lakisch behauptet, dass der Konvertit

> in den Augen des Heiligen noch kostbarer ist als jene, die am Fuß des Sinai standen. Warum ist das so? Hätten jene, die am Fuß des Berges standen, nicht Blitz und Donner gesehen und den bebenden Berg und den Schofar gehört, dann hätten sie sich das Joch des himmlischen Königtums vielleicht nicht aufgeladen, aber ein Bekehrter, der nichts von diesen Dingen gesehen hat, kommt freiwillig zu Gott und nimmt für sich das Joch des himmlischen Reiches an. Ist Irgendeiner kostbarer als dieser?[4]

Weniger dominant, aber doch deutlich sind im rabbinischen Corpus allerdings auch ablehnende Einstellungen zu Konvertiten, am berühmtesten ist wohl der Satz, dass »Bekehrte für Israel so lästig sind wie Schorf *(sapahat)*«.[5]

Aber in der Hauptsache diskutierten die Rabbinen nicht, ob sie Bekehrte überhaupt aufnehmen, sondern eher, ob sie milde oder streng mit ihnen umgehen sollten. In der Auseinandersetzung zwischen den beiden berühmten Rivalen Schammai und Hillel geht es um die angemessene Behandlung derer, die konvertieren möchten. Eine denkwürdige Anekdote macht die Kontroverse anschaulich. Ein Nichtjude, der konvertieren möchte, tritt an Schammai heran und sagt: »Bekehre mich und lehre mich die gesamte Tora, solange ich hier auf einem Bein stehe.« Schammai stößt ihn mit einem Zollstock weg. Schammai glaubt nicht an Schnellverfahren, er lehnt es ab, Konversionen zum Kinderspiel zu machen, indem er das verlangte Studium in eine Lektion verwandelt, die man im Nu, solange man »auf einem Bein steht«, lernen kann. Derselbe Nichtjude kommt zu Hillel, und dieser, der mildere Gelehrte, konvertiert ihn auf der Stelle und fasst den Judaismus in einem einzigen Gebot zusammen: »Was du hasst, sollst du keinem anderen antun; das ist die ganze Tora, und der Rest ist Interpretation. Nun geh lernen.«[6] Hillel folgt seinem eigenen ethischen Grundsatz, indem er das Anliegen des Nichtjuden achtet. Aber er drängt ihn auch, diese entscheidende Maxime als Aufforderung zum Weiterstudieren über die Konversion hinaus zu verstehen. In der rabbinischen Welt prägt der Geist beider Talmudlehrer die Konversion zum Judentum und macht sie zu einem sowohl einladenden wie strengen Verfahren. Leicht soll eine Bekehrung zum Judentum nicht sein. Es gibt kein missionarisches Ziel, so viele Nichtjuden wie möglich zu bekehren. Im Gegenteil: Wer sich dem jüdischen Volk anschließen möchte, muss sich anstrengen und selbst die Initiative ergreifen. Aber wer bewiesen hat, dass er zur Konversion entschlossen ist, wird ohne Einschränkung aufgenommen.

Ruth wird in der rabbinischen Literatur als eine besonders ausgezeichnete Konvertitin aus den »Nationen der Welt« hervorgehoben, die Gott selbst seinem Volk sozusagen zum Geschenk gemacht hat.[7] Warum wird Ruth so erhöht? Ausschlaggebend ist ihr Schwur auf der Straße, vor allem der Satz »Dein Volk ist mein Volk, und dein Gott ist mein Gott« (Ruth, 1,16), der geradezu suggeriert, Ruth als eine ideale, so rechtschaffene wie fromme Konvertitin zu verstehen. Schon im biblischen Text bahnt Ruth sich mit ihrem Bekenntnis zu Noomis Gott und Volk den Weg nach Bethlehem, aber für die Rabbinen ist der Schwur mehr als ein allgemeines Versprechen, die kulturellen Regeln des Gastlandes anzuerkennen, es ist ein konkreter Hinweis auf Ruths Bereitschaft zur Konversion. In den Augen der Rabbinen zeichnet sich Ruth dadurch besonders aus, dass sie sich zu Israel sowie zu Gott bekennt. Mit diesem zweifachen Bekenntnis bestätigt sie sozusagen die Dualität einer Bekehrung zum Judentum. Wer zum Judentum übertritt, übernimmt nicht nur, wie Konvertiten zum christlichen Glauben, ein anderes religiöses System, sondern er wird auch Mitglied einer besonderen Gemeinde. Die Rabbinen hätten Ruth erfinden müssen, hätte sie nicht schon in den Schriftrollen auf sie gewartet.

Die meisten Rabbinen rühmen Ruths Verdienste, aber es finden sich auch Kommentare, die negative rabbinische Meinungen über Konversionen wiedergeben. In diesen Fällen wird die leise Ambivalenz hinsichtlich Ruths Herkunft aus Moab, die man in den Bibeltexten lesen kann, deutlich verstärkt und als Stichwort für die Abwertung von Ruths Konversion benutzt.

Die ausführlichste berühmte Sammlung rabbinischer Kommentare oder Midraschim zum Buch Ruth ist »Ruth Rabbah«.[8] Sie entstand in der Zeit der Amoräer (220-500 u.Z.), aber endgültig bearbeitet wurde sie viel später, erst im 8. Jahrhundert.[9] Die Midrasch-Auslegung des Buches Ruth ist keine Interpretation des Textes im Ganzen, sondern, typisch für die Midrasch-Hermeneutik, eine Auslegung von Zeile zu Zeile. In der Sicht der Rabbinen verlangt jede – oder fast jede – einzelne Zeile im Buch Ruth höchste Aufmerksamkeit, und jede Lücke muss erforscht werden. Und da dieses Midrasch-Corpus eine Textsammlung von Quellen aus unterschiedlichen Zeiten ist, begegnen wir manchmal einer Vielzahl voneinander abweichender, teils bestimmten Schriftgelehrten zugeschriebener, teils anonymer Kommentare zur selben Episode.

Das Midrasch-Corpus zum Buch Ruth wurde wie alle Midrasch-Sammlungen in einer der zentralen Einrichtungen des rabbinischen Judentums verfasst, im *beit midrasch*, dem rabbinischen Lehrhaus, wo Bibeltexte gelesen und ausgelegt wurden. Frauen hatten keinen Zutritt zum Lehrhaus. Aber wie Galit Hasan-Rokem zeigt, waren die Grenzen zwischen dem *beit midrasch* und dem Haushalt, dem typischen Aufenthaltsort der Frauen, durchlässiger als wir erwarten würden.[10] In den Midraschim finden wir kurze Geschichten über Frauen, die sich nur zu gern an exegetischen Arbeiten beteiligt hätten. Wir hören von einer namenlosen Frau, die immer Rabbi Meir zu Füßen saß und seinen Lehren lauschte, obwohl ihr unkonventionelles Gebaren zu Eheproblemen führte (ihr Mann war wütend, weil sie dem Rabbi so viel Aufmerksamkeit schenkte). Und wir erfahren, dass Berurja, die Tochter des Rabbi Chanina ben Teradjon, sich auf exegetische Diskussionen mit etlichen Rabbinen einließ und wegen ihres umfangreichen Wissens sehr bewundert wurde. Das sind nur Spuren in den Texten, aber sie könnten repräsentativ sein für ein weiter verbreitetes, nicht berichtetes Phänomen.

Wenn die Rabbinen ihre Ruth darstellten, waren sie mehr oder weniger entschlossen, sie in traditionellen Frauenrollen zu zeigen. Ab und an aber übersetzten sie Ruths Handeln aus dem Bibeltext in ihre eigenen Begriffe. Wenn sie das taten, waren sie womöglich von den außergewöhnlichen Frauen beeinflusst, die sich zur exegetischen Welt des *beit midrasch* hingezogen fühlten. Oder sie waren auf die Frauensagen eingestimmt, die sie zu Hause hörten. Vielleicht waren sie aber auch, wenigstens in ihrem exegetischen Vorstellungsvermögen, darauf aus, eine reichere Farbpalette potenzieller Geschlechterrollen zu erkunden.

Bekehrung auf der Straße

Im Ruth Rabbah wird uns Ruth als Prinzessin vorgestellt, als Tochter des Königs Eglon von Moab (Ruth Rabbah 2,9).[11] Im Buch Ruth steht nichts über Ruths moabitische Herkunft; diese Lücke wollen die Rabbinen füllen, aber sie sind wortkarg und liefern keine Einzelheiten über Ruths

Leben im Königspalast. Die Midrasch-Kommentare sind gewöhnlich knapp und kompakt, aber in diesem Fall sind sie besonders kurz, weil die Rabbinen sich viel mehr für die späteren Episoden in Ruths Leben interessieren – für die Zeit ihrer Konversion und ihren damit beginnenden Weg zum Ruhm.

Wo ereignete sich Ruths Bekehrung? Für die Rabbinen ist die Straße zwischen Moab und Bethlehem der Schauplatz dieses folgenreichen Ereignisses, allerdings sind die Auslegungen unterschiedlich. Zentrale Momente im Buch Ruth lösen eine Fülle von Kommentaren aus. Ruths Schwur gehört zu diesen Momenten. Laut Samuel ben Nahmani beginnt die Konversion mit Noomis wiederholter Bitte an die Schwiegertöchter, umzukehren und nach Moab zurückzugehen (Ruth 1,8). »Dreimal steht hier geschrieben: ›Kehrt um‹, entsprechend der dreimaligen Zurückweisung eines Menschen, der Proselyt sein möchte; wenn er danach noch auf seinem Wunsche beharrt, wird er angenommen [...] Ein Mann sollte mit der linken Hand zurückstoßen, aber mit der rechten heranholen.« (Ruth Rabbah 2,16)[12] Ben Nahmani sieht in diesem einleitenden Gespräch eine Bekehrungsszene, denn Noomi folgt in seinen Augen dem rabbinischen Verfahren, mögliche Konvertiten erst einmal zurückzuweisen und damit das Ausmaß ihrer Entschlossenheit zu prüfen. Den Rest der Szene kommentiert er nicht mehr, aber es ist klar, worauf seine Auslegung zielt: Wir sollen folgern, dass Orpa der Konversion nicht würdig ist, denn sie hält nicht an ihrem Entschluss fest, während Ruth, die bei Noomi bleibt und schwört, sich dem Gott und dem Volk ihrer Schwiegermutter anzuschließen, eine derart überzeugende Konvertitin ist, dass man sie am Ende »mit der rechten Hand heranholen«[13] sollte.

Die ausführlichsten Darstellungen von Ruths Konversion

konzentrieren sich auf ihren Schwur. In einem anonymen Kommentar dieser Szene führen Ruth und Noomi bei ihrer Wanderung ein Gespräch über *hilchot gerim*, die Gesetze der Konversion (was sonst?). Ruths leidenschaftlicher Ausdruck ihrer Loyalität wird als eine Reihe von Antworten auf Noomis Einführung der *hilchot gerim* gedeutet.

> Und Ruth sagte: »Bedränge mich nicht, dass ich dich verlassen und von dir umkehren sollte.« (Ruth 1,16) Was bedeutet: »Bedränge mich nicht«? Sie sagte zu ihr »[...] ich bin entschlossen, unter allen Umständen zu konvertieren, aber besser liegt es in deiner Hand, mich zu bekehren, als in der eines anderen Menschen«. Als Noomi das hörte, begann sie, ihr die Gesetze der Konversion aufzuzählen, und sagte: »Meine Tochter, es ist nicht Sitte der Töchter Israels, nichtjüdische Theater und Zirkusvorstellungen zu besuchen«, worauf sie antwortete: »*Wo du hingehst, will auch ich hingehen.*« Sie fuhr fort: »Meine Tochter, es ist nicht Sitte der Töchter Israels, sich in einem Haus aufzuhalten, das keine Mesusa hat«, worauf sie antwortete: »*Und wo du bleibst, da will ich auch bleiben.*« »*Dein Volk ist mein Volk*« weist hin auf die Strafen und Ermahnungen (der Tora). Und »*dein Gott ist mein Gott*« auf die anderen Gebote in der Bibel (Ruth Rabbah 2,22).

Der Midrasch würdigt die ungewöhnliche Aktivität, die Ruth und Noomi im biblischen Text zugeschrieben wird, und gibt ihnen die Rollen einer weisen Lehrerin und ihrer eindrucksvollen Schülerin. Das sind in der rabbinischen Literatur keineswegs typische Frauenrollen. Vielleicht haben sich die Rabbinen von den wenigen Frauen ihrer Gemeinde inspirieren lassen, die mit juristischen – *halachischen* – Fragen vertraut waren. Jedenfalls zögerten sie nicht, zwei biblische Frauen in diese gehobene Position zu bringen. Auf Ruths unerschütterliches Verlangen, bekehrt zu werden, reagiert Noomi mit Unterricht, sie führt ihr Gebote des jüdischen Glaubens vor und unterstreicht deren Strenge. Zuerst versucht sie, die Schwiegertochter von der Konversion abzubringen, aber Ruth lässt sich durch die Liste von Verboten nicht beirren und bleibt bei ihrem Entschluss. Ruth im Midrasch ist so entschlossen wie Ruth in der Bibel, aber ihre Motivationen sind verblüffend unterschiedlich. Im Ruth Rabbah bewegt nicht *chesed* Ruth dazu, Noomis wegen an Gott und Israel festzuhalten, sondern sie neigte schon für sich genommen zum Glauben der Israeliten und wollte ihn »unter allen Umständen« annehmen. Eine Bekehrung aus Liebe zu anderen Menschen, einer Ehe wegen oder in der Hoffnung auf einen materiellen Gewinn ist aus rabbinischer Sicht unannehmbar. Das einzig legitime Motiv für eine Konversion ist der Himmel selbst.[14]

Noomis Belehrungen unterstreichen notwendige Bedingungen für eine Konversion, die besonders für Frauen gelten. Sie weist darauf hin, dass die Töchter Israels rein sind und deshalb nicht einmal mit dem Gedanken spielen, sich Theater- und Zirkusvorstellungen anzusehen, diese in jüdischen Augen typischen Ausprägungen der verderbten Welt der Römer. Damit werden Theater- und Zirkusbesuche, Merkmale der römischen Kultur (die Ruinen großräumiger Theater in Caesarea und Beth She'an beweisen, welch zentrale Bedeutung solche Gebäude auch im römischen Palästina hatten) in biblische Zeiten zurückverlegt. Die im Midrasch porträtierte Ruth nimmt keinen Anstoß an dieser historischen Ungenauigkeit, sie befolgt Noomis Anweisungen uneingeschränkt. Mit ihren Worten »Wo du hingehst, da will ich auch hingehen« schwört sie, so der Kommentar, sich an die Sitten der Israeliten zu halten und den verachtenswerten Schauplätzen heidnischer Vergnügungen fernzubleiben. Der nächste Punkt auf Noomis Liste ist die Mesusa, die nach dem Gebot im 5. Buch Mose 6,4-9 an den

Türpfosten jüdischer Häuser angebrachte Schriftrolle. Die Bibelworte, die auf der Schriftrolle stehen müssen, sind Zitate aus dem 5. Buch Mose, beginnend mit dem berühmten Satz: »Höre, Israel *(schema Jisrael)*, der HERR ist unser Gott, der HERR ist Einer.« Eine Mesusa an der Wohnungstür ist ein entscheidendes Kennzeichen jüdischer Identität und, wie die Rabbinen sagen, eines der sechshundertdreizehn *mizwot* (Gebote). Selbstverständlich gilt dieses Gebot nicht nur für die »Töchter Israels«, aber in Noomis Darstellung hat es für Frauen besonderes Gewicht, da die häusliche Sphäre vor allem ein weiblicher Bereich ist. Und wieder folgt die Ruth des Midrasch der Lehre ihrer Schwiegermutter und erklärt, sie werde bleiben, wo Noomi bleibe, und sich hüten, in einem Haus ohne Mesusa zu wohnen. Noomi zeichnet den Lebensraum zwischen Theater, Zirkus und dem jüdischen Heim nach, den die Rabbinen gesetzestreuen jüdischen Frauen zuteilen.

Der Philosoph William James schreibt, bekehrt zu werden, bedeute, »wiedergeboren zu sein, Gnade zu empfangen, Religion zu erfahren, Gewissheit zu erlangen«; es bedeute, allmählich oder plötzlich »einen Prozess zu durchlaufen, durch den ein Ich, das sich bisher als gespalten, verkehrt, minderwertig und unglücklich wahrnahm, jetzt in Folge seines festeren Zugriffs auf religiöse Wirklichkeit inneres Gleichgewicht und Frieden mit sich gewinnt.«[15] James' Definition passt zu Geschichten von Bekehrungen in der christlichen Welt (von Augustinus bis Teresa von Ávila), aber nicht zur rabbinischen Struktur einer Konversion. Die Rabbinen sind weniger mit inneren Erfahrungen als mit rechtlichen Fragen befasst. Diese Konzentration auf Gesetzliches ist jedoch nicht so technisch, wie es scheinen könnte. Das Gesetz ist der Schnittpunkt der beiden Achsen jüdischer Konversion, Religion und Gemeinde, und theologische Grundkonzepte, etwa »Der Herr ist unser Gott, der Herr ist Einer«, sind in das kommunale Leben eingewoben. Wenn der Midrasch betont, dass Ruth bedingungslos bereit ist, den Geboten zu gehorchen und die Regeln des jüdischen Alltags zu beachten, stützt er damit ihre Stellung als vorbildliche Konvertitin zum jüdischen Glauben.

Ruths Konversion ist mehr als nur mit rabbinischen Vorschriften vereinbar – ihre Geschichte ist der fruchtbare Boden, auf dem einige dieser Vorschriften entstanden. Ruths und Noomis Gespräch in Ruth Rabbah über die Gesetze der Konversion ist der Anstoß für das harte Zulassungsritual im Traktat *Yevamot* im babylonischen Talmud, dem sich potenzielle Konvertiten unterwerfen müssen: »Ein (potenzieller) Konvertit, der bittet, konvertiert zu werden, zu dem sagt man: ›Warum hast du beschlossen (uns) anzusprechen, um konvertiert zu werden? Weißt du, dass die Israel[iten] in dieser Zeit gepeinigt, unterdrückt, beschimpft, vernichtet werden und dass Drangsal über sie kommt?‹ Wenn er sagt: ›Ich weiß und ich bin unwürdig‹, dann nehmen sie ihn sofort auf. Und sie geben ihm ein paar der leichten Gebote und ein paar der strengen Gebote zur Kenntnis.« (BT *Yevamot* 47a-b)[16] Im *Yevamot* wird der potenzielle Konvertit, ganz wie Ruth, ermutigt, nicht zu konvertieren. Warum würde ein Mensch bei klarem Verstand sich dem strengen Regelwerk eines Volkes unterwerfen wollen, das immer wieder gepeinigt und unterdrückt wird? Aber auch im Traktat findet die Konversion dank der Beharrlichkeit des Kandidaten am Ende statt. Man verlangt von ihm, nicht nur zu erklären, dass er genau weiß, was ihn erwartet, sondern auch Demut zu bekunden. Wenn der potenzielle Konvertit sagt: »Ich weiß und ich bin unwürdig«, macht er deutlich, dass er keineswegs annimmt, er verdiene, von diesem gepeinigten Volk aufgenommen zu werden.[17] Erst danach vermitteln sie ihm Einzelheiten über einige der Gebote, die er zu beachten hat. Man muss bedenken, dass der Kandidat im Talmud ein Mann ist und dass deshalb andere Gebote hervorgehoben werden als im Falle Ruths.

Zu den wichtigsten Regeln im *Yevamot* gehören Speisevorschriften (kein verbotenes Fett essen) und das Gebot, den Sabbat zu ehren. Seltsamer ist die Forderung, nicht gegen die Gesetze der Ährenlese zu verstoßen, die vergessene Garbe, die Ecke des Ackers und den Zehnten für die Armen zu beachten. Diese Liste biblischer Gesetze, die in der Hauptsache Grundrechte für die Armen sichern sollen, könnte als Warnung vor einem Missbrauch der jüdischen Sozialfürsorge und vor einer Konversion aus rein materiellen Gründen gedient haben. Aber könnte sie nicht auch eine verdeckte Hommage an Ruth sein? Den Rabbinen, die auf Ruths Feld eine Nachlese hielten, als sie die Konturen jüdischer Konversionen entwarfen, lag vielleicht daran, den hohen Wert der Gesetze hervorzuheben, die im Leben der altehrwürdigen Ährenleserin unentbehrlich waren.

Ein anderer anonymer Kommentar besagt, dass Ruths Schwur keine Diskussion über *hilchot gerim*, die Gebote der Konversion, enthält, sondern den Bericht über ein Konversionsritual, das sich in einer Pilgerreise zu verschiedenen heiligen Stätten der Israeliten entfaltet: »›*Denn wohin du gehst, will auch ich gehen:* zur Stiftshütte, nach Gilgal, Shiloh […] und zum Tempel. ›Und wo du bleibst, will auch ich bleiben‹: Ich werde bei den Opfergaben übernachten. ›*Dein Volk ist mein Volk*‹, das heißt, ich will alle Abgötterei in mir vernichten, und dann ›ist dein Gott mein Gott‹, der Lohn meiner Mühe (Ruth Rabbah 2,23)«. Ruth ist eine Pilgerin, die sich über die Chronologie hinwegsetzt. Sie reist in der Zeit zurück in die Vergangenheit und voraus in die Zukunft – von der Stiftshütte (dem heiligen Raum während der Wüstenwanderung) bis zum zukünftigen Tempel Salomos. Und während sie an den Opferungen im Tempel teilnimmt, »vernichtet« sie bereitwillig ihren Hang zur Abgötterei. Diese Midrasch-Wiedergabe von Ruths Konversion ist spiritueller ausgerichtet, aber selbst hier wird mehr Gewicht auf religiöse Praktiken gelegt als auf eine metaphysische Erfahrung; und auch hier wird die Konversion keineswegs aufgenötigt, sondern sie folgt aus Ruths sehnlichem Wunsch, voll und ganz zum Volk von Israel und dessen Geschichte zu gehören.

Als Ruth und Noomi zusammen gen Bethlehem wandern, nachdem Noomi endlich verstanden hat, dass Ruth entschlossen ist, mit ihr zu gehen (Ruth 1,18), werden die beiden Frauen auf eine Stufe gestellt. »Kommt und seht, wie kostbar Konvertitinnen in den Augen des Allmächtigen sind«, kommentiert Rabbi Judah ben Simon: »Seit sie beschlossen hat, konvertiert zu werden, stellt die Heilige Schrift sie Noomi gleich« (Ruth Rabbah 3,5). Dass Ruths dringender Wunsch zu konvertieren, von Noomi wortlos akzeptiert wird, spiegelt aus Rabbi Judah Ben Simons Sicht Gottes große Liebe und Anerkennung für wahre Konvertitinnen.

Komplikationen: Moabiterinnen und das Problem der Bescheidenheit

Eine Komplikation in Ruths Konversionsgeschichte ergibt sich daraus, dass sie nicht irgendeine Fremde ist, sondern eine Moabiterin. Eine der Schwierigkeiten, die den Rabbinen Sorge machen, ist das Verbot im 5. Buch Mose 23,4. Es bestimmt, dass Ammoniter und Moabiter nicht in die Gemeinde des Herrn aufgenommen werden dürfen, weil sie den Israeliten auf dem Weg zum Gelobten Land nicht mit Brot und Wasser entgegenkamen. Die Verfasser des Buches Ruth erwähnten dieses Gesetz nicht – entweder kannten sie es nicht oder sie lehnten es ab. Aber die Rabbinen konnten das Verbot nicht außer Acht lassen und mussten deshalb rechtfertigen, dass eine Moabiterin konvertieren und einen Israeliten heiraten durfte. Welche Lösung fanden sie für dieses exegetische Problem? Frauen seien vom Verbot ausgenommen. Das meistbenutzte Argument wird im folgenden Kommentar zusammengefasst: »Ammoniter, aber nicht Ammoniterinnen, Moabiter, aber nicht Moabiterinnen« (Ruth Rabbah 2,9). Hätte das Gesetz auch für Frauen gelten sollen, dann hätte es ein Substantiv mit femininer Endung enthalten, *moavit,* nicht nur *moavi.* Die Rabbinen, Meister exegetischer Akrobatik, verleugnen ihre Grammatikkenntnisse (sie wissen nur zu genau, dass der Singular Maskulinum im biblischen Gesetz oft für Männer und Frauen verwendet wird) und bestehen in diesem Fall auf einer buchstäblichen Lesart.

Der Beweis, dass Moabiterinnen zur Gemeinde Gottes zugelassen werden können, gilt jedoch nicht immer als ausreichend. Manche Rabbinen sind entschlossen, Ruth zu »entmoabitisieren«. Sie stilisieren Ruth zu einem Muster der Bescheidenheit, einer Frau ohne eine Spur jener Lasterhaftigkeit, die den Moabiterinnen so oft nachgesagt wird.[18] Für Multikulturalismus setzen sich die Rabbinen nicht ein. Wenn sie Bekehrte bewundern, dann deshalb, weil wahre Konvertiten alle Spuren ihrer Herkunftskultur bereitwillig verwischen. Im Midrasch wird Ruth auch dadurch erhöht, dass man Orpa zu ihrem unguten Gegenpol ernennt. Wie wir gesehen haben, ist Orpa im Buch Ruth nicht schlecht. Ihr einziges »Vergehen« besteht darin, dass sie in ihren Entscheidungen konventionell bleibt. Im Midrasch wird sie jedoch zum düsteren Doppel ihrer redlichen Schwägerin: zu einer liederlichen Götzendienerin, die noch in der Nacht, da sie Noomi verlässt und sich auf den Rückweg nach Moab begibt, mit hundert nicht beschnittenen Männern schläft (Ruth Rabbah 2,20). Kein Wunder, dass Orpa im Midrasch als Ahnin von Davids Erzfeind Goliat endet.

Auch für die folgenden Szenen im Buch Ruth betont der Midrasch die Bescheidenheit der Protagonistin. In den meisten Fällen zeigen die Rabbinen, dass Ruth in ihrem Leben ausnahmslos eine untadelige Konvertitin blieb. Wenn sie etwa über Ruths Arbeit auf dem Feld nachdenken, erscheint sie als eine außergewöhnlich bescheidene Ährenleserin: »All die anderen Frauen heben die Röcke, nur sie nicht; all die anderen Frauen scherzen mit den Schnittern, sie hält sich zurück; all die anderen Frauen sammeln Ähren zwischen den Garben auf; sie nimmt nur, was liegen gelassen wurde.« (Ruth Rabbah 4,6) So wie Ruth sich an die Regeln des Ährenlesens hält und nur sammelt, was erlaubt ist, wahrt sie auch im sexuellen Verhalten die guten Sitten. Sie entblößt sich nicht und scherzt nicht mit den Schnittern, sie ist zurückhaltend. Sie ist nicht nur den Moabiterinnen überlegen, sondern »allen anderen Frauen«, vermutlich sogar den Israelitinnen, die auf den Äckern von Bethlehem Ähren lesen.

Ruth als eine bescheidene Ährenleserin zu schildern, ist relativ einfach. Viel schwieriger wird es, ihr Handeln auf der Tenne als keusch hinzustellen. Die Rabbinen, die in dieser Szene deutlich das Echo Sodoms hören, sprechen aus, was im Bibeltext nur angedeutet wird: die manchmal verstörende Ähnlichkeit zwischen der Verführerin Ruth und Lots Töchtern, zumal eine der beiden die Erzmutter Moabs ist. Aber wenn die Rabbinen die Ambivalenz der biblischen Darstellung offenlegen, betonen sie zugleich die Unterschiede zwischen den beiden Geschichten. Rabbi

Chanina, Sohn von Pappa, und Rabbi Simon behaupten, die erste Schwängerung [*ibbur*] Moabs sei »nicht aus würdigen Gründen, sondern aus Hurerei [*znut*]« geschehen, während Ruths Motivation auf der Tenne würdig gewesen sei (Ruth Rabbah 5,14). Um Ruths Verdienst noch mehr zu unterstreichen, verweisen diese Rabbinen zusätzlich auf eine andere Geschichte. Die inzestuöse »Schwängerung« von Lots Tochter in der Höhle bei Sodom führt in ihren Augen direkt zu der »Hurerei« in den Ebenen des Landes Moab, wo die Töchter der Moabiter die Kinder Israels zum Huren verlockten (zitiert wird 4 Mose 25,1). Dieses Jonglieren mit Bibeltexten ist sehr verwirrend, aber intertextuelle Verknüpfungen aufzudecken, ist ein exegetisches Ziel (und ein Vergnügen) der Rabbinen; das hat Daniel Boyarin ausführlich gezeigt.[19] Sie gehen davon aus, dass ein Vers durch seine Verknüpfung mit anderen Bibeltexten an Bedeutung zunimmt. Bibelworte sind nicht an eine Stelle gebunden: Sie tauchen in vielfältigen wechselnden Kontexten immer wieder auf und schaffen damit neue Bedeutungen. Manchmal sind die von Rabbinen gesehenen Verbindungen reine Phantasie, aber häufig eingestimmt auf das unglaublich feine Netz intertextueller Bezüge, die ein entscheidendes Merkmal biblischer Poetik sind. In unserem Fall haben Rabbi Chanina und Rabbi Simon fast ins Ziel getroffen: Die drei Geschichten, die sie zusammenbringen, sind in der Bibel tatsächlich miteinander verknüpft. Allerdings behaupten die beiden Rabbinen, dass die engere Verwandtschaft zwischen Lots Töchtern und den liederlichen Töchtern der Moabiter nicht zwischen ihnen und Ruth besteht, und tilgen damit einige Mehrdeutigkeiten im Buch Ruth. Ruths tugendhafte Bescheidenheit mache sie kenntlich als eine bewundernswerte Ausnahme in einer Kette aufeinander bezogener Geschichten von Moabiterinnen.

Immer wieder weigern sich die Rabbinen, die erotischen, potenziell problematischen Einzelheiten der Szene auf der Tenne einfach zu ignorieren. Vielmehr neigen sie zum Gegenteil: weiter in die Besonderheiten einzudringen, sich in Details zu vertiefen. Die farbigste Dramatisierung der beunruhigenden Erotik dieser Szene findet sich im folgenden Midrasch: »*Als es nun Mitternacht ward, erschrak der Mann und drehte sich um*« [Ruth 3,8]. Sie umschlang ihn wie Efeu, und er begann, über ihr Haar zu streichen. ›Geister haben keine Haare‹, dachte er, also fragte er: *Wer bist du?* [Ruth 3,9] [...] eine Frau oder ein Geist?‹ Sie antwortete: ›Eine Frau.‹ ›Eine verheiratete oder eine unverheiratete?‹ Sie antwortete: ›Eine unverheiratete.‹ ›Bist du rein oder unrein?‹ Sie antwortete: ›Rein.‹ *Und siehe, eine Frau lag zu seinen Füßen* [Ruth 3,8], die reinste der Frauen lag zu seinen Füßen« (Ruth Rabbah 6,1).

Die Rabbinen fragen sich, warum Boas vor Ruth erschrak. Sie untersuchen das besondere Wort, das Boas' Reaktion beschreibt: *vayilafet* (»drehte sich um«), und füllen so die Lücke im Bibeltext.[20] Sie stellen sich Ruth als eine Kletterpflanze vor und schildern, wie sie Boas verstohlen immer näher kommt und ihn dann umschlingt. Boas schreckt hoch, wacht auf und greift ihr ins Haar, um zu ertasten, ob sie ein böser Geist ist oder eine Frau. Die Autoren des Bibeltextes deuten nur an, dass Boas Ruth für eine Erscheinung hält, aber die Rabbinen, denen die Folklore von Geistern und Dämonen gefällt, zögern nicht, den gespenstischen Teil der Episode hervorzukehren.[21] Im Midrasch versichert Ruth dem Boas zwar, dass sie kein Geist ist, aber vergeblich. Boas bleibt ungläubig und fragt sie nun nach ihrem Stand und dann nach ihrer Reinheit. Interessant ist, dass Boas' Fragen von diesem Punkt an nicht mehr nur Ausdruck seiner Ängste sind. Sie verraten seine wachsende Neugier auf die verführerische, anziehende Frau, die plötzlich um Mitternacht auf seiner Tenne auftauchte. Wenn er nach Ruths Reinheit fragt (Frauen müssen nach der Menstruation ein Reinigungsritual vollziehen, bevor sie sexuelle Beziehungen aufnehmen), scheint er geneigt, auf der Stelle mit ihr zu schlafen.[22] Ob diese nächtliche Tuchfühlung mit der ihn wie Efeu umrankenden Ruth, so sinnlich sie sein mag, tatsächlich zum Sex führt, ist nicht klar. Die Mehrdeutigkeit im Bibeltext wird gewagt angesprochen, aber der letzte Satz des Kommentars drängt die erotischen Obertöne und die moabitischen Schatten zurück. Ruth, die jetzt (wie ein plötzlicher Kameraschwenk zeigt) Boas demütig zu Füßen liegt, wird als »reinste der Frauen« gefeiert.

Andere Kommentare schließen eindeutiger aus, dass es in der Szene zu einer sexuellen Vereinigung gekommen sein könnte. Zum Beispiel konzentriert sich ein Midrasch auf das Gespräch zwischen Ruth und Noomi, als Ruth im Morgengrauen von der Tenne zurückkommt. Warum fragt Noomi: »Wer bist du?« (Ruth 3,16),[23] überlegen die Rabbinen; schließlich könne sie ihre eigene Schwiegertochter unmöglich nicht erkannt haben. Sie deuten aus, was Noomi mit ihrer Frage wirklich gemeint habe: »Bist du noch unverheiratet [*penuyah*] oder eine verheiratete Frau [*eshet ›ish*]?« Ruth antwortet ohne Zögern: *penuyah* (Ruth Rabbah 7,4). Es mag befremdlich klingen, dass Noomi nach einer Heirat fragt, aber man muss bedenken, dass der Beischlaf *(bi'ah)* nach rabbinischem Gesetz eine Form der Heirat ist, allerdings eine unehrenhafte.[24] Anders gesagt, will die Noomi im Midrasch Genaueres über die Einzelheiten der nächtlichen Verführung wissen: Hatte Ruth mit Boas Sex, als sie ihn verlockte, zum Löser zu werden? Ruths Antwort stellt klar, dass ihr Verhalten makellos war; sie ist rein und unverheiratet geblieben.

Die meisten Rabbinen rühmen die Bescheidenheit der Konvertitin Ruth, aber es gibt auch Stimmen, die mit verstörendem Misstrauen darauf hinweisen, dass Ruths Konversion Grenzen hat. In einem Midrasch, der Noomis Instruktionen für Ruth unmittelbar vor der Szene auf der Tenne auslegt, werden die beiden Frauen wieder in der Rolle der Tutorin und der neu Bekehrten gezeigt. Noomis Anweisung »So bade dich und salbe dich« (Ruth 3,3) verstehen die Rabbinen als Allegorie: Noomi weise Ruth an, sich von ihrer »schmutzigen Abgötterei« zu reinigen und sich mit »guten Taten und redlichem Verhalten« zu salben (Ruth Rabbah 5,12). In diesem Kommentar erscheint Ruths Konversion verbesserungsbedürftig, sie muss ergänzt und neu bestätigt werden: Man könne nie wirklich sicher sein, dass Ruth die Regeln tatsächlich verinnerlicht hat. Ein noch kritischerer Kommentar bezweifelt sogar die Möglichkeit, dass eine Moabiterin nicht lüstern sein könne. Rabbi Chanin, Sohn von Levi, weist auf einen Widerspruch im Text hin: Boas fordert Ruth auf, sich an seine Mägde zu halten (Ruth 2,8), sie dagegen behauptet, er habe sie ermutigt, sich an seine Knechte zu halten (Ruth 2,21). Die Diskrepanz im Bibeltext geht vermutlich auf einen Schreibfehler zurück, aber Rabbi Chanin hat eine andere, wie er meint, plausiblere Erklärung: Dass Ruth die Männer auf dem Feld erwähnt, liegt an ihrer verachtenswerten Herkunft.[25] Schließlich ist Ruth Moabiterin (Ruth Rabbah 5:11) und neigt schon deshalb zu zweifelhaften Optionen.[26]

Die Uneinheitlichkeit in Ruth Rabbah ist so groß, dass auch ein ganz anderer, allen üblichen widersprechender Ansatz in die Sammlung aufgenommen wird. Rabbi Zeira sagt: »Diese Schriftrolle spricht weder von Reinheit noch von Unreinheit, weder von Verbot noch von Erlaubtem zu uns. Zu welchem Zweck wurde sie denn dann geschrieben? Um uns zu lehren, wie groß der Lohn jener ist, die aus Güte *(chesed)* handeln« (Ruth Rabbah 2,14). Rabbi Zeira verfolgt Fragen der Reinheit und Unreinheit nicht weiter, sondern ruft auf zu einem neuen, belebenden Blick auf das Thema *chesed*. Er greift damit auf den Schlüsselbegriff *chesed* des Bibeltextes zurück und fordert, diesem Begriff eine ebenso zentrale Bedeutung in der rabbinischen Welt zu geben.

Die Mutter des Königtums

Ruths hoher Rang als König Davids Ahnin trägt erheblich dazu bei, dass sich die Waagschale im Midrasch gewöhnlich zu ihren Gunsten neigt.[27] Sie ist auserwählte Gründungsmutter der hochwichtigen Dynastie, welcher Beweis für ihre gelungene Konversion könnte überzeugender sein? Sie wird nicht nur zum vollgültigen Mitglied der israelitischen Gemeinde, sondern sie spielt auch eine wichtige Rolle in der Geschichte des Landes. Obwohl sich Ruth und David vermutlich nie begegnet sind (sie ist seine Urgroßmutter), spüren die Rabbinen doch eine tiefe Verwandtschaft zwischen beiden auf, Merkmale, die in der Familie liegen. In einem berühmten Midrasch zum Namen Ruth versteht Rabbi Johanan diesen Namen als einen Hinweis, der die Verbindung zwischen Ruth und ihrem Nachfahren erklärt. Er behauptet, der Name »Ruth« sei eine Ableitung aus dem Verb *rava* (»sättigen«), folglich (über ein Wortspiel) verbunden mit Davids Fähigkeit, als Psalmist Gott mit Hymnen und Gebeten bis zur Sättigung zu überschütten *(leharvot)*.[28] Ruth erweist sich als eine Art Muse, deren überfließende Güte zur Inspirationsquelle für ihren begabten Urenkel wird. Dass David um Mitternacht aufwacht, um auf seiner Harfe oder Leier zu spielen, wie ein anderer Midrasch (Ruth Rabbah 6,1) berichtet, ist ebenfalls ein Erbteil, das er Ruth zu verdanken hat. Schließlich begibt auch sie sich um Mitternacht in unbekannte Welten.

Nicht alle Rabbinen konnten die Schönheit des Bandes zwischen Ruth und David erfassen. Manche verdammten auch ihn wegen seiner moabitischen Abstammung. Rabbi Abba, Sohn von Kahana, erzählt, dass David sich einst mit einer Klage an Gott gewandt habe: »Wie lang werden sie noch gegen mich wüten und sagen ›Ist er nicht von unreiner Abstammung? Ist er nicht ein Nachkomme der Moabiterin Ruth?‹« David fordert seine Gegner in einer gewitzten Erwiderung auf, sich auf andere »unreine« Episoden in der Geschichte des alten Israel zu besinnen: »Und ihr, stammt ihr nicht von zwei Schwestern ab? [...] Und Tamar, die euern Vorfahren Juda heiratete – ist das keine unreine Herkunft?« (Ruth Rabbah 8,1) Im Midrasch wird der Segen, mit dem die Ältesten Ruth am Tor begrüßen (Ruth 4,11), zum Stichwort für David: Er hebt die Ähnlichkeiten zwischen Ruths Geschichte und den Gründungsmüttern der Genesis, Rahel, Lea und Tamar, hervor und betont, dass Abstammungslinien nicht ganz frei von Makeln sein können. Ruths Handeln ist so gut wie das ihrer eindrucksvollen Vorgängerinnen, deren fragwürdige Transaktionen und Verführungen ihnen nichts von ihrer entscheidenden Bedeutung für den Aufbau des Hauses Israel nahmen. David spricht nicht von Ruths Konversion, aber sein Hinweis auf den Segen der Ältesten rückt das Schlüsselereignis im Leben seiner Urgroßmutter ins Licht: Am Stadttor wurde sie vor dem Gesetz als vollgültiges Mitglied in die israelitische Gemeinde aufgenommen.

Ruths Geist schwebt nicht nur über Davids Leben, sondern auch über dem seines Sohnes König Salomo. Die lebhafte Phantasie der Autoren des Midrasch versetzt Ruth in eine höchst dramatische Szene am Hof König Salomos. Wir erfahren, sie sei nicht gestorben, bevor »sie Salomo, den Sohn ihres Sohnes auf dem Thron sitzen und im Fall der Huren Urteil sprechen sah« (Ruth Rabbah 2,2). In der Inszenierung dieser imaginären Szene lassen die Rabbinen Batseba, die Mutter Salomos, auf ihrem Thron Platz nehmen und positionieren Ruth, die Mutter der Dynastie, noch ehrenvoller, zur Rechten Salomos.[29] Ruth ist offenbar nicht nur für David, sondern auch für Salomo eine Inspirationsquelle. Von ihrem Platz aus beobachtet sie den jungen König, der in einem eigentlich unlösbaren Fall Recht sprechen muss. Zwei Prostituierte verlangen ein gerechtes Urteil von ihm. Die eine wie die andere hatte kurz zuvor ein Kind geboren, aber eines davon war in der Nacht gestorben. Die eine Mutter beschuldigt die andere, sie habe das tote Kind mit dem lebendigen vertauscht. Die andere aber behauptet genauso energisch: »Nein, dein Sohn ist tot, doch mein Sohn lebt.« (1 Kön 3,22) Es gibt weder Zeugen noch Beweismittel, die die Aussage der einen Frau glaubwürdiger machen könnten als die der anderen. Salomos Urteilsspruch ist vollkommen unerwartet: Er befiehlt, das Kind in zwei Teile zu spalten, sodass jede Mutter gleich viel von dem Sohn hat. Dieses scheinbar grausame, verrückte Urteil erweist sich als sehr weise: Die wahre Mutter zieht ihren Anspruch auf der Stelle zurück, um das Leben des Kindes zu retten.[30] Ruth muss an diesem Gerichtsverfahren teilnehmen, nicht nur, um ihren Nachkommen in seinem Glanz zu sehen, sondern auch, um den seltenen Moment mitzuerleben, wie eine verachtete Frau sich als außergewöhnlich mutig und selbstlos erweist. Indirekt wirkt dieser Kommentar auch als Gegenmittel gegen die Meinung, Ruth sei eine lasterhafte Moabiterin.

In anderen Midraschim wird Ruth nicht nur die Mutter historischer Königreiche, sondern weit mehr. Sie wird sogar zur Ahnin des Messias erhoben. Die Anfänge des jüdischen Messianismus liegen in biblischen Heilsgeschichten vom Ende aller Tage. Die Propheten träumen von einem zukünftigen Retter (Jesaja kündigt ihn an als ein Reis aus dem »Stamm Isais«), aber nur in der rabbinischen Kultur wird die Metapher vom Messias als Sohn Davids wichtig.[31] Dass das Buch Ruth mit König David schließt, ist für die Rabbinen ein Hinweis darauf, dass die Geschichte die Ankunft des Messias, Davids Sohn, antizipiert. Die Zeichen des Messias sind an verschiedenen Stellen sichtbar, unter anderem in der Szene, als Boas Ruth zum Essen der Schnitter einlädt (Ruth 2,14). Die Rabbinen sehen das Mahl als Fenster zu künftigen Festen im messianischen Zeitalter (Ruth Rabbah 5,6). In einem anderen Midrasch-Kommentar werden die tröstlichen Worte der Nachbarinnen für Noomi in der letzten Szene – »Gelobt sei der HERR, der dir heute den Löser nicht versagt hat« (Ruth 4,14) – als ein Hinweis auf den Messias verstanden, den hochherrlichen Spross aus dem Hause David, »der für alle Zeiten über Israel herrschen wird« (Ruth Rabbah 7,15). Auch wenn der Begriff »Erlöser« (Löser) *go'el* im Buch Ruth hauptsächlich ein juristischer Terminus ist, wird er in diesem Kommentar auf den messianischen Erlöser bezogen, der von Gott gesandt werden wird, sein Volk zu erretten und für alle Zeiten Herrscher über dieses Volk zu sein.[32]

Mit dem wachsenden Einfluss des Christentums wurde es allmählich dringender, christlichen Glaubensrichtungen entgegenzutreten. In der Spätantike gibt es sehr wenige und alles in allem marginale christliche Kommentare zum Buch Ruth (das gilt auch für spätere Zeiten).[33] Weit mehr Resonanz hatte der Name Ruth für Christen – von der Spätantike an – im Neuen Testament. Das Matthäusevangelium beginnt mit einer Genealogie, in der es heißt: »Boas zeugte Obed mit der Ruth« (Mt 1,5). Anders als die Genealogie am Schluss des Buches Ruth endet diese Stammeslinie nicht mit König David, sondern mit »Josef, dem Mann Marias, von der geboren ist Jesus, der da heißt Christus« (Mt 1,16). Anders gesagt verwandelt Matthäus Ruth in die Ahnin von Christus, dem christlichen Messias. Nicht ausdrücklich, aber zwischen den Zeilen sieht er Ruth als Präfiguration von Maria, und diese Auffassung wird später in der europäischen Kunst zentral. Die Rabbinen, um wieder auf sie zurückzukommen, wollten vermutlich die Geschichte von der Geburt des Messias, Davids Sohn, in einer eigenen Version präsentieren.[34] Und ihre eigene Ruth, die verehrte Mutter des Königshauses, macht es ihnen möglich. Wenn das Wunder in Marias Leben ihre unbefleckte Empfängnis ist, hat das Leben Ruths im Midrasch ein Wunder anderer Art zu bieten: das Wunder, dass eine bescheidene Moabiterin und ihre Entschlossenheit zur Konversion, ihr leidenschaftliches Bekenntnis zu Gott und zur israelischen Gemeinde am Ende die Gründung des Herrscherhauses David und die messianische Abstammungslinie ermöglichen. Indem der Midrasch Ruth in eine Konvertitin verwandelt, schenkt er ihr ein neues Leben, gerade weil ihre Geschichte auf die Hauptanliegen des rabbinischen Judaismus zugeschnitten wird.

Das Buch Ruth lesen: Das Wochenfest

Der Brauch, zum Wochenfest – Schawuot – das Buch Ruth zu lesen, entwickelte sich in der Zeit der Geonim (589 bis 1038 u.Z.), einer Spätphase des rabbinischen Judaismus.

Nichts sichert die Langlebigkeit von Charakteren so nachhaltig wie Rituale. Dass die Geschichte von Ruth in der jüdischen Welt so vielfältig weiterlebt – weit mehr als im christlichen Kontext –, liegt unter anderem daran, dass sie Teil der Schawuot-Zeremonie wurde. Wir haben keine Berichte über die rabbinische Diskussion, die dazu führte, das Buch Ruth in die Liturgie des Wochenfestes aufzunehmen, aber da Ruths Geschichte zur Erntezeit spielt, muss sie eine überzeugende Ergänzung zur Feier eines biblischen Erntefestes (wie in 2 Mose 34,22 festgelegt) gewesen sein.

In der rabbinischen Welt ist Schawuot jedoch nicht nur ein Erntefest. Das Fest hat zusätzliche Bedeutung als ein Gedenktag, der die Übergabe der Tora, *matan Torah,* auf dem Berg Sinai feiert. Die Rabbinen errechneten, dass zwischen dem Auszug aus Ägypten und dem Ereignis auf dem Berg Sinai ebenso viele Wochen liegen wie zwischen Pessach und Schawuot. Aber wie hängt das Buch Ruth mit der Übergabe der Tora auf dem Sinai zusammen? Man darf den Rabbinen zutrauen, dass sie etliche innovative Verbindungen ausfindig machen. Zwei im 11. Jahrhundert schreibende Talmudisten bieten mehrere interessante Zusammenhänge. Tobiah ben Eliezer zeigt in *Lekach Tov,* dass *chesed* in beiden Fällen zentral ist. »Warum wird diese Schriftrolle während *Schawuot* vorgelesen? Weil sie nur von der *chesed* handelt, und in der Tora geht es ganz und gar um *chesed* […] und sie wurde am *Schawuot* ausgehändigt.« Simha ben Samuel von Vitry zieht eine andere Parallele.[35] Im *Machzor Vitry* vergleicht er Ruths Geschichte mit der Geschichte der Kinder Israels auf dem Berg Sinai. Als sie Gottes Gebote annehmen und Schutz unter göttlichen Flügeln finden, erleben sie sozusagen eine Konversion wie Ruth. Wenn Simha sagt, dass die Gebote, die den Status eines *ger* regeln, die Israeliten aufrufen, sich auf ihre Vergangenheit als *gerim*, Fremde in einem fremden Land, zu besinnen (5 Mose 24,18), hält er seinen Lesern einen Spiegel vor und fordert sie auf, sich als Ruth zu sehen, sich klarzumachen, dass sie in gewisser Weise ebenfalls Konvertiten waren, die sich auf einer steinigen Straße zu neuen Anfängen durchschlugen.

3. Die Schechina im Exil

Als Ruth in die gewichtigen Bände des Sohar einzieht, der den Gipfel der mittelalterlichen jüdischen Mystik bildet, wird sie mit himmlischen Zügen ausgestattet und zu einem Inbegriff der Schechina. Aber ihre neue göttliche Stellung erleichtert ihr das Leben nicht. Ruth wird vor allem als eine ständig um Heilung von Rissen in irdischen wie in himmlischen Sphären bemühte Schechina im Exil gesehen.

Die Geschichte der verbannten Schechina beginnt in der rabbinischen Kultur. Mit dem Exil wird die Schechina bereits in einer bekannten Talmud-Passage assoziiert: »Wohin auch immer die Kinder Israels ins Exil gingen, war die Schechina bei ihnen.«[1] Im rabbinischen Begriffsrahmen heißt das nur, dass Gott in den Zeiten der Verbannung Israels immer bei seinem Volk war. Aber im Sohar nimmt die Schechina eine eigene Gestalt an, wird zu einer vollständigen weiblichen Macht in der Gottheit und teilt in dieser Gestalt die Nöte ihres Volkes. Sie kämpft für die verbannten Kinder Israels auf der Wanderung unter den Nationen der Welt und ist ihre himmlische Repräsentantin. Jedoch ist die Schechina des *Sohar* nicht nur mit irdischen Angelegenheiten beschäftigt, auch in internen Dramen im Himmel spielt sie eine Hauptrolle. Die entscheidende Kluft in der himmlischen Sphäre ist die zwischen der Schechina und ihrem Mann, Gott selbst. Die beiden Liebenden sind häufig voneinander getrennt oder unfähig, ihre Liebe zu vollziehen, da sie in einem himmlischen Exil leben. Obwohl das himmlische und das irdische Exil sich auf getrennten Ebenen abspielen, sind sie doch unauflöslich miteinander verbunden. Verästelungen des irdischen Exils reichen in die himmlische Sphäre hinein und umgekehrt. Solange die Schechina sich im oberen Exil aufhält, ist in der Menschenwelt keine Erlösung möglich.[2]

Im Sohar wird die Schechina durch ein ganzes Netzwerk femininer Symbole vorgestellt. Sie ist die Gemeinde der Kinder Israels, das himmlische Jerusalem, eine Königin, der Mond, die Erde, das Meer, die Taube des Morgengrauens und eine Rose. Sie wird aber auch mit etlichen biblischen Frauen assoziiert, und eine von ihnen ist Ruth.[3] Warum wurde Ruth als eine Verkörperung der Schechina interpretiert? Ein wichtiger Grund für das Interesse der Kabbalisten, der mittelalterlichen Mystiker, war Ruths Leben als Migrantin. Sie wusste nur zu gut, was aus Heimatlosigkeit folgen kann, deshalb war sie für die Rolle der Schechina im Exil höchst geeignet.

Als der Sohar am Ende des 13. Jahrhunderts in Kastilien geschrieben wurde, war das Problem des Exils dort besonders akut. Die Juden waren eine Minorität mit großer kultureller Autonomie und dem Recht, ihre Religion auszuüben, aber sie waren verachtete, minderwertige Außenseiter. Mehr noch, Juden wurden ständig bedrängt, zum christlichen Glauben überzutreten. Alfonso X. gab Talmud- und Koran-Übersetzungen ins Kastilische in Auftrag, teils aus Interesse, teils aber auch zur Förderung missionarischer Ziele. Das Buch Ruth hatte gerade dieser jüdisch-spanischen Gemeinde viel zu bieten. Es lieferte die Geschichte einer hochgeschätzten Frau, die sich entschloss, zum Judentum zu konvertieren (in der mittelalterlichen Exegese bleibt Ruth eine Konvertitin) und damit bewies, wie erstrebenswert der jüdische Glaube ist, eine Geschichte, die zugleich eine ergiebige Quelle zur Auslotung des leidvollen Lebens einer Fremden in einem fremden Land war. Das gespannte Verhältnis zur christlichen Welt schloss jedoch die Anziehungskraft neuer Züge der mittelalterlichen spanischen Kultur nicht aus. Das Aufkommen der Schechina im 13. Jahrhundert in Spanien ist womöglich als eine jüdische Reaktion auf die wachsende Popularität des Marienkults zu verstehen. Wie weit ein interkultureller Austausch stattfand, lässt sich kaum zuverlässig einschätzen. Aber die Kabbalisten müssen Bildern der Gottesmutter Maria in der Populärkultur ihrer Umgebung zumindest hin und wieder begegnet sein, etwa in Prozessionen, Theatervorführungen zu ihren Ehren oder Marienschreinen an Wegkreuzungen.[4] Möglich ist es, dass die Kabbalisten, wenn sie Ruths Rolle als Ahnin des Messias neu überdachten, darauf aus waren, sie zu erhöhen und in eine vergötterte messianische Mutter zu verwandeln. Aber sie gingen auf ihre eigene Weise vor. Sie brauchten eine messianische himmlische Mutter, die Mitgefühl mit einer ganzen Gemeinde hatte, über deren hartes Leben im Exil weinte und sich in der jenseitigen Welt zu Gunsten der Exilierten verwenden würde.[5]

Im Sohar wird dieser spanische Hintergrund jedoch an keiner Stelle ausdrücklich erwähnt. Der Sohar stellt sich selbst dar als ein exegetisches Kompendium, das angeblich im 2. Jahrhundert u. Z. im Kreis des berühmten Gelehrten Rabbi Schimon ben Jochai verfasst wurde. Jahrhundertelang galt der Sohar als authentischer Kommentar aus der Spätantike, aber im 20. Jahrhundert hat Gershom Scholem ihn als ein pseudoepigraphisches Werk entlarvt. In einer grundlegenden Studie zur Kabbala identifizierte er den spanischen Kabbalisten Mosche de León (ca. 1240-1305) als Verfasser des Sohar. Spätere Kabbala-Forscher modifizierten Scholems Ergebnisse und sahen den Sohar als ein Produkt der kollektiven Kreativität von Mosche de León und seinen Kollegen im Kastilien des 13. Jahrhunderts.[6]

Die Autoren des Sohar halten nicht nur ihre Namen

geheim, sondern auch den Ort, an dem sie ihr Werk verfassten. Dass der rabbinische *beit midrasch* nicht mehr der bevorzugte Lernsaal ist, deutet sich in ihren Schriften jedoch an, wenn auch nur implizit. Der Sohar schildert die Gelehrten als Gefährten, die gemeinsam in den Hügeln Galiläas wandern und exegetische Fragen diskutieren. Diese Gefährten verlassen den eingegrenzten Raum des traditionellen Lehrhauses und vagabundieren wie mittelalterliche Troubadoure oder Ritter. Sie bewegen sich in einer eindeutig männlichen Welt; Frauen begleiten sie nicht. Dennoch fehlt es ihren Wanderungen nicht an einer femininen Präsenz. Während sie auf ihren Streifzügen die Tora auslegen, schwebt die Schechina über ihnen. Sie ist ihnen auch deshalb ständig präsent, weil sie mutmaßlich mit ihnen auf der Suche nach exegetischen Abenteuern unterwegs ist.

Der Sohar ist in aramäischer oder soharisch-aramäischer Sprache im Stil der Midraschim verfasst. Viele Merkmale erinnern an einen Midrasch: die Bündelung verschiedener Kommentare unterschiedlicher Gelehrter, die Aufmerksamkeit auf kleinste Einzelheiten im Bibeltext und die Suche nach Querverbindungen zwischen biblischen Szenen. In klarer Distanz zur Hermeneutik der Midraschim bleibt der Sohar mit seiner Konzentration auf eine durch mystische Interpretation geprägte Textforschung. Der Sohar sieht Bibelverse als Hüter bestimmter Geheimnisse oder Pforten zu den Mysterien in den himmlischen Sphären. Die Autoren des Sohar versenken sich in derartige Geheimnisse, geben aber nie vollständig Auskunft über die Denkschritte ihrer Exegesen. Sie bleiben absichtlich nebelhaft, und ihre Aufklärung ist gelegentlich eher ein Rätsel als eine Antwort. Aber gerade das ist eine der Freuden, die Kommentare im Sohar bereithalten: Sie laden ein in eine Zauberwelt, in der alles verschlüsselt ist und ein Enigma zum nächsten führt.

Ruth erscheint in zwei größeren Sammlungen von Sohar-Exegesen, im *Midrash Ha-Ne'lam* und im Hauptwerk des Sohar *(guf ha-Zohar)*. Mosche de León und sein Kreis haben die beiden Sammlungen am Ende des 13. Jahrhunderts zusammengestellt – das Hauptwerk nach 1280 und den *Midrash Ha-Ne'lam* in den Jahrzehnten davor.[7] Obwohl beide Sammlungen von derselben Gruppe verfasst wurden, bestehen Unterschiede zwischen ihnen, die Veränderungen in der Auffassung und eine Offenheit für Experimente mit neuen Interpretationsmethoden signalisieren. Im *Midrash Ha-Ne'lam* wird Ruths Auftritt als Schechina dramatisiert und hat allegorische Züge, im Hauptwerk dagegen ist ihre Rolle subtiler und verschlüsselter angelegt. In beiden Fällen aber ist Ruth zwar eine Schechina, das hindert sie aber nicht daran, gelegentlich in Menschengestalt zu erscheinen. Die Autoren des Sohar lieben Paradoxe und Widersprüche noch mehr als die Rabbinen der Spätantike. Dass Ruth mühelos vom Himmel auf die Erde gleiten und wieder in die himmlischen Sphären aufsteigen kann, macht sie in den Augen der Autoren des Sohar nur wunderbarer.

Leid im Übermaß: Warten auf Erlösung

Midrash Ha-Ne'lam enthält einen Abschnitt mit einem ausführlichen Kommentar zum Buch Ruth.[8] In diesem (fast) Zeile für Zeile kommentierenden Text übernehmen die Autoren des Sohar die Auffassung von Ruth als Konvertitin aus dem Midrasch, treiben die rabbinische Verherrlichung jedoch noch einen Schritt weiter. Ruths Konversion habe nicht auf dem Weg stattgefunden, sondern schon in Moab, sagen sie. Ruth habe sich vor der Heirat mit Machlon bekehrt und im Zuge der Konversion ihren Namen geändert.

Anfänglich habe sie Gilit geheißen (spekulieren sie), aber als sie Machlons Frau wurde, einen hebräischen Namen erhalten: Ruth (hier wird der Name Ruth wahrscheinlich zum ersten Mal einer Konvertitin zugeordnet).[9] In einem anderen Kommentar im Sohar erklärt Rabbi Jose mit Leidenschaft: »Ich wäre erstaunt, wenn diese Schriftrolle nur Davids Abstammung bis zur Moabiterin Ruth verfolgte, und sonst nichts!« Er legt dann nahe, dass die Schriftrolle noch wichtiger ist, weil sie eine beherzte Frau schildert, die »konvertierte und von den Flügeln der Schechina eingehüllt wurde – eine Kunde von ihrer Demut und Bescheidenheit.«[10]

Aber der freie Geist der Sohar-Autoren wird noch deutlicher und faszinierender, wenn sie sich radikaler von der rabbinischen Tradition lösen und Ruth nicht nur als Konvertitin und menschliches Wesen »eingehüllt von den Flügeln der Schechina« ausmalen, sondern als die Schechina in Person oder, besser, die Schechina im Exil. Sie entfernen sich von der Welt der Rabbiner nicht nur, wenn sie Ruth vergöttlichen, sondern auch, wenn sie sich auf ihre Erfahrungen mit dem Leben als Migrantin konzentrieren. Statt Ruth ein häusliches Leben mit Mesusa zuzuschreiben, betonen sie ihre Heimatlosigkeit und machen schmerzliche Züge in ihrem Leben deutlich.

Bei der Suche nach Spuren der exilierten Schechina wurden die Kabbalisten vor allem in der Szene auf der Tenne fündig. Kein Wunder, dass die nächtliche Begegnung von Ruth und Boas mit ihrer ausgeprägten Rätselhaftigkeit sie herausforderte. Sie hatten jedoch das Ziel, die Mysterien dieser Nacht zur Erntezeit als mystisch darzustellen, und verlegten die Szene in die höheren Welten. Die Tenne ist im *Midrash Ha-Ne'lam* nicht ganz von dieser Welt. Ihr Ort ist der Himmel, wo Ruth als Schechina erscheint und Boas den gesegneten Heiligen darstellt.[11] Als der übernatürliche Boas sich am Fuß des Kornhaufens auf den Tennenboden legt, genießt er zunächst entzückt das »himmlische Leben« und freut sich auf die sexuelle Vereinigung mit seiner göttlichen Gemahlin. Aber das Leben im Himmel hat seine eigenen Brüche. Um Mitternacht schreckt Boas auf und sieht die schmerzerfüllte Schechina zu seinen Füßen liegen:

> »*Als es nun Mitternacht ward, erschrak der Mann und drehte sich um.*« [Ruth 3,8]. Warum? *Und siehe da, eine Frau lag zu seinen Füßen* – im Staub, am Boden zerstört, zu seinen Füßen, das ist die Versammlung Israels. Dann, in diesem Moment, erhob sie sich und wandte sich ihm zu, und er fragte: »Meine Tochter, *wer bist du*? [Ruth 3,9] Im Exil? Wer bist du jetzt in diesem Moment?« Und sie antwortete: »*Ich bin Ruth, deine Magd* – von Sorgen erfüllt, überwältigt vom Schmerz über meine Kinder im Exil und über die heiligen Paläste, denn ich wurde aus meinem Heiligtum vertrieben. Und nicht genug, dass ich verbannt wurde, sie schmähen und verfluchen mich Tag für Tag nach ihrem Belieben, und im Exil habe ich keine Stimme zur Widerrede.«[12]

Ausdrücklich wird nie gesagt, dass Ruth die Schechina ist, aber wir sind aufgerufen, sie so zu sehen, da sie als Versammlung Israels designiert ist und für ihr Volk spricht. In vielen Hinsichten entfernt sich dieser allegorische Kommentar vom Buch Ruth so weit, wie es überhaupt möglich ist, und doch ist er auf die dunkleren Schattierungen in der biblischen Darstellung der Szene auf der Tenne eingestimmt. Schließlich hätte sich Ruth nicht bei Nacht auf die Tenne gestohlen, hätte sie nicht als verzweifelte fremdländische Ährenleserin ums Überleben kämpfen müssen.[13] Der lakonische Bibeltext hat an dieser Stelle keinen Platz für Ruths Gefühle und bietet den Autoren des Sohar viel

Raum zum Improvisieren. Den Raum nutzen sie, indem sie hervorheben, wie demütig Ruth dem Boas zu Füßen liegt. Im Sohar liegt ihm Ruth nicht nur zu Füßen, sie wälzt sich geradezu im Staub, »am Boden zerstört«. Auf Boas' Frage »Wer bist du?« (Ruth 3,9) antwortet sie mit einer anrührenden Selbstbeschreibung: »von Sorgen erfüllt, überwältigt vom Schmerz« über das Elend ihrer verbannten Kinder und die Zerstörung des Tempels.[14] Auch wenn die am Boden liegende Schechina klagt, dass sie im Exil ihre Stimme verloren habe, bringt sie ihren Kummer doch lautstark zum Ausdruck. Sie gleicht den Exilierten, die weinend an den Wassern Babylons sitzen und, paradox genug, glauben, das Lied des Herrn in fremden Landen nicht singen zu können, während sie beharrlich ihr Klagelied intonieren (Ps 137).

Für die Autoren des Sohar wird der nächtliche Wortwechsel von Ruth und Boas besonders reizvoll, weil der Begriff *go'el*, Löser, Erlöser, wiederholt vorkommt. Für die biblische Ruth ist *go'el* ein juristischer Terminus, aber der Sohar versteht ihre Suche nach einem Löser als Suche nach einer messianischen Erlösung, die das Elend des Exils beenden würde. Sie folgen den Rabbinen, wenn sie Ruth mit Erlösung assoziieren, entscheiden sich im Weiteren aber für einen anderen Weg. Für sie ist Ruth nicht mehr nur eine Ahnin des Messias, des Sohnes Davids, sondern sie wird selbst zur Akteurin der Erlösung, zur messianischen Himmelsmutter, die Aufmerksamkeit für das Elend ihrer exilierten Kinder verlangt und Himmel und Erde in Bewegung setzen will. Haviva Pedaya wagt die Vermutung, dass die Schechina am Tag, als der Tempel zerstört wurde, sozusagen geboren worden sei.[15] Die Katastrophe und das anschließende Exil sind nicht das Ende des Dramas, sondern vielmehr ein Augenblick der Geburt, in dem die Schechina ins Leben gerufen wird und eine wichtige Rolle übernimmt:

Sie macht deutlich, wie dringend notwendig die Erlösung ist. Auch wenn die Schechina eine Emanation der Gottheit auf niedrigster Stufe und deshalb von ihrem Gemahl abhängig ist, spielt sie in der Exegese des Sohar eine besonders wichtige Rolle als hauptsächliche Mittlerin zwischen der göttlichen und der menschlichen Welt in Zeiten des Exils.

Der gesegnete Heilige antwortet auf Ruths Hilferuf mit Boas' Worten, die er um ein paar mystische Zusätze ergänzt:

> *Bleib die Nacht über hier* [Ruth 3,13] – bleib jetzt im Exil und führe deine Kinder dort zur Tora und zu guten Taten. Wenn ihre guten Taten zu deiner Erlösung beitragen, wirst du erlöst. Wenn nicht, *so will ich dich* [dann am Morgen …] *erlösen* [Ruth 3,13]. Denn der Morgen und das Licht der Erlösung werden kommen.[16]

Der überirdische Boas ist bereit, als Erlöser zu handeln, aber nicht sofort. Der Morgen und das Licht der Erlösung sind zum Kommen bestimmt, verspricht er, aber noch herrscht die Nacht des Exils, und Ruth muss bleiben und warten. Dieses nächtliche Gespräch auf der Tenne wirkt als ernüchternde Erinnerung daran, dass messianische Hoffnungen in der Realität allzu oft ein Leben im Aufschub verlangen. Dass das Kommen des Messias sich immer verzögert, ist tatsächlich ein entscheidendes Problem in der jüdischen Exegese.[17] Die Ankunft des Messias scheint sowohl unmittelbar bevorzustehen wie auch in weiter Ferne zu liegen, und deshalb ist die ersehnte Erlösung für alle Zeiten aufgeschoben. Diese Vorstellung beginnt in der spätantiken rabbinischen Literatur, wird aber in der mittelalterlichen jüdischen Mystik und danach vordringlicher. Die besondere Absurdität der messianischen Sehnsucht fiel auch Franz Kafka auf. Er lotet den paradoxen Charakter des Messias aus, fügt einen

Hauch Moderne hinzu und schreibt: »Der Messias wird erst kommen, wenn er nicht mehr nötig sein wird, er wird erst nach seiner Ankunft kommen, er wird nicht am letzten Tag kommen, sondern am allerletzten.«[18]

Im *Midrash Ha-Ne'lam* wird Ruth hervorgehoben, weil sie »über Nacht bleiben« und auf Handeln verzichten kann, während sie auf Erlösung wartet. Im anschließenden Satz wird Ruths Passivität als bewundernswert dargestellt, so bewundernswert wie die des flüchtenden David. In einer bewegenden Szene im Buch Samuel flieht David mit seinem Gefolge aus Jerusalem, nachdem Absalom ihn von seinem Thron verdrängt hat. Auf dem Weg wirft Schimi, Sohn von Gera aus dem Hause Saul, Steine nach ihnen und verflucht David höhnisch und rachedurstig: »Hinaus, hinaus, du Bluthund, du ruchloser Mann! Der HERR hat über dich gebracht alles Blut des Hauses Sauls, an dessen statt du König geworden bist. Jetzt hat der HERR das Königtum gegeben in die Hand deines Sohnes Absalom; und siehe, nun steckst du in deinem Unglück, denn du bist ein Bluthund.« (2 Sam 16,7-8) Gnadenlos rechnet Schimi mit David ab, der auf Kosten des Hauses Saul die Macht an sich gerissen hat. Aber David schweigt. Als einer seiner Krieger ihn fragt, warum er nicht reagiert, erwidert David: »Lasst ihn fluchen; wenn der HERR ihm geboten hat: Fluche David!, wer darf dann sagen: Warum tust du das?« Dann wendet er sich mit deutlichen Worten all seinen Männern zu: »Siehe, mein Sohn, der von meinem Leibe gekommen ist, trachtet mir nach dem Leben, warum nicht auch jetzt der Benjaminiter? Lasst ihn ruhig fluchen, denn der HERR hat's ihm geboten. Vielleicht wird der HERR mein Elend ansehen und mir mit Gutem vergelten sein heutiges Fluchen.« (2 Sam 16,10-12) Der stolze, oft unerbittliche David ist an diesem Tiefpunkt in seinem Leben überraschend bereit, einen demütigenden Schlag von einem Mann hinzunehmen, den er hätte töten lassen können. Seine Tatenlosigkeit verrät seinen bitteren Schmerz darüber, dass er mitansehen muss, wie sein eigener Sohn gegen ihn rebelliert. Was ihm ein einfacher Benjaminiter antut, fällt dagegen kaum ins Gewicht. Und doch: Zwar überlässt der melancholische entthronte König sich seiner Verzweiflung und gesteht ein, dass es unmöglich ist, göttliche Beweggründe zu begreifen, aber er hält unbeirrt an der Hoffnung fest, dass Gott ihn am Ende doch zur Herrschaft ermächtigen wird. Die Überzeugungskraft von Davids Tatenlosigkeit entging den Autoren des Sohar nicht; sie begrüßten seine Zurückhaltung: »Schimi trat aus der Gruppe der Benjaminiter heraus auf den Gesalbten zu und schmähte und verfluchte ihn – aber der schwieg. Eine Schmähung wie diese hatte es noch nie gegeben, aber er hatte kein Bedürfnis zu antworten und blieb still.«[19] Die Geschichte von David und Schimi mit Ruth auf der Tenne zu vergleichen, verlangt der Phantasie einiges ab.[20] Im Bibeltext besteht keine erkennbare Verbindung zwischen beiden. Interessant aber ist, dass der Sohar, wenn er die Migrantin Ruth und den fliehenden David nebeneinanderstellt, eine verblüffende Ähnlichkeit zwischen den Biographien dieser beiden biblischen Gestalten ins Licht rückt: ihre heftige Verzweiflung, außergewöhnliche Beharrlichkeit und Fähigkeit zu unvorhersehbaren Maßnahmen.

Wenn die Autoren des Sohar Ruths Vorzüge rühmen, verbinden sie ihren Kommentar zu »Bleib über Nacht« mit einer Überlegung zu Boas' Dankbarkeit für Ruths *chesed* (Ruth 3,10). Der biblische Boas rühmt Ruth, weil sie sich an ihn hält statt an jüngere Männer, den überirdischen Boas rührt die Güte und Treue, die ihm von der exilierten Schechina zuteilwird: »Selbst jetzt im Exil hast du mich mit überreicher Güte und Treue bedacht [...] und auch der Spott und Hohn der anderen Nationen hat dich nicht zweifeln lassen.«[21] Dann versichert der gesegnete Heilige Ruth, dass er, auch wenn Ruths Kinder sich nicht genügend bessern, ihr am Ende der Nacht Erlösung bringen wird. Im *Midrash Ha-Ne'lam* wird die widerstandsfähige, loyale biblische Ährenleserin zum hochverehrten Modell für alle, die sich selbst in der langen demütigenden Nacht des Exils die Hoffnung auf eine zukünftige Erlösung bewahren wollen.

Noch einmal Sodom: Eine häretische Perspektive

Im späteren Hauptteil des Sohar-Corpus begegnen wir einer anderen mystischen Ruth. Dort gibt es nur wenige, aber nachdrückliche Kommentare zum Buch Ruth. Ruths Position als Schechina bleibt verschlüsselt und wird an keiner Stelle dramatisiert, ihre Rolle als Frau aber erfährt umso mehr Aufmerksamkeit. Doch selbst wenn Ruth in menschlicher Gestalt erscheint, ist sie keine alltägliche Frau. Die Einmischung in himmlische Angelegenheiten gehört zu ihren vornehmsten Aktivitäten.

Die Szene auf der Tenne wird auch im Hauptteil des Sohar besonders hervorgehoben. Hier wird Ruth jedoch nicht für ihr geduldiges Warten gerühmt, sondern für ihr kühnes Handeln. Nicht nur bewahrt sie die Stammlinie allen Widrigkeiten zum Trotz, sie wagt eine Einmischung in die himmlische Welt und ebnet den Weg zur Erlösung. Die messianische Zeit und das Ende des Exils mögen zwar ständig aufgeschoben werden, aber menschliches Handeln hat Wirkung. Ruth gehört zu den auserwählten Sterblichen, die die Ankunft des Messias aktiv näherbringen können.

Im Lauf der Zeit entwickeln die Autoren des Sohar häretisches Denken und fühlen sich, an diesem Punkt ihrer Arbeit noch gemeinsam, auch zu den dunkleren mehrdeutigen Seiten der nächtlichen Begegnung hingezogen. Sie gehen so weit, dass sie die Szene in der Höhle nahe Sodom als Vorbedingung nicht nur dafür darstellen, dass Ruth Boas in Versuchung führt, sondern am Ende auch für die Geburt des Messias. Für moderne Leser mag es ein Schock sein, dass der Sohar in der Sodom-Geschichte ein Erlösungspotenzial entdeckt, aber gerade darum geht es: dort nach Erlösung zu suchen, wo sie am wenigsten zu erwarten ist. In seinem bekannten Essay »Erlösung durch Sünde« staunt Gershom Scholem über das im mystischen Verständnis der Erlösung eingeschlossene Paradox, dass gesetzeswidrige Taten, Sünden, in eine messianische Zeit führen können.[22] Nach dem Talmud ist ein göttliches Gebot (eine Mizwa), das »durch Übertretung erfüllt wird«, ein rechtlicher Begriff, der in Fällen wie dem Bau einer Sukka (Laubhütte) aus gestohlenem Material zum Tragen kommt. In der überarbeiteten Auffassung der Kabbalisten kann eine Mizwa durch eine Sünde erfüllt werden, weil Übertretungen, vor allem in rituellem oder sexuellem Kontext, das Potenzial haben, die Verwirklichung des göttlichen Planes zu fördern. Gershom Scholem konzentriert sich auf Sabbatai Zwi und Jacob Frank, die falschen Messiasse des 17. und 18. Jahrhunderts, aber seine Beobachtungen gelten auch für frühere Perioden der jüdischen Mystik.[23] Bereits im Hauptteil des Sohar ist erkennbar, welche Faszination die Mischung von Sünde, Sexualität und Heiligkeit in Überlegungen zur Ankunft des Messias ausübt.[24] Weil diese Mischung so unvorstellbar ist, scheint sie das Wunder der Erlösung, die immer aus unvorhersehbaren Richtungen eintritt, besonders lapidar zu vermitteln.

Rabbi Jitzchaks Kommentar zu den verborgenen Aspekten der berüchtigten Zeugung von Moab und Ammon in der sodomitischen Höhle bei Sodom erklärt diese häretische Logik:

> »Kommt und seht: Von Lot und seinen Töchtern gingen zwei verschiedene Nationen aus, verbunden mit der zu ihnen passenden Seite. So wälzt der gesegnete Heilige Umwälzungen um, dreht Umdrehungen in der Welt weiter, so dass sich alles passend ergibt, alles an seinem Platz [...] Für Lot wäre es ziemlicher gewesen, wenn der gesegnete Heilige diese beiden Nationen ihn mit seinem Eheweib hätte zeugen lassen, aber für sie war es in Ordnung, dass sie mit der Seite verbunden wurden, die zu ihnen passte.«[25]

Rabbi Jitzchak gibt zu, dass es »ziemlicher« gewesen wäre, wenn Lot und sein Eheweib die Eltern von Moab und Ammon geworden wären. Aber es ist kein Zufall, dass die beiden Gründungsväter dieser Nationen aus einer inzestuösen Vereinigung Lots und seiner Töchter stammen. Die Gesetzesübertretungen der beiden Töchter garantierten die Bindung Ammons und Moabs an die Umgebung, die am besten zu ihnen passt: die Seite des Dämonischen, die *sitra achra*. Faszinierend für Rabbi Jitzchak ist nicht eigentlich der Aspekt der Bestrafung – die Verbannung der Feinde Israels ins Reich des Dämonischen –, sondern eher ihre unvorhersehbaren Folgen. Gott kann die himmlischen Räder weiterdrehen, »Umwälzungen umwälzen« und damit sündige Momente in erlösende verwandeln. So kann die Höhle bei Sodom als Übergang zu Bethlehems Tenne dienen. Wer meint, vertraute Phänomene würden dauerhaft in ihrer ursprünglichen Form verharren, kann die Wunder göttlicher Verhaltensweisen nicht verstehen. Als wunderbarer heilsbringender Töpfer zögert der gesegnete Heilige nie, ein Gefäß in ein anderes umzuwandeln.

Die auf Erlösung verweisende Dimension der Höhlenszene wird in Rabbi Joses anschließendem Kommentar ausdrücklicher dargelegt. Aufbauend auf den minutiösen Verbindungen zwischen den Texten der beiden Bibelgeschichten (vor allem 1 Mose 19, 33 und Ruth 3,14), weist Rabbi Jose darauf hin, dass Ruth sich auf der Tenne niederlegt – ganz ähnlich wie Lots Töchter in der Höhle, und dann wie diese unbemerkt wieder aufsteht. Er konzentriert sich besonders auf die Ähnlichkeit zwischen Ruth und Lots älterer Tochter, der Ahnin von Moab.[26] Diese ältere Tochter ist viel bedeutender als ihre Schwester, da das Wort *kuma* (aufstehen), die Bezeichnung dafür, dass sie sich erhebt, nachdem sie bei Lot gelegen hat, mit dem Buchstaben *vav* geschrieben wird, einem Buchstaben im göttlichen Namen (in dem Bibeltext, der das Aufstehen ihrer Schwester beschreibt, wird das Wort ohne *vav* buchstabiert). Jeder Buchstabe zählt, erst recht, wenn er mit einem Namen Gottes assoziiert wird. Lots ältere Tochter ist damit durch eine göttliche Berührung gekennzeichnet und verdient es, an einer übernatürlichen Handlung teilzunehmen, aus der »der König Messias hervorgehen sollte«.[27] Wie Ruth Kara-Ivanov Kaniel zeigt, haben die Ruth des Sohar und ihre moabitische Ahnin beide eine entscheidende Bedeutung für den Aufstieg des Hauses David und das Näherkommen einer messianischen Zeit.[28] Die Nähe ihrer Taten zu Gesetzesübertretungen wird nicht verurteilt, sondern vielmehr als Bestätigung dafür gesehen, dass mystische Umwandlungen notwendig in überaus diversen Formen erscheinen. Verführerische fremdländische Frauen können sich als heilsbringend erweisen. Das Wunder, dass schon der Bibeltext der Moabiterin Ruth die Position der Gründungsmutter für die davidische Dynastie zuweist, wird mit kräftigen häretischen Pinselstrichen betont.

Verbündet mit Tamar: Die Welt wiederherstellen

In der Neuinterpretation der Szene auf der Tenne kehrt der Hauptteil des Sohar auch Ruths Verwandtschaft mit einer anderen fremdländischen Verführerin hervor: Tamar. Tamar ist weniger sündhaft als Lots ältere Tochter und deswegen eine uneingeschränkt passende Partnerin Ruths.[29] Die beiden Witwen verbünden sich über die zeitliche Kluft hinweg, um den Stamm Juda zu retten.

> Zwei Frauen waren es, die legten den Keim zum Stamm Juda, aus dem König David, König Salomo und König Messias hervorgingen. Diese beiden Frauen entsprachen einander: Tamar und Ruth, die Witwen, die sich dieser Aufgabe widmeten. Tamar verführte [*hishtadlah*] ihren Schwiegervater, den nächsten Verwandten seiner Söhne, die gestorben waren. Warum sie ihn verführte? Wie geschrieben steht: *denn sie hatte gesehen, dass Schela groß geworden, dass sie ihm aber nicht zur Frau gegeben worden war* [1 Mose 38,14] […] Auch Ruths Ehemann war gestorben, und sie ließ sich mit Boas ein [*hishtadlah*], wie geschrieben steht: *und deckte seine Füße auf und legte sich hin* [Ruth 3,7]. Sie kam mit ihm zusammen, und später gebar sie Obed. Nun könnte man fragen: ›Warum stammte Obed nicht von einer anderen Frau?‹ Aber gerade sie wurde gebraucht, und keine andere. Von diesen beiden wurde der Keim Judas gelegt und weitergetragen. Beide handelten angemessen, handelten gütig gegenüber den Toten, sodass die Welt in der Folge besser wurde [*letaken olam*]. Das löst ein, was gesagt wurde: *Da lobte ich die Toten, die schon gestorben waren* [Pred 4,2], denn als sie noch lebten, waren sie nicht lobenswert, aber später waren sie es. Beide mühten sich, gütig [*chesed*] und treu den Toten gegenüber zu handeln, und der gesegnete Heilige half ihnen dabei. Alles passte. Selig ist der, welcher Tag und Nacht mit der Tora verbringt [*she-mishtadel*].[30]

Wir erfahren, dass Tamar und Ruth beide »angemessen« handelten, als sie die widerstrebenden Männer Juda und Boas verlockten, das Leviratsgesetz anzuwenden und Löser zu werden. Eine Unterbrechung in der Kontinuität der Familie, das Fehlen von Nachfahren ist eine große Katastrophe, die die diesseitige wie die jenseitige Welt ins Chaos stürzt. Nur dank der mutigen Entschlossenheit Tamars und Ruths, die Welt wieder in Ordnung zu bringen *(letaken olam),* hat das Haus Juda überlebt und der Fluss des Lebens wieder seinen Lauf nehmen können bis zur Geburt von »König David, König Salomo und König Messias«. Die Wiederherstellung der Welt geht über die irdischen Sphären hinaus und wirkt auch in den himmlischen Sphären weiter. Der gesegnete Heilige wird in das Drama einbezogen und hilft den beiden Witwen bei ihrer Ausübung von *chesed*. So mag sich eine segensreiche Übereinstimmung zwischen der menschlichen und der göttlichen Welt entwickeln, oder in den Worten des Sohar: »Alles passte.«

Wie immer jonglieren die Sohar-Autoren mit Bibelversen, wenn sie ihre Behauptungen belegen. Dass Tamar Juda verführt, rechtfertigen sie mit dem Zitat des Bibelverses, der besagt, dass Juda sein Versprechen nicht gehalten hatte, »*denn sie hatte gesehen, dass Schela groß geworden, dass sie ihm aber nicht zur Frau gegeben worden war.*« (1 Mose 38,14) Ihr exegetischer Spürsinn ist allerdings noch weit erstaunlicher, wenn sie Ruths Geschichte untersuchen. Sie konzentrieren sich auf das provokativste und dunkelste Detail der Szene auf der Tenne: »Sie deckte seine Füße auf und legte sich hin.« (Ruth 3,7) Ohne ihre Überlegungen ganz offenzulegen, deuten sie an, dass wir die messianische Dimension dieser Nacht nicht nur in der ausdrücklichen Verwendung der Begriffe »erlösen« und »Erlöser« im Gespräch von Ruth und Boas suchen sollten, sondern die mehrdeutigere erotische Handlung betrachten müssen, die das Aufdecken der Füße bedeutet. Im Weiteren beharren die Autoren darauf, dass das Aufdecken auf der Tenne kein bloßes erotisches Spiel war, sondern eindeutig sexuell. Genau wie Tamar wird auch Ruth sofort schwanger. Schon in der Nacht, da sie sich auf der Tenne mit Boas »einließ«, wurde Obed empfangen. Zweiflern an Ruths Verdienst oder an ihrer Stellung als bedeutende Ahnin des messianischen Hauses David macht der Sohar klar, dass gerade Ruth für das Unterfangen gebraucht wurde; sie war die Einzige, die ihren toten Ehemann Machlon vor dem Vergessen bewahren und die Kontinuität zwischen vergangenen und künftigen Generationen sichern konnte.[31]

Die Melange aus Versen des 1. Buch Mose und des Buchs Ruth ergänzen die Autoren des Sohar noch durch eine Zeile aus dem Buch Prediger: »*Da lobte ich die Toten, die schon gestorben waren.*« (Pred 4,2) Im Prediger besagt der Vers mit bitterer Ironie, dass der Tod dem Leben vorzuziehen sei. Hier im Sohar wird er auf skurrile Weise wörtlich genommen. Die Ehemänner von Tamar und Ruth, die im Leben nichts Besonderes zustande brachten, wurden erst im Tod »lobenswert«. Immerhin führte ihr Tod zu den bewundernswerten Initiativen ihrer Witwen.

In einer befremdlichen Wendung am Ende dieses Kommentars werden Tamars und Ruths Mühen um die Wiederherstellung der Stammeslinie und der Welt als analog zum begeisterten Studium der Tora bei Tag und bei Nacht dargestellt. Dasselbe aramäische Verb *ishtaddalat* (mit dem hebräischen Wort *hishtadlut* verwandt) – es kann vieles bedeuten: sich einlassen, sich widmen, sich bemühen, anstrengen, ringen, verlocken – wird für die Beschreibung des Tora-Studiums und der verführerischen Tat der beiden Frauen benutzt.[32] Diese verblüffende Analogie hat in der

Welt des Sohar, in der das Tora-Studium als hocherotische Angelegenheit betrachtet wird, durchaus Sinn. Die Sohar-Gefährten stehen jede Nacht (außer am Vorabend des Sabbat) auf, um die Tora zu studieren.[33] Wieder eine unkonventionelle Art des Studierens (das nächtliche Gegenstück zum Wandern über die Straßen), denn sie beginnen um Mitternacht, wenn die meisten Menschen fest schlafen, und fahren bis zum Morgengrauen fort.[34] Melila Hellner-Eshed erläutert den erotisch-mystischen Charakter dieses nächtlichen Rituals: »Das nächtliche Studium der Mystiker in der unteren Welt verschönert und schmückt die Schechina, macht sie begehrenswert für ihren Liebhaber, den gesegneten Heiligen. Im sanften Dämmerlicht des Morgengrauens [...] genießen die beiden ihre vollständige Vereinigung – *zivvug* (Paarung) – erfüllt von Liebe und Eros, Segnungen auf die gesamte Realität herabholend.«[35] Das Streben des Sohar nach ehelicher Harmonie im Himmel ist das Streben nach einer Erlösung, die im Diesseits und im Jenseits Vollkommenheit bewirken und alle Welten zu einer Einheit verbinden wird. Die Kabbalisten hoffen jedoch nicht nur auf Wiederherstellung. Sie sind sozusagen mystische Aktivisten mit einem theurgischen Ziel: Sie wollen die Risse kitten, die sich zwischen der exilierten Schechina und dem gesegneten Heiligen sowie zwischen der Schechina und der Menschenwelt aufgetan haben.

Das Tora-Studium der Autoren des Sohar schließt zwar beide Frauen, Ruth und Tamar, ein, aber Ruths Geschichte ist ihnen sachdienlicher. Um Mitternacht erreicht Ruths Verführung des Boas auf der Tenne den Höhepunkt. Dazu kommt, dass David, Ruths Nachkomme, das wichtigste Vorbild für die nächtlichen Verzückungen der Kabbalisten ist. Sie sehen sich mit ihren Freuden in der Nachfolge Davids, von dem im Midrasch gesagt wird, dass er um Mitternacht erwacht, Harfe und Leier spielt und Gott mit seinen Psalmen überschüttet. Da Ruth aber auch mit dem Glückszustand ihres Nachfahren assoziiert wird, erweist sie sich ebenfalls als verborgene Inspirationsquelle für Davids mittelalterliche mystische Anhänger.[36]

Und doch ist der Schauplatz auch der erhebenden Darstellungen Ruths im Hauptteil des Sohar eine Welt der Exilierten. Ruths Einsatz, *ishtaddalat*, hinterlässt zwar, ganz wie der nächtliche Ritus der Sohar-Gefährten, Spuren in beiden Welten, aber das Exil endet nie wirklich. Messianische Zeiten mögen näherrücken, konkreter erscheinen, aber sie bleiben außer Reichweite. Zu tun bleibt nur eines: das unablässige Streben, die Welt wiederherzustellen.

Schawuot der Kabbalisten: Ruth als Tora

Wie wichtig ist Ruth in den Augen der Kabbalisten für Schawuot, das Wochenfest? Sie suchen ganz wie ihre rabbinischen Vorgänger bedeutsame Verbindungen zwischen dem Buch Ruth und der Übergabe der Tora am Wochenfest. Aber statt Ähnlichkeiten zwischen Ruth und der Tora zu suchen, machten sie Ruth selbst zur Tora. Im *Midrash Ha-Ne'lam* gilt die Tatsache (oder das, was der Sohar für eine Tatsache hält), dass die Tora eine von vielen Facetten der Schechina ist, als eindeutiges Indiz dafür, dass auch Ruth als Verkörperung der Schechina für die Heilige Schrift steht. Deshalb ist es besonders passend, an Schawuot, einem Festtag zur Feier der Tora, ihre »Schriftrolle« zu lesen.[37] Ein anderer Kommentar in dieser Sammlung findet zusätzliche Hinweise für die Verbindung Ruths mit der in ihrem Namen verschlüsselten Tora. Auf welche Weise? Auf einem ziemlich wilden exegetischen Umweg. Die Überlegungen der

Sohar-Autoren setzen an bei dem rabbinischen Midrasch, der den Namen Ruth als Ableitung aus dem Verb »erfüllen, überschütten« sieht. In der Version des Sohar erfüllt oder überschüttet nicht David, sondern Ruth den »gesegneten Heiligen mit Gesängen und rühmt ihn ohne Unterlass«.[38] Wenn Ruth zur Sängerin wird, kann man sie auch mit der Turteltaube, der *tor* des Hohelieds, in Zusammenhang bringen, deren süße Stimme im Frühling auf dem Land zu hören ist (Hld 2,12). Ruths Name stützt die These: *rut* und *tor* setzen sich aus den gleichen Buchstaben zusammen – *resh, vav, taf* –, allerdings in umgekehrter Reihenfolge. Die nächste Stufe in diesem Jonglierspiel mit Buchstaben fordert den Sprung von *tor* zu *torah*. Mit diesem Sprung verlässt man sich nicht nur auf den phonetischen Gleichklang der beiden Wörter, sondern auch auf die allegorischen Interpretationen des Hohelieds. *Rabba*, die Sprache der Liebe im Hohelied, gilt als Schlüssel zum Verständnis des großen Bundes zwischen Gott und Israel im Exil, der mit dem Auszug aus Ägypten begann und auf dem Berg Sinai seinen Höhepunkt hatte.[39] In diesem exegetischen Rahmen ist die Taube die Botin der Erlösung und der göttlichen Liebe. So ist der Zusammenhang von *tor* und *tora* aus Sicht des Sohar unvermeidlich. Diese besondere *tor* ist unauflöslich verbunden mit den Ereignissen, die zur Gründung Israels und zum Besiegeln des Liebesbundes zwischen Gott und Seinem Volk auf dem Berg Sinai führten. Diese verwirrende Folgerung hat eine gewisse Logik: Wenn Ruth *tor* ist und *tor* gleich Tora, dann ist Ruth die Tora!

Im *Tikkunei Zohar*, einem späteren, im frühen 14. Jahrhundert (vermutlich nach dem Tod von Mosche de León) entstandenen Text, taucht die Frage nach dem Zusammenhang zwischen dem Namen Ruth und der Tora wieder auf. Der *Tikkunei Zohar* stützt sich hauptsächlich auf die *Mi-*

drash-Ha-Ne'lam-Darstellungen der bekümmerten exilierten Schechina auf der Tenne, arbeitet aber auch den Kommentar über die Verbindungen zwischen *rut, torah* und *tor* weiter aus.[40] Dabei wird die Verwandtschaft zwischen den drei Wörtern mithilfe der Aufteilung der Buchstaben des Gottesnamens auf die verschiedenen Schriftzeichen im Buch Ruth entziffert. Es ergibt sich, dass der Buchstabe *he* sich an Ruths Namen »klammert« und damit die Verwandlung von *rut* zu *torah (tav, vav, resh, he)* möglich macht. Die Turteltaube, *tor*, wird zur Mittlerin, und ihre Bedeutung anerkannt: »von Ruth heißt es: die Stimme der Taube wird in unserm Land gehört«.[41]

In beiden Texten ist der Empfang der Tora in der langen Nacht des Exils eine Pause voller Glück, ein erhebender Moment, in dem die Ruth-gleiche Schechina aus dem Staub aufstehen und sich im Licht der Liebe sonnen kann. Wie schon erwähnt, wurde die Schechina am Tag der Tempelzerstörung »geboren«, aber ebenso könnten wir sagen, dass sie an dem Tag »geboren« wurde, da die Tora auf dem Berg Sinai überreicht wurde. Diese beiden »Geburten« bezeichnen zwei entscheidende Zeitpunkte in ihrem Leben. Wenn die Zerstörung des Tempels die Schechina zu einer Mittlerin der Erlösung werden lässt, die sich für immer um ihre verbannten Kinder müht, verwandelt der Berg Sinai sie in eine Mittlerin des großen Buches – des Buches, dessen kostbare Bände als Heilmittel gegen das Elend wirken können, von dem die Welt nur allzu oft heimgesucht wird und verschlungen zu werden droht. Ruth ist voller Widersprüche, sie kann sowohl von Sorgen wie von Freude überwältigt sein, wenn sie das Diesseits und das Jenseits mit ihrer Tora, dem Gesang biblischer Psalmen und Lobliedern »überschüttet«.

Die Autoren des Sohar prägten mit ihren neuen Interpretationen des Schawuot auch die Rituale des Wochenfestes neu. Gut zweihundert Jahre nach dem Erscheinen des Sohar erfanden Kabbalisten im 16. Jahrhundert ein neues Ritual – *Tikkun Leil Schawuot.* Das ist eine Nachtwache, eine Lernnacht, nach dem Vorbild der Sohar-Beschreibungen vom rituellen nächtlichen Tora-Studium der Exegeten. Vor allem ist sie ausgerichtet an der Sohar-Darstellung der exegetischen Nachtwache des Rabbi Schimon und seiner Mitstreiter in der Nacht der Nächte vor Schawuot. Diese sehr beliebte Erzählung berichtet, wie Rabbi Schimon und seine Anhänger in der Nacht vor Schawuot zusammenkommen, um sich auf das große Fest am folgenden Tag vorzubereiten. In ihren Augen ist die Gabe der Tora nicht von der Hochzeitszeremonie der Schechina und ihres göttlichen Gemahls zu trennen, deshalb drängt es die Gelehrten, die Braut mit *Tikkunim,* feinziselierten Schmuckstücken, zu beschenken. Könnten sie der Schechina etwas Schöneres verehren als eine Halskette aus Texten der Heiligen Schrift? Sie sitzen die ganze Nacht und reihen verschiedene Verse – Perlen sozusagen – aus den drei Teilen der Bibel: Tora, Propheten und Schriften, aneinander. Dank dieser Mühen ist die Schechina an ihrem Hochzeitstag wunderbar geschmückt, und die Gefährten dürfen sich mit ihr freuen und »das Lied der Tora singen«.[42] Wenn die Tora überreicht wird und die göttlichen Liebenden sich vereinen, schließt sich im Himmel die vom Exil gerissene Kluft einen Augenblick lang.

Tikkun Leil Schawuot wurde offenbar zuerst von Joseph Karo (1488-1575) und seinen Anhängern im heutigen Nikopol in Bulgarien gehalten, aber eine kanonische Stellung erhielt die Nachtwache erst, als sie Safed im osmanischen Galiläa erreichte, wo eine Gruppe Mystiker unter Führung von Rabbi Jitzchak Luria (1534-1572) sie zum Teil ihres Schawuot machte.[43] Die Kabbalisten von Safed folgten dem

Beispiel Rabbi Schimons und seiner Freunde, blieben die ganze Nacht wach und sammelten exegetische Ornamente. Ihre »Perlen«-Liste ist ziemlich bunt: Erst zitierten sie eine Kette von Versen aus verschiedenen Bibeltexten, im nächsten Schritt lasen sie die 613 Mizwot und eine ganze Reihe Abschnitte aus der Mischna, der Schöpfungsgeschichte und dem Sohar.

Die soharischen Kommentare zum Buch Ruth sind in *Tikkun Leil Schawuot* nicht enthalten.[44] Vielleicht erschien es unnötig, sie einzufügen, da die Lesung des Buches Ruth am nächsten Tag des Wochenfestes ohnehin zum Ritus gehört, und da nach Meinung der Kabbalisten Ruths erstes Leben bereits all ihre Folgeleben einschließt. Warum auch immer, sicher ist jedenfalls, dass Ruth im Hintergrund von *Tikkun Leil Schawuot* verharrt. Sie ist präsent, weil ihre Taten analog zu den Taten der Gefährten sind, die sich nachts in die Tora vertiefen; präsent als eine Turteltaube *(tor)*, präsent aber vor allem als eine Frau, deren Geschichte mit ihren Migrationsnöten und Erlösungsmomenten ein wesentliches Element der facettenreichen Gestalt der Schechina bildet.

4. Die bukolische Ährenleserin

Das Bild von Ruth mit Garben in der Hand oder neben sich, die in bukolischen Landschaften friedlich Ähren liest, hat sich unserem kollektiven Gedächtnis so tief eingeprägt, dass wir annehmen, so sei sie immer abgebildet worden. Zum ersten Mal erscheint Ruth als bukolische Ährenleserin jedoch in Nicolas Poussins wunderbarem Gemälde *Sommer* (1660-1664), das biblische Themen und klassische Motive einzigartig zusammenbringt. Seit dem 17. Jahrhundert dann tauchen bukolische Versionen von Ruth in vielen bildlichen Darstellungen des Buches Ruth auf und gehören zu den bekanntesten Erscheinungen im Fortleben der altehrwürdigen Ährenleserin.

Die Bukolik hat eine lange, verwickelte Geschichte mit ausgeprägten Höhen und Tiefen.[1] Sie beginnt im 3. Jahrhundert v. u. Z. mit der Dichtung Theokrits. Theokrits Idyllen (Eidyllia) schildern den Charme des Hirtenlebens und sind reich an Bildern pittoresker Szenen ländlicher Schönheit und unschuldiger Ruhe. Die Protagonisten sind Geiß- und Rinderhirten, die sich die Zeit vertreiben mit dem Hofieren von Nymphen und Lieder- und Flötenwettbewerben. Der Höhepunkt dieser bukolischen Welt ist der Mittag, eine Zeit der Muße, des *otium*, wenn die Hirten rasten und sich mit Dichtung und Musik befassen. Obwohl meist Viehweiden den Hintergrund von Theokrits Idyllen bilden, spielen auch andere Aspekte des ländlichen Lebens eine Rolle. Eine zentrale Szene im Idyll VII findet während eines Erntefestes zur Feier der »trefflichen Gerste« statt, die Demeter, Göttin des Getreides, »mit üppigem Maß« gespendet hat.[2]

Vergil (70-19 BCE) macht sich mit seinen *Eklogen* das

bukolische Erbe Theokrits zu eigen, jedoch nicht ohne Änderungen. Vergil schildert das ländliche Szenario der bukolischen Dichtung als einen märchenhaften Sehnsuchtsort, weniger als eine reale Landschaft. Theokrits Hirten leben im ländlichen Sizilien, Vergils Protagonisten dagegen streifen durch das paradiesische Arkadien. Das tatsächliche Arkadien liegt auf dem Peloponnes, in Vergils *Eklogen* wird es jedoch zum besonderen Ort eines Goldenen Zeitalters, an dem Hirten und Landleute in Frieden und in Harmonie mit der Natur leben. Obwohl in Vergils bukolischer Welt weitgehend glückselige Harmonie herrscht, ist es keine unkompliziert ideale Welt. Arkadien wird nicht als Flucht vor der Realität verstanden. Vielmehr soll es vor dem Hintergrund von Kriegen und Landenteignungen Leser dazu anregen, sich eine bessere Welt vorzustellen, in der menschliche Güte die Norm ist und Dichtung die Herrscherin.[3] Auch der Tod wirft seinen Schatten auf das bukolische Eden. Manchmal werden statt freudiger Gesänge Klagelieder angestimmt, und mitten in den üppigen grünen Landschaften kommen Gräber geliebter Toter zum Vorschein.

Im Mittelalter verschwand die bukolische Dichtung fast vollständig aus der Kunst und Literatur, denn den damaligen christlichen Theologen war sie zu heidnisch; in der Renaissance lebte sie jedoch wieder auf.[4] Theokrits *Idyllen* und mehr noch Vergils *Eklogen* waren Vorbilder für viele Dichter und Maler der Renaissance, von Francesco Petrarca, Giovanni Boccaccio und Jacopo Sannazaro bis hin zu Luca Signorelli und Tizian. Diese Renaissancekünstler feierten die heidnischen Züge der bukolischen Dichtung ohne jedes Zögern und lieferten verführerische Porträts des Hirtengottes Pan, Liebhaber der Nymphen, aber sie nutzten das wiederentdeckte Genre auch als Mittel zur Neuinterpretation biblischer Texte. Die Lebensgeschichten biblischer

Hirten – von Jakob und David bis zu Christus – wurden nun in Analogie zu den Hirten im antiken Griechenland und Rom erzählt.

In der Renaissance wurde Ruth nicht mit der Bukolik assoziiert, aber bei den Erben des Geistes der Renaissance gewann sie allmählich als wesentliche bukolische Gestalt eine zentrale Rolle. Am häufigsten liefert die Welt der Kunst exegetische Schauplätze für die bukolische Ruth, zunächst die barocke Kunst des 17. Jahrhunderts und später verschiedene Richtungen moderner Kunst. Dieses Kapitel befasst sich mit den Vorreitern, den französischen Malern, die erste Verschiebungen bei der bildlichen Darstellung der bukolischen Ruth vornahmen. Aber das Fortleben dieser Ruth sind keineswegs auf den französischen Kontext beschränkt. Die bukolische Ährenleserin erscheint überall in Europa und schließlich auch über Europa hinaus in immer anderen Gewändern. Sie ist sogar vielfach auf den Leinwänden der zionistischen Künstler zu Beginn des 20. Jahrhunderts vertreten. Dazu kommen wir im nächsten Kapitel.

Das Bedürfnis, Ruth sichtbar zu machen, beginnt nicht erst mit der barocken Kunst. Bis zum 16. und 17. Jahrhundert war die Geschichte der westlichen Kunst weitgehend identisch mit der Geschichte kirchlicher und religiöser Kunst. Bilder Ruths tauchen in der christlichen Ikonographie zuerst in der byzantinischen Buchmalerei auf, hauptsächlich in bebilderten Ausgaben der ersten acht Bücher der Bibel, im Oktateuch, später und häufiger dann in bebilderten mittelalterlichen Bibeln und Bibles moralisées (Bilderbibeln mit ausgewählten Bibelpassagen, ergänzt durch ebenfalls illustrierte Kommentare).[5] Im Mittelalter nutzte die katholische Kirche Bilder als Lernmaterial zur Unterstützung des mündlich vermittelten Wissens. Außer Geistlichen und Mönchen konnte fast niemand lesen, auch deshalb gab es in so vielen Kirchen Fresken und Buntglasfenster mit Bibelszenen. Die Bilder in illuminierten Handschriften waren nicht in der gleichen Weise sichtbar wie Fresken und Buntglasfenster, galten aber als kostbare Besitztümer und wurden oft an hohen Feiertagen ausgestellt. Die meisten in kirchlichem Auftrag arbeitenden Künstler waren anonym, und ihre Kunst sollte die Haltung der Kirche, nicht eine individuelle Sichtweise repräsentieren. Wie wurde Ruth nun in diesem Kontext verstanden? Ganz generell wird sie als eine sehr fromme Frau gezeigt. Oft erscheint sie in Weizen- oder Gerstenfeldern, aber diese ländlichen Kulissen haben nichts mit den Schauplätzen der klassischen Hirtendichtung gemein. Interessant ist auch ein anderes Element in den kirchlichen Bildern von Ruth: Ihre Fremdheit wird verdeckt. Häufig scheint sie eine Einheimische zu sein und ist auch so gekleidet. Wir haben schon angemerkt, dass das Buch Ruth in der christlichen Exegese keine große Rolle spielte. Aber die wenigen Kirchenväter, die Kommentare zum Buch Ruth schrieben, haben die rabbinische Auffassung von Ruth als vorbildlicher Konvertitin übernommen, allerdings mit Modifikationen. Sie galt als Heidin, die zum Christentum übertrat, eine Interpretation, die durch die Genealogie bei Matthäus gestützt wird, in der sie als Ahnin von Christus steht.[6] Christliche Ikonographen waren einverstanden mit dieser Naturalisierung der alten Ährenleserin und machten sie in ihren Bildern sichtbar.

Ruth hat zwar in der christlichen Ikonographie einen Ehrenplatz, aber sie bleibt auf diesem Gebiet eine Randfigur. Erst als ihre Geschichte zur vollkommenen biblischen Umsetzung der klassischen Bukolik wird, erst als sie in die Welt des Barocks eintritt, erst dann wird sie zu einer der beliebtesten weiblichen Bibelgestalten der westlichen Kunst. Die bukolische Ruth bezeichnet einen klaren Bruch mit älteren kirchlichen Traditionen, sie ist diesen Traditionen aber auch verpflichtet. Die Maler, die Ruth als bukolische Ährenleserin sehen, neigen wie ihre anonymen Vorläufer dazu, sie als eine Einheimische darzustellen und die Merkmale, die sie als eine Fremde zu erkennen geben, zu reduzieren oder ganz außer Acht zu lassen. Die Entscheidung, Ruths fremdländische Herkunft herunterzuspielen, ist nicht allein der mittelalterlichen christlichen Ikonographie zuzuschreiben. Wer die bukolische Ruth malte, hatte noch einen anderen guten Grund, Ruth an ihre Umgebung anzupassen. In der griechischen und römischen Hirtendichtung gibt es keine Fremden: Bukolische Szenen kreisen um die Wirrungen des Lebens auf dem Lande.

Nicolas Poussins Sommer*:*
Der Auftakt zur Landschaftsmalerei

Nicolas Poussin (1594-1665) ist der malerische Erfinder der bukolischen Ruth. Poussin war der tonangebende Maler des französischen Barocks, lebte jedoch meistens in Rom. Nur für kurze Zeit kehrte er nach Paris zurück, um als Erster Maler des Königs für Ludwig XIII. und Kardinal Richelieu zu arbeiten, gab diese Stellung jedoch wieder auf und kehrte nach Rom zurück. Poussins Entschlossenheit, in Rom zu leben, ist untrennbar verbunden mit seinen ästhetischen Vorlieben und seiner Begeisterung für die großen Meister der italienischen Renaissance. Sehr passend nannte ihn 1650 ein Kunstkritiker den »Raffael unseres Zeitalters«.[7] In seinen späteren Jahren konzentrierte er sich stärker auf Landschaftsbilder und trug erheblich zur Entwicklung dieses Genres bei. Vor dem 17. Jahrhundert hatten Landschaften überwiegend als Hintergrund oder Kulisse fungiert, aber Poussin verwandelte sie in ein wesentliches Element der Komposition, machte sie zu dem, was die Geschichte und die Handlung zusammenhält. Seine Landschaften sind immer weiträumig, üppig und voller Leben, ganz gleich, ob das Thema biblisch, mythologisch, historisch oder eine Mischung aus allen drei Komponenten ist.[8]

Poussins Gemälde der Begegnung von Ruth und Boas mit dem Titel: *Sommer: Ruth und Boas* gehört zu seinen bekanntesten Landschaftsbildern. Es ist Teil einer Tetralogie, die er in seinen letzten Jahren malte: *Die vier Jahreszeiten* (1660-1664). Zu der Zeit war er krank, und seine Hände zitterten, aber die physische Beeinträchtigung hielt ihn nicht davon ab, eines seiner größten Meisterwerke zu schaffen. Auftraggeber des Werks war der Duc de Richelieu, der Großneffe des Kardinals. Die vier Gemälde befinden sich heute im Louvre.

In dieser Serie ordnet Poussin den Jahreszeiten das Licht verschiedener Tageszeiten zu: den frühen Morgen dem Frühling, Mittag dem Sommer, Abend dem Herbst und nächtliches Mondlicht dem Winter. Poussin sieht »die Natur durch das Stundenglas der Zeit«, sagte William Hazlitt, ein im 18. Jahrhundert schreibender Essayist, das heißt, Poussin stellt ausgewählte Episoden aus der menschlichen oder besser der biblischen Geschichte in den natürlichen Kreislauf der Tages- und Jahreszeiten.[9] Für den Frühling wählt er Adam und Eva im Garten Eden, für den Sommer die Begegnung von Ruth und Boas auf dem Acker, für den Herbst die israelitischen Spione mit Weintrauben auf dem Rückweg aus dem Gelobten Land, und für den Winter die Geschichte von der Sintflut. Poussins Interpretationen sind verblüffend. Vor ihm hatte niemand derartige Zusammenhänge zwischen den Jahreszeiten und diesen besonderen biblischen Geschichten hergestellt. Vor Poussin hatte nie-

1 Nicolas Poussin, Der Sommer (oder Ruth und Boas) – L'Été (ou Ruth et Boaz) (1660-1664)

mand Ruth in einer bukolischen Sommerlandschaft auftreten lassen.

Betrachten wir Einzelheiten von Poussins Interpretationslinie in Gemälde *Sommer*: Die Kulisse hinter den Personen im Vordergrund zeigt rechteckige Blöcke aus Garben. Ruth kniet vor Boas (wie in Ruth 2,10 geschildert) und hat eine schmale Garbe neben sich liegen. Sie reagiert auf Boas' Willkommensgeste und auf die Einladung, in seinem Feld eine begünstigte Sammlerin zu sein. Ruths Fortleben erscheint in jeder Episode ihrer Geschichte in einem anderen Licht. Der Midrasch hebt den Schwur auf der Straße hervor, der Sohar hält die Nacht auf der Tenne für den Höhepunkt der Erlösung, in bukolischen Adaptionen des Buches Ruth dagegen ist die Begegnung zwischen Ruth und Boas die beliebteste Szene. Sie hat wesentliche Elemente der

Schäferdichtung: eine friedliche Ernteszene auf fruchtbaren Feldern, wo menschliche Güte herrscht. Hier wird Boas' Großzügigkeit zum ersten Mal vorgeführt, und hier kommt ein Hauch Romantik in die Erzählung.

Wenn Poussin diese Szene auf seine Leinwand bringt, rückt er das weite Weizenfeld ins Bildzentrum (inspiriert von den Feldern der römischen Campagna). Das helle Licht der Sonnenstrahlen, die zwischen den Wolken hervorbrechen, suggeriert Mittag, die typische Zeit der Bukolik. Das Licht trifft auf die langen reifen Weizenähren und scheint in dem goldenen Feld eine leichte Bewegung hervorzurufen. Ein Sackpfeife spielender Bauer und Frauen, die unter einem fest verwurzelten, dicht belaubten Baum in Ruhe Brot rösten, betonen die bukolische Stimmung der Szene. In dieser arkadischen Welt arbeiten die Menschen, aber ihre Arbeit scheint lustvoll zu sein. Sie ernten fröhlich zu Musikbegleitung, bewegen sich beim Garbenbinden im Gleichklang wie in einem Tanz. Mit dem Farbton ihrer Gewänder harmonieren die warmen sanften Farben der Garben und verstärken die idyllische Atmosphäre. Hier sind Menschheit und Natur aufs Schönste versöhnt, scheint Poussin anzudeuten.

Ruth ist so wie alle anderen Menschen auf dem Bild winzig. Wie wir gesehen haben, macht die Bibel keine Angaben zu Ruths äußerer Erscheinung, sodass es dem Maler überlassen bleibt, sich vorzustellen, wie sie ausgesehen haben mag. In der Welt von Poussins *Sommer* ist keine physische Attraktivität im Spiel, wenn Boas auf Ruth zugeht. Ruths Gesicht sieht sonderbar aus, wie absichtlich im Gegensatz zu Standardvorstellungen von weiblicher Schönheit gemalt.[10] Ihre dunkle Haut könnte ein Hinweis auf ihre fremdländische Herkunft sein, möglich ist aber auch, dass der Baum in ihrer Nähe seinen Schatten auf sie wirft. Ruths

Hautfarbe mag man so oder so interpretieren, ihre Kleidung ist jedoch keinesfalls fremdartig. Wie alle anderen Gestalten auf dem Bild trägt sie die Kleidung, die man seit der Renaissance für »biblisch« oder »klassisch« gehalten hat. Geringe Unterschiede in den Gewändern der Ährenleserinnen lassen sich durch Ruth Bescheidenheit erklären (einige der anderen Frauen haben lockerer sitzende Kleider und bloße Schultern), außerdem ist Ruth die Einzige, die einen blauen Rock trägt. Die blaue Farbe deutet auf ihre Ähnlichkeit mit Maria hin. Blau bezeichnet Marias himmlische Eigenschaften, und als kostbarste Farbe auf der Palette des Malers symbolisiert sie Heiligkeit.

Dass Ruth in diesem Gemälde etwas von einer Mariengestalt hat, wird durch ihre Gestik noch deutlicher. Gesicht und Hände drücken Dankbarkeit und Erstaunen angesichts der unerwarteten großzügigen Geschenke aus und erinnern an Marias Gesten auf Bildern von der Verkündigung. Dementsprechend spielt Boas eine Doppelrolle: Er ist der wohltätige Landbesitzer und zugleich der Engel, der die Geburt des Erlösers ankündigt. In Poussins *Verkündigung,* einem Gemälde von 1657, finden wir ähnliche Gesten, in denen sich ebenfalls Erstaunen, Würde und Demut mischen. In *Sommer* wird die Anspielung auf die Erlösung weiter verdeutlicht durch die aus den Wolken hervorbrechenden Sonnenstrahlen und durch die Burg im Hintergrund, die das Kommen der davidischen messianischen Dynastie anzeigt. Noch ist die Erlösung fern, aber die Zeichen, die ihr Kommen ankündigen, und die üppige Fruchtbarkeit des Ackers bieten einen hoffnungsvollen Ausblick auf zukünftige Ereignisse.[11] Das über das Korn trabende Pferdegespann, das im Stil der Triumphbögen im alten Rom ausgeführt ist, verleiht den Siegen, die Ruths und Boas' Nachfahren erringen werden, einen Hauch Klassik.

Poussin mischt durchgängig biblische und mythologische Elemente. Ruth wird nicht nur mit Maria, sondern auch mit der griechischen Göttin Demeter oder der römischen Ceres in Verbindung gebracht, die auf klassischen Gemälden oft mit einer Garbe in den Händen zu sehen sind. Die Geschichte von Demeter und ihrer Tochter Persephone ist bekannt. Persephone wird geraubt von Hades, dem Herren der Unterwelt, als sie mit den Töchtern des Okeanos Blumen pflückt. Verzweifelt über den Verlust ihrer Tochter, rächt sich Demeter, indem sie dem Korn das Wachsen verbietet und damit eine Hungersnot herbeiführt. Zeus schreitet ein und fordert, dass Hades Persephone gehen lässt. Hades täuscht Gehorsam vor, gibt aber Persephone heimlich einen Granatapfel zu essen, im Wissen, dass der Genuss dieser Frucht sie dazu zwingen wird, jedes Jahr in die Unterwelt zurückzukehren und vier Monate lang dort zu bleiben. Jedes Frühjahr, wenn sie wieder heraufkommt, eilt Demeter zu ihrer Tochter und verleiht dem Land zur Feier der glücklichen Wiedervereinigung mit Persephone neue Fruchtbarkeit.[12] Dieser Mythos ist für Poussins *Vier Jahreszeiten* besonders wichtig, da er die griechische und römische Ansicht vom Wechsel der Jahreszeiten vermittelt. Im *Sommer* ist der Schatten des Hades (lateinisch: Pluto) nur angedeutet, aber im letzten der vier Bilder, dem *Winter*, das die Sintflut als eine Mischung von Jüngstem Gericht und heidnischer Unterwelt darstellt, beherrscht er die Bühne.

Poussin markiert wie sein Vorbild Vergil arkadische Landschaften häufig mit der Prägung des Todes. So nimmt er die Beschreibung von Daphnis' Grab aus Vergils 5. Ekloge in sein unvergessliches Gemälde *Et in Arcadia Ego* (1638-1640) auf. Dieses Gemälde stellt Hirten dar, die an einem Frühlingsmorgen zu einem Grab mit der Inschrift

Et in Arcadia Ego (»Auch in Arkadien bin ich zu finden«) gekommen sind. Das »Ich« ist der Tod.[13] Es entsteht ein ironischer Kontrast zwischen dem Grab und dem Todes-Ich auf der einen Seite und der heiteren Muße, die man den Nymphen und Bauernburschen im antiken Arkadien zuschrieb, andererseits. In *Sommer* gibt es kein Grab, aber der Schatten des Todes wird durch die Anspielung auf Demeter, Persephone und Hades und die Nachbarschaft zum Gemälde *Der Winter* hervorgerufen. Keine Jahreszeit steht für sich. Sommer ist die hellste, doch Herbst und Winter folgen auf sie. Weil aber die Gemälde wie die Jahreszeiten nicht linear, sondern als ein Zyklus präsentiert werden, können wir sicher sein, dass Frühling und Sommer wiederkommen werden.

In seinem Entwurf der bukolischen Ruth vermittelt Poussin große Sehnsucht nach einer besseren Welt, in der Weizen üppig gedeihen, Arbeit eine Freude sein und menschliche Güte blühen wird; zugleich aber gibt er ohne Zögern zu erkennen, wie brüchig sein Arkadien ist. Eine Überzeugung, die, so dürfen wir sagen, im Einklang mit dem Buch Ruth und dessen tiefgründiger Einsicht in die unvermeidlichen Hoch- und Niedrigwasser des menschlichen Lebens steht.

Poussins *Sommer* sollte in der Folgezeit eine immense Auswirkung auf bukolische Darstellungen des Buches Ruth haben. Die meisten Maler in Poussins Fußstapfen trafen die gleiche Wahl wie er und konzentrierten sich auf die Begegnung Ruths mit Boas auf dem Acker. Vielen dieser späteren Darstellungen fehlt die menschliche Tiefe und die Verbundenheit mit klassischen Motiven, die Poussins Malerei charakterisierten, aber sie haben ihren eigenen Charme und tragen sicherlich zur Sichtbarkeit dieser Tendenz bei. Aus den über ganz Europa verteilten zahlreichen Gemälden der bukolischen Ruth greifen wir zwei Beispiele he-

2 *Nicolas Poussin, Et in Arcadia Ego (1638-1640)*

raus. Das erste, ein Werk Joseph Anton Kochs (1768-1839), eines klassizistischen österreichischen Landschaftsmalers, schließt sich eng an Poussins *Sommer* an.[14] Die Landschaft in seiner *Landschaft mit Ruth und Boas* (1823-1825) ist eher österreichisch als italienisch, aber viele Einzelheiten bleiben gleich. Im Vordergrund kniet Ruth vor Boas, und ihr Kleid in blauen und roten Tönen erinnert an Marias Farben (zu Maria gehören das himmlische Blau und auch das königliche Rot). Fröhliche Erntearbeiter halten sich zwischen den goldenen Garben auf; andere scheinen im Hintergrund in Muße unter einem Baum zu spielen. Auf dem nahe gelegenen Hügel steht eine Burg, Kochs Gegenstück zu Poussins Burg Davids mit dem Versprechen künftiger Erlösung. Ruth erscheint hier wie in allen bukolischen Gemälden zum Buch Ruth vom 18. bis zum 20. Jahrhundert als eine ländliche, zweifellos einheimische Schönheit

3 Julius Schnorr von Carolsfeld, Ruth auf Boaz' Feld (1828).

(auf Kochs Bild ist sie sogar blond). Im Werk des deutschen Malers Julius Schnorr von Carolsfeld (1794-1872) ist eine ähnliche Interpretationslinie zu erkennen. Er malt Ruth bei ihrer Begegnung mit Boas als ein schönes Mädchen in einer lieblichen ländlichen Szene. In diesem Fall sehen wir die anmutige Ruth jedoch im Vordergrund vor einer verkleinerten Landschaft, sie kniet nicht, sondern steht aufrecht mit Ähren in der Hand. Ihr Anblick ist leicht verführerisch, mindert jedoch nicht die Aura des Heiligen in ihrem zur Seite geneigten marianischen Gesicht.

Poussin hatte auch im 19. Jahrhundert noch Einfluss auf die französische Malerei, aber manche seiner modernen Bewunderer suchten nach neuen Interpretationswegen auf den Feldern Bethlehems. Raum für diese neuen Ansätze schufen die Erosionen religiöser Dogmen und zunehmend neue Ansichten über die Bibel im Zusammenhang mit der europäischen Aufklärung. Die Aufklärung stand lange für das Aufkommen des Säkularismus, aber wie der Historiker Jonathan Sheehan uns erinnert, war die Religion in dieser Phase nicht verschwunden. Das deutlichste Zeichen dafür ist die Bibel. Sie hat in dieser »Wiege scheinbarer Säkularisierung« nicht nur überdauert, sondern gut und mit Gewinn überlebt. Vorreiter dieser dramatischen hermeneutischen Veränderung waren unter anderen die Gründer der historisch-kritischen Bibelwissenschaft im 18. Jahrhundert in Deutschland. Sie verstanden die Heilige Schrift als einen Text, dessen Bedeutung am besten mittels einer historisch-philologischen wissenschaftlichen Methode zu entschlüsseln war. Mit ihrer zwingenden Entmystifizierung des Ursprungs der Heiligen Schrift erschütterten sie die traditionelle Auffassung, dass die Bibel Gottes Wort, ein einheitlicher Text göttlicher Inspiration sei, und regten stattdessen an, sie als ein zusammengesetztes Werk, ein Produkt menschlicher Mühen aufzufassen, dessen verwickelte Geschichte wie die eines beliebigen anderen antiken Dokuments untersucht werden könne. Obwohl die Gegner der Bibelwissenschaft die Pietät ihrer Anhänger in Frage stellten, richtete diese Hinwendung zur Geschichte sich nicht gegen den Klerus. Ihr Antrieb war in erster Linie der Wunsch, die Bibel zu verjüngen, indem man sie nicht mehr als ein durch Theologie gerechtfertigtes Buch verstand, sondern als ein Kulturzeugnis. Ernest Renans *Leben Jesu* (*Vie de Jésus*, 1863), das den historischen Jesus als einen begabten menschlichen Anführer schilderte, war im akademischen Milieu Frankreichs das bekannteste – und umstrittenste Werk.[15] Aber diese Revolution der Bibelexegese hatte einen Welleneffekt, der sich auch in der Welt der Kunst auswirkte. Immer mehr Maler versuchten die Wirklichkeiten biblischer Erzählungen sichtbar zu machen, allerdings auf sehr verschiedene Weisen.

Knapp zweihundert Jahre nach der Enthüllung von Poussins *Sommer* ging der französische Maler Jean-François Millet (1814-1875) daran, eine eher lebenswahre Darstellung von Ruths Geschichte zu präsentieren, indem er die Notlage der Ährenleserinnen deutlich machte. Millet wurde in dem normannischen Dorf Gruchy als ältestes Kind einer großen Bauernfamilie geboren. Seine Eltern sorgten dafür, dass er eine gute Schulbildung erhielt, dazu gehörten das Studium der Bibel und lateinischer Schriftsteller, vor allem Vergils. Millets künstlerische Begabung zeigte sich früh, später wurde er mit einem Stipendium gefördert, um in Paris Malerei zu studieren. Um 1849 war Millet einer der prominenten Maler in der Künstlerkolonie Barbizon am Rand des Waldes von Fontainebleau. Die Schule von Barbizon war Teil einer umfassenderen europäischen, dem Naturalismus nahen Kunstrichtung, die viel zur Entwicklung einer realistischen Sichtweise in der französischen Landschaftsmalerei beitrug. Millets Gemälde zeigten meist Szenen aus dem bäuerlichen Leben und von der Arbeit auf den Feldern, eine Welt, mit der er von Kind an vertraut war. Es ging ihm vor allem darum, den Blickwinkel der Kunst zu ändern, sodass nicht mehr die Reichen und ihr Wohlleben, sondern die zermürbende Schinderei der französischen Bauern ins Zentrum rückte.[16]

Millets ausdrucksstärkste Version von Ruths Geschichte ist das Gemälde *Die Rast der Schnitter (Ruth und Boas) – Le repos des Moissonneurs*. An diesem Bild arbeitete er länger als an allen anderen und hielt es für eines seiner Meisterwerke. Mit diesem Gemälde gewann er zum ersten Mal offizielle Anerkennung und eine Medaille zweiter Klasse im Pariser Salon von 1853, dem Zentrum des europäischen Kunstlebens im 19. Jahrhundert. Millet entschied sich für eine Episode in Ruths Geschichte, die sich leicht in einen ländlichen Rahmen einfügen ließ: die Brotzeit der Schnitter auf dem Acker, an der Ruth auf Wunsch von Boas teilnimmt. Dass Millet Poussin viel verdankt, wird an seinen warmen Farben deutlich, an der Betonung der hoch aufgetürmten goldenen Kornberge und der ausgesuchten Choreographie in den Bewegungen der Schnitter. Aber Millets Bewunderung für Poussin wird durch eine deutliche Akzentverschiebung relativiert: Die Rast dieser Schnitter hat etwas Rastloses. Die Bauern verzehren ein karges Mahl, die gewaltigen Mengen Korn hinter ihnen dagegen gehören dem Gutsbesitzer. Auch Ruths Körperhaltung drückt Beklommenheit aus: Als Boas (der entweder der Gutsherr oder der Pächter ist) sie den Sitzenden vorstellt, ist ihr unkenntliches Gesicht schüchtern, wie abwehrend gesenkt. Millets Ruth ist keine Ausländerin – sie trägt wie die Schnitter die typische Kleidung französischer Landarbeiter im 19. Jahrhundert –, aber eine Fremde ist sie doch. Sie scheint zu fürchten, dass die Schnitter nicht erpicht darauf sind, die Fremde in ihren Kreis aufnehmen und ihr von der bescheidenen Wegzehrung abgeben zu müssen. Und die Schnitter sehen tatsächlich misstrauisch, jedoch auch neugierig aus. Für Millet ist die Mahlzeit der Schnitter im Buch Ruth keine ganz unbeschwerte, geruhsame Pause. Er hebt ins Licht, was Poussin und andere Maler der bukolischen

Ruth übersehen haben: Wer Ähren liest oder nachliest, gehört zur untersten Schicht der Feldarbeiter, und selbst die Erntehelfer, die in der Rangordnung etwas höher stehen, müssen sich mit harter Arbeit und schlechter Bezahlung abfinden.[17] Wenn Millet die Landarbeit ohne bukolische Verklärung darstellt, gibt er auch den traditionellen christlichen Symbolgehalt auf. Seine Ruth gleicht nicht Maria, am Horizont zeichnet sich keine davidische Burg ab, und kein erlösender Strahl leuchtet auf. Millet war kein Kirchgänger, aber auch kein säkularer Künstler. Er verwendet religiöse Motive (viele seiner Gemälde haben biblische Themen), aber in einer modernen Neudefinition, die den Wert biblischer Erzählungen darin sieht, dass sie die Aufmerksamkeit auf die Realitäten des Alltagslebens in ländlichen Kulturen lenkt.

Das Thema der Ährenlese vertiefte Millet ein paar Jahre später in seinem bekannten Gemälde *Die Ährenleserinnen (Les Glaneuses)* (1857). Mit diesem Gemälde bezieht er sich nicht ausdrücklich auf Ruth, aber sie war ihm noch gegenwärtig, nicht zuletzt deshalb, weil die Ährenlese im 19. Jahrhundert in Frankreich häufig mit Ruth assoziiert wurde. In Debatten über Gesetze und Praxis der Ährenlese berief man sich oft auf Ruths Geschichte.[18] In vielen Gegenden Europas wurde das aus der Bibel abgeleitete Recht zur Ährenlese von den einheimischen Armen, und nur von ihnen, in Anspruch genommen.[19] Besonders in Frankreich haben die Gesetze über die Ährenlese eine vielfältige und stürmische Geschichte. Schon im 13. Jahrhundert gab es Versuche, das Ährenlesen zu regulieren. Um 1260 erließ Ludwig IX. ein Verbot, Vieh in den ersten drei Tagen nach der Ernte auf die Felder zu treiben, damit die Ärmsten der Armen Ähren lesen konnten. Im 18. und 19. Jahrhundert schaltete sich der Staat ein, um sicherzustellen, dass die Bauern das Recht

4 *Jean-François Millet, Rast der Schnitter (Ruth und Boas) – Le repos des Moissonneurs (1850-1853)*

der ländlichen Armen auf Ährenlese achteten. Regierungsvertreter stellten es als einen moralischen Imperativ hin und benutzten zur Bekräftigung Bibeltexte. Zusätzlich zu den Rechtsvorschriften im 3. und 5. Buch Mose beriefen sie sich auf das Buch Ruth, um den hohen Wert des Brauchs zu betonen. Die Bauern opponierten jedoch gegen die Politik der Regierung mit dem Argument, der Staat nutze sie aus, um sich selbst der Fürsorgepflicht zu entziehen. Während der Krise der französischen Agrarwirtschaft in der Mitte des 19. Jahrhunderts, die dazu führte, dass zahlreiche Bauern in die industrialisierten Städte abwanderten, wurde der Streit heftiger. Die Bauern sahen, dass ihr Einkommen sich rapide verschlechterte, und bestanden deshalb darauf, das Recht auf Ährenlese für sich selbst in Anspruch zu nehmen. Meist waren es ihre Frauen, die zum Ährenlesen auf die Felder gingen (es war weniger anstrengend als Feldarbeit) und damit etwas zum Unterhalt der Familie dazuverdienten.[20]

5 Jean-François Millet, Die Ährenleserinnen – Les Glaneuses (1857)

In *Die Ährenleserinnen* stellt Millet drei Bauersfrauen in den Vordergrund, die an einem bewölkten Erntetag Ähren nachlesen. Dass die Frauen arm sind, sieht man an ihrer schlichten Kleidung und an der mühevollen Arbeit.[21] Die verstreuten Körner glitzern auf dem graubraunen Untergrund, aber offensichtlich sind die Überbleibsel kümmerlich, und die Frauen müssen sich sehr anstrengen, um zu überleben. Ihre Gesichter sind verdeckt, nicht erkennbar, das heißt, sie repräsentieren einen Typus Notleidender, nicht individuelle Personen. Jede Sammlerin steht für ein anderes Lebensalter. Die jüngste Ährenleserin, die ein blaues Kopftuch trägt, hebt den Weizen Korn für Korn mit Leichtigkeit auf, die Frau in mittleren Jahren mit dem ausgeblichenen rötlichen Kopftuch ist weniger beweglich, aber auch sie beugt sich tief; und die älteste mit dem graubraunen Kopftuch kann sich kaum noch bücken. Jede der drei Frauen geht anders mit ihrer Aufgabe um, aber zusammen schaffen sie einen klaren Arbeitsrhythmus. Hier wie in *Die Rast der Schnitter* zeigt sich ein Kontrast zwischen dem in der Welt der Armen herrschenden Mangel und den Kornbergen des Gutsherrn im Hintergrund. Der Gutsherr zu Pferde beobachtet die Ährenleserinnen aus der Ferne, um darauf zu achten, dass der sichere Abstand zwischen den drei Frauen und den reichen Kornbergen aufrechterhalten bleibt.

Millet hält sich an das Buch Ruth, nicht nur, wenn er die Erfahrung des Ährenlesens zum Thema macht, sondern auch, wenn er sich dafür entscheidet, notleidende, allzu oft unsichtbar bleibende Frauen zu handelnden Personen zu machen. Millets Ährenleserinnen wecken, ganz wie Ruth, zugleich Mitgefühl und Respekt für ihren entschlossenen Kampf ums Überleben und für ihre Gelassenheit bei der monotonen harten Arbeit. Vielleicht geht selbst Millets Entschluss, eine Solidarität zwischen Frauen verschiedenen Alters darzustellen, auf das Buch Ruth zurück. Noomi sammelt zwar nie Ähren auf dem Feld (vielleicht ist sie zu alt für derartige Arbeiten), teilt aber mit ihrer Schwiegertochter die Erfahrung und die Garben, die Ruth während der Erntezeit täglich mitbringt. Millet projiziert in seinen beiden bildlichen Darstellungen der Geschichte Ruths biblische Ernteszenen auf die Äcker französischer Bauern. Dabei geht es ihm nicht nur darum, biblische Details hervorzuheben, die von anderen Künstlern außer Acht gelassen wurden, sondern er will auch den Bauern von Barbizon eine biblische Aura und Würde verleihen.

Als Millet *Die Ährenleserinnen* in der Ausstellung des Salons von 1857 zeigte, wurde das Gemälde vielfach kritisiert – als bedenklich revolutionär. In der Zeit kurz nach der

Revolution von 1848 fürchteten die Kritiker, es sei sozialistischen Idealen zu eng verbunden. Aber andere konnten bei der Enthüllung des Werks seine neuartige Kraft anerkennen. Théophile Gautier (1811-1872), ein französischer Dichter, Journalist, Kunst- und Literaturkritiker, schrieb, Millets Gemälde drehe sich um »drei Ährenleserinnen, die sich in einer Reihe gebückt vorwärts bewegen und in ihren braun gebrannten Händen einzelne heruntergefallene Körner sammeln, weil irgendein Boas seinen Schnittern nicht geraten hat, ein paar Garben für diese Ruths liegen zu lassen, die am Abend nicht in das Zelt des Herrn schlüpfen werden.«[22] Nach dem Salon verkaufte Millet, der Geld brauchte, das Bild unter Preis für dreitausend Francs – er hatte ursprünglich viertausend Francs verlangt. Nach seinem Tod wuchs die Wertschätzung seines Werks ständig (in Europa und auch in den Vereinigten Staaten), und 1889 wurde das Gemälde bei einer Auktion für dreihunderttausend Francs verkauft. Jetzt befindet es sich im Musée d'Orsay in Paris und gilt als eines der Meisterwerke französischer Malerei.

Warum die Betrachter im 19. Jahrhundert sich mehr über *Die Ährenleserinnen* entrüstet haben als über *Die Rast der Schnitter*, ist eine interessante Frage. Vielleicht liegt es daran, dass Ruth in dem früheren Bild bescheiden ist und am Ende in die Gemeinschaft aufgenommen wird, während die drei »Ruths« des späteren Gemäldes, im Widerspruch zur Auflösung der biblischen Geschichte, isoliert bleiben, von niemandem beachtet werden. Frühe Kritiker waren aber auch irritiert, weil verelendete, »hässliche« Frauen die Bildmitte beherrschten und sich in voller Größe auf einer riesigen Leinwand von 84 mal 112 Zentimetern zeigen durften.[23] Diese drei großen Ährenleserinnen markierten einen eindeutigen Abschied von den schönen zarten bukolischen

Ruth-Gestalten, die Ikonen der modernen Kunst geworden waren.

Jetzt kann man sich kaum mehr vorstellen, wie viel Ärger und Angst *Die Ährenleserinnen* anfangs hervorriefen. Aus heutiger Sicht, ohne den Kontext von Millets Bildern aus dem Landleben, scheinen *Die Ährenleserinnen* weit entfernt von Gesellschaftskritik oder einem Bruch mit künstlerischen Konventionen zu sein. Wegen seiner sanften, harmonischen Farben, monumentalen Gestalten und der liebevollen, sogar etwas idealisierten Darstellung des Landlebens wird es oft als bukolisches Gemälde angesehen. De facto aber bestehen *Die Ährenleserinnen* wie auch *Die Rast der Schnitter* aus einer merkwürdigen Mischung von bukolischen und anti-bukolischen Elementen und zeigen sowohl die Prägung durch Poussins *Der Sommer,* den Auftakt zum klassischen Landschaftsbild, wie auch die Loslösung von diesem Vorbild. Die *Ährenleserinnen* sind auch deshalb eine Hommage Millets an Poussin, weil Millet in diesem Gemälde Ruths Geschichte zum Ausgangspunkt für eine weiter gefasste Reflexion über die *Conditio humana* wählt. Wo Poussin die Höhen und Tiefen in Ruths Leben ins Licht rückt, konzentriert sich Millet auf ihre Widerstandsfähigkeit in Krisen. Für Millet wird Ruths Ährenlesen zum Emblem für den lebensnotwendigen Kampf gegen alle Widrigkeiten in einer nach-paradiesischen Welt, in der die Verse: »Im Schweiße deines Angesichts sollst du dein Brot essen, bis du wieder zu Erde wirst« (1 Mose 3,19) die Realitäten in Leben und Arbeit der Menschen nur allzu treffend widerspiegeln.

Während Millet auf den Feldern von Barbizon nach Ruths Fußspuren suchte, wollten um die Mitte des 19. Jahrhunderts andere Maler die bukolische Ährenleserin in die »realen« biblischen Landschaften ihres Leben, in den »Orient«, versetzen. In diesem orientalistischen Rahmen wird Ruth nicht mehr als Europäerin dargestellt, sondern als eine schöne exotische Frau aus dem bezaubernden Morgenland. Aber obwohl Ruth nun als fremdländisch gilt, bleibt sie doch in ihrer eigenen Gemeinschaft heimisch. Sie fällt durch ihre Schönheit aus dem Rahmen, fügt sich aber davon abgesehen in die Gruppe der Israelitinnen ein, die wie sie in orientalischer Kleidung dargestellt werden. In diesen Bildern steht kein Schweißtropfen auf der Stirn einer Ährenleserin oder Erntearbeiterin. Vor der Kulisse des bukolischen Morgenlandes ist die Atmosphäre wieder so voller Glück wie auf den klassischen Gemälden zur Geschichte Ruths im 17. Jahrhundert.

Dass die Bibel ein orientalisches Juwel sei, das man am besten im Kontext orientalischer Sitten und Gewohnheiten interpretiert, war ein Grundsatz der historisch-kritischen Bibelexegese, die im 18. Jahrhundert in Deutschland entwickelt wurde. Die Wendung zur Geschichte vollzogen deutsche Bibelwissenschaftler mit unterschiedlichen Methoden. Ein Weg war der historisch-philologische Ansatz, ein anderer die Kontextualisierung der Bibel als Produkt orientalischer Phantasie. Johann Gottfried Herder setzte sich besonders nachdrücklich für diesen zweiten Weg ein. In *Briefe das Studium der Theologie betreffend* (1780-1781) definiert er präzise, was *Einfühlung* für ein besseres Verständnis des Orientalischen (Morgenländischen) in der Bibel leisten muss: »Werden Sie mit Hirten ein Hirt, mit einem Volk des Ackerbaus ein Landmann, mit uralten Morgenländern ein Morgenländer, [...] und hüten sich insonderheit, so wie vor Abstractionen dumpfer neuerer Schulkerker, so noch mehr für so genannten Schönheiten, die aus unsern Kreisen der Gesellschaft jenen heiligen Urbildern des höchsten Altertums aufgezwungen und aufgedrungen werden.«[24] Um die Kraft biblischer Erzählungen ermessen zu können, müssen wir uns, so Herder, eindringlich in die authentische orientalische Lebenswelt des Volkes versetzen, das sie schuf. Herders biblisches Morgenland ist bukolisch, deshalb drängt er uns, »mit Hirten ein Hirt« zu werden und »mit uralten Morgenländern ein Morgenländer«. Vorangegangene gelehrte Studien hätten versucht, den Abdruck des ländlichen, alten Morgenlandes zu tilgen und Bibeltexte in akademischen »Schulkerkern« einzusperren, aber gegen derartig »dumpfe« Bemühungen müsse man sich verwahren. Das Morgenland ist in Herders Augen entscheidend für die Erneuerung der kritischen Bibelexegese und darüber hinaus der gesamten westlichen Tradition.

Über das Buch Ruth schrieb Herder nicht, wohl aber einige seiner Nachfolger.[25] Johann Wolfgang von Goethe wählt im *West-östlichen Divan* (1819) das Buch Ruth als ein Beispiel orientalischer Poesie, da es »als das lieblichste kleine Ganze betrachtet werden kann, das uns episch und idyllisch überliefert worden ist«.[26] Sein kurzer Kommentar, dass das Buch Ruth ein »liebliches *kleines* Ganzes« sei, evoziert die Etymologie des Idylls, griechisch *eidyllion,* Bildchen, Verkleinerung von *eidos,* Bild. Damit mischen sich in Goethes Ruth griechische Hirtendichtung und orientalische Poesie. Angeregt durch Herder – das erkennt er ausdrücklich an –, versteht Goethe das Buch Ruth neben dem Hohelied als ein kostbares idyllisches Fragment alter orientalischer Poesie.

Um die Mitte des 19. Jahrhunderts fanden sich Herders Ideen in populärer Version überall in Europa und den Vereinigten Staaten; Zeugnis dafür sind Bibelenzyklopädien, eine neue Form der Familienbibel und vor allem das sehr populäre Genre der Reiseführer durchs Heilige Land. Reiserückkehrer aus dem Heiligen Land überfluteten die europäischen und amerikanischen Buchmärkte mit ihren Erzählungen und Tagebüchern. Beschreibungen von Reisen durch das Land und die Suche nach erhaltenen biblischen Spuren sollten die »ursprünglichen« orientalischen Eigenarten der Bibel erfassen.[27] Bauern im osmanischen Palästina wurden als ein ethnographisches Fenster zur Vergangenheit oder als lebende Beispiele biblischer Gestalten und Sitten präsentiert. Reisen im Heiligen Land kamen dem Wandern zwischen den Zeilen einer illustrierten Bibel gleich, deren Text und Bilder die Einheimischen durch ihr alltägliches Tun nachspielen.

Das Buch Ruth gehörte zu den bevorzugten Texten dieser Reiseliteratur. Von der Spätantike an suchten alle Pilger im Heiligen Land zwangsläufig Bethlehem auf, um den Geburtsort Christi mit eigenen Augen zu sehen. Aber im 19. Jahrhundert galten auch die Felder in der Umgebung Bethlehems als Attraktion für Pilger-Touristen. Bauern bei der Ernte und beim Worfeln zu beobachten, war gewissermaßen eine Reise in die Vergangenheit, bei der man sich die bezaubernden Ernteszenen aus der Geschichte Ruths vorstellen konnte.

Auch in der Kunst wurde es üblich, die orientalische Dimension im Buch Ruth ausfindig zu machen. Hugues Merle (1822-1881), heute fast unbekannt, war einer der orientalistischen französischen Maler, die Ruth porträtierten. Er malte in sentimentaler Manier Familienglück oder religiöse Szenen. Gemälde Merles waren häufig im Pariser

Salon ausgestellt, sein Werk war in ganz Europa bekannt und in den letzten Jahrzehnten des 19. Jahrhunderts auch bei amerikanischen Sammlern begehrt.[28]

Merles Ruth von 1876 ist eine orientalische Schönheit. Sie steht aufrecht und richtet den verträumten Blick auf einen unsichtbaren Punkt in der Ferne. Sie hat dunkle Haut und dichte schwarze Augenbrauen. Sie trägt orientalische Kleidung (wie auch die anderen Personen im Bild) und eine farblich auf ihr rötliches kariertes Gürteltuch abgestimmte Halskette. Der lange weiße Schal, den sie sich nach Art arabischer Frauen um den Kopf gewickelt hat, weht in einem leichten Schwung nach hinten, wo Boas und sein Bursche sich unterhalten (vermutlich über Ruth). Neben Boas sind andere Erntearbeiter auf den gelblichen halbtrockenen Äckern zu sehen. Rechts in der Ferne zeichnet sich Bethlehem ab, jetzt als Dorf oder kleine Stadt im Nahen Osten dargestellt, nicht mehr als hoch aufragende europäische Burg.

Ganz wie andere bukolische Gestalten der Ruth hält auch Merles antike Ährenleserin Garben in der Hand, aber ihre verlockende Erscheinung weist auf eine neue Interpretationslinie hin. Etwas leise Verführerisches hatte schon Julius Schnorr von Carolsfelds Ruth, aber Merle geht einen Schritt weiter, denn er malt seine Ährenleserin in einer halbdurchsichtigen Bluse, die den Betrachtern einen Blick auf ihre wohlgeformten Brüste erlaubt. Sein Gemälde ist zwar nicht realistisch, holt aber ein Element ans Licht, das in vorangegangenen bildlichen Interpretationen nur wenig beachtet wurde: die merkwürdige Mischung von Bescheidenheit und Verlockung, die kennzeichnend für die biblische Ährenleserin ist.[29]

Merle liefert seinem Publikum die beste aller Welten: eine heilige Bibelgestalt, die zugleich eine sinnliche Orientalin

6 Hugues Merle, Ruth dans les champs (1876)

ist. Er kombiniert zwei wichtige Verlockungen des orientalistischen Morgenlandes: Sex und Heiligkeit. Und zwar so, dass er die Schicklichkeit wahrt und sicherstellt, dass seine Gemälde in den Behausungen seiner zahlreichen Bewunderer an den Wänden hängen können. Edward Saids Buch *Orientalismus* hat uns auf die Tendenz des Westens, seine Phantasien in den Orient zu projizieren, aufmerksam gemacht.[30] Wir dürfen aber auch nicht vergessen, dass wir per definitionem im Reich der Phantasie sind, wenn wir uns mit künstlerischen Darstellungen biblischer Figuren befassen. Womöglich stellen wir Poussins und Millets Gemälde wegen ihrer künstlerischen Qualität und Komplexität über orientalistische Werke, aber die einen wie die anderen sind Produkte europäischer Phantasievorstellungen. Ruth als

Maria oder Ceres zu malen oder als eine verarmte französische Bäuerin, kommt der »realen« Ruth keineswegs näher.

Gehen wir von den Gemälden zu den Buchillustrationen über, so entdecken wir, dass der französische Orientalismus auch bescheiden aussehende orientalische Ruth-Gestalten hervorbrachte. Bilderbibeln waren für ganze Familien gedacht, folglich mieden die Buchmaler alle sexuellen Anspielungen, die ihre viktorianischen Leser hätten anstößig finden können. Der bekannteste Bibelillustrator des 19. Jahrhunderts war Gustave Doré (1832-1883). Seine künstlerische Begabung zeigte sich schon früh. Schon vor seinem zwanzigsten Lebensjahr hatte er für verschiedene Zeitschriften gezeichnet und wurde der höchstbezahlte Illustrator Frankreichs. Nach 1855 befasste er sich eingehend mit Belletristik und fertigte Kupferstiche für Werke berühmter Autoren an, etwa François Rabelais, William Shakespeare, Victor Hugo und Charles Dickens. Zehn Jahre später wandte Doré sich der Bibel zu. Seine Illustrationen für *La Grand Bible de Tours* von 1866 waren außerordentlich erfolgreich, davon zeugen zahllose weltweit verbreitete Reproduktionen.[31]

Dorés Zeitgenossen schätzten seine Bibelillustrationen, da sie historisch genau waren und sich an den neuen Ausgrabungsfunden im Nahen und Mittleren Osten orientierten. Der Theologe und Kritiker Émile Le Camus schrieb im *Le Contemporain,* da Doré »alles was ihm möglich war, von den jüngsten Entdeckungen zur Architektur, den Sitten und Gebräuchen der Assyrer, Juden und Ägypter übernahm, gewannen seine Szenen ein Lokalkolorit, das ihnen immerwährende Wahrheit verlieh«.[32] Heute belächeln wir womöglich die Kommentare der Kritiker, die Dorés Arbeiten Authentizität bescheinigten, aber damals und noch Jahrzehnte später hielten religiöse wie auch säkulare Leser in wachsender Zahl seine Illustrationen für wunderbar lebendige Rekonstruktionen biblischer Realitäten.

In Dorés Interpretation erscheint die ährenlesende Ruth in typisch orientalischer, aber sehr bescheidener Kleidung. An ihrem Gewand ist nichts durchsichtig oder auch nur halb durchsichtig. Mit vollständig bedecktem Haar und Körper kauert sie gelassen am Boden, um ein paar Ähren aufzusammeln, ein Bündel liegt lose auf ihrem gebeugten Knie. Ruths schönes strahlendes Gesicht ist gelassen, und ihr träumerischer Blick richtet sich nach unten. Versunken in ihrer eigenen Welt, scheint sie die hinter ihr stehenden Männer nicht wahrzunehmen. In ihrem abgeschirmten Blickfeld sind weder Boas, der sich nach der neuen Ährenleserin erkundigt, noch der junge Schnitter, der ein großes Ährenbündel trägt und sich nach ihr umdreht.

Doré ist ein Meister der Inszenierung. Während Ruth, gelassen und untadelig, durch die Lichtführung ins Zentrum der Aufmerksamkeit gerückt ist, sorgen im Hintergrund mehrere Männer auf Kamelen für eine gewisse Unruhe. Was diese Männer mitten in der Ernteszene zu suchen haben, ist nicht ganz klar, aber mit Sicherheit betonen sie den orientalischen Charakter der Kulisse und verleihen dem Bild ein dramatisches Element. Einer von ihnen hält einen Stock in der Hand und beugt sich auf seinem Kamel nach vorn. Er scheint den Höhepunkt des Dramas zu erwarten, so als sei ihm bewusst, dass die nächste Episode sich ereignen wird, sobald Boas in den Vordergrund tritt und die schöne Ährensammlerin anspricht, die seine Aufmerksamkeit geweckt hat. Und auch wir Zuschauer sind eingeladen, das Geschehen zu verfolgen, noch dazu mit dem Vorteil, dass wir die Bühne vor uns haben, sodass die ganze Szene sich vor unseren Augen abspielt.

Die Bibel sagt nichts über Ruths Aussehen. Aber dieses

7 Gustave Doré, Ruth auf dem Felde Boaz' (1866)

Schweigen hielt die Künstler von der Spätantike bis zur Moderne nicht davon ab, sich Bilder von Ruths äußerer Erscheinung zu machen. Vielleicht hatten sie, gerade weil es keine spezifische Beschreibung ihres Äußeren gab, die Freiheit, sich eine Ruth nach ihren Vorstellungen zu schaffen. Wir haben bemerkt, dass Ruth seit ihrem Auftritt als bukolische Ährenleserin in Poussins *Der Sommer* eine zentrale Stellung in der Kunst des Westens einnimmt. Aber das Bild der bukolischen Ruth ist keineswegs statisch: Es verändert sich mit dem Wechsel von einem kulturellen und künstlerischen Kontext zum nächsten. Poussin trieb die Vermischung der Geschichte Ruths mit Motiven der klassischen Schäferdichtung voran, während manche seiner Nachfolger im 19. Jahrhundert andere Möglichkeiten erschlossen. Millet versuchte, sich wirklichen Lebensbedingungen von Ährenleserinnen anzunähern, indem er bukolische mit nichtbukolischen Elementen kombinierte. Und orientalistische Künstler, etwa Merle und Doré, versetzten das Idyll in den Orient und hüllten ihre Ruth-Gestalten in exotische Kleider. Auf den meisten dieser Bilder wird Ruth in traditionellen Frauenrollen dargestellt. Sie ist eindeutig bescheiden, und selbst wenn sie verführerischer wird, bleibt sie doch schlicht und gesittet. Auch ihre Schönheit wird auf fast allen Bildern hervorgehoben, obwohl Poussin und Millet immer wieder mit konventionellen Normen weiblicher Schönheit brechen. Und Ruth mag zwar in vielen Fällen unterwürfig erscheinen – sie kniet vor Boas nieder oder neigt sich tief –, aber sie wird häufig mit einer Maria- oder Ceres-gleichen Kraft ausgestattet, oder – bodennäher – mit der Widerstandsfähigkeit einer verarmten Bauersfrau.

Weil die an der Schäferdichtung orientierte Auffassung der Geschichte Ruths Wert auf lokale Schauplätze legt, ist sie bis heute dafür verantwortlich, dass das Buch Ruth gewöhnlich nicht im mindesten als die Geschichte einer Migrantin verstanden wird. Diese Auffassung lässt zwar die Migrationsaspekte außer Acht, hat aber den Vorteil, dass sie die idyllischen Seiten von Ruths Geschichte ins Licht rückt. Die eindrucksvollsten bildlichen Darstellungen der bukolischen Ruth lenken den Blick auf die außergewöhnlich friedvolle Stimmung des Buches Ruth und auf die bewundernswerte menschliche Güte, die auf den Feldern Bethlehems herrscht. Zugleich erinnern sie uns wie Vergils *Eklogen* an manche düsteren Aspekte des Lebens und fordern dazu auf, uns eine bessere Zukunft vorzustellen.

5. Die zionistische Pionierin

Die zionistische Ruth hat einiges mit den bukolischen Ährenleserinnen der europäischen Kunst gemein. Auch sie ist häufig eine orientalisch aussehende Schönheit, die mit einem Bündel Ähren vor schimmernden Feldern erscheint. Aber anders als ihre europäischen Vorläuferinnen ist die zionistische Ruth eigentlich keine Ährenleserin, nicht einmal eine typische Bäuerin, sondern eher eine kühne Pionierin, die teilhat an der Erneuerung des jüdischen Ackerbaus im Land Israel.

Die zionistische Bibel trat in vielen Hinsichten das Erbe der Bibel der europäischen Aufklärung an. Im 20. Jahrhundert war die israelische Gesellschaft intensiver mit Säkularisierung befasst als Europa im 18. Jahrhundert. Aber die stärkere Konzentration auf säkulare Paradigmen hinderte zionistische Exegeten nicht, die Bibel zur Definition ihres nationalen Projektes einzusetzen und mit Leidenschaft nach Wegen zu suchen, wie die Bedeutung des Bibeltextes neu zu formulieren wäre. Die zionistischen Pioniere vom Anfang des 20. Jahrhunderts hatten Bibeln in ihren Zimmern. Die Bibel schlug für sie die Brücke von dem Land, das sie sich lange erträumt hatten, zu dem Territorium, das sie bei ihrer Ankunft vorfanden; sie war lebenswichtig für ihre ersten Anstrengungen, die fremdartige Geographie des osmanischen Palästina zu einer neuen nationalen Heimat umzuformen.[1] Mit der Gründung des Staates Israel wurde dann die zentrale kulturelle Bedeutung der Bibel bestätigt. In einem Brief von 1953 schrieb David Ben-Gurion, Israels erster Premierminister, die »Bibel leuchtet in ihrem eigenen Licht« *(ha-tanakh zore'ah be-'or ‹atzmo)* seit dem Aufstieg des Zionismus und müsse nicht durch spätere rabbinische Interpretationen verdunkelt werden.[2] Er betonte: »Die Bücher der Bibel rufen den Ruhm Israels aus. Den Ruhm Gottes – den rufen die Himmel aus.«[3] Die Zionisten betrachteten die Bibel nicht so sehr als Buch Gottes (wie die Rabbinen), sondern als ein Buch, dessen Macht in der historischen Darstellung des einzigartigen Bundes zwischen dem Volk und seinem Land liegt.

Das Buch Ruth hatte in der frühen zionistischen Kultur eine besonders hervorgehobene Stellung.[4] Aus zionistischer Sicht musste Ruths Geschichte mit Begeisterung aufgenommen werden, denn sie lieferte einen wertvollen Präzedenzfall: die Geschichte einer glücklichen Rückkehr zu den bukolischen Landschaften Zions. Ruths Migration wurde umgedeutet als eine gesegnete Heimkehr, eine *alija* (wörtlich: Aufstieg). So wie die frühen Zionisten ihre eigene Migration nach Palästina als einen Aufstieg definierten, stellten sie sich Ruth als den Archetyp einer *ola* (Aufsteigerin) vor. In gewissem Sinn übernahmen zionistische Exegeten das biblische Verständnis der Migration Ruths und definierten sie ebenfalls als eine Rückkehr: »Es war aber um die Zeit, da die Gerstenernte anging, als Noomi mit ihrer Schwiegertochter Rut, der Moabiterin, zurückkam vom Moabiterland nach Bethlehem.« (Ruth 1,22). Auch die Zionisten betrachteten das Land Israel als Heimat, obwohl sie es nie zuvor betreten hatten. Besonders anziehend war das Buch Ruth wegen seiner bildkräftigen Szenen aus dem Ackerbau – genau das, was die ersten Pioniere und später die Kibbuzniks mit Begeisterung übernahmen. Ruths Geschichte wurde bei Schawuot-Zeremonien in Kibbuzim oft vorgelesen oder als Drama aufgeführt. So konnten Kibbuzniks biblische Ernteszenen nachspielen und ihre eigene Landarbeit als wahrhafte Fortführung des Alltagslebens im antiken Israel verstehen.

Die zionistische Interpretation, die Ruth als Pionierin in einer Schäferdichtung darstellte, war in allen Medien sehr beliebt, verlor aber im Lauf der Zeit ihre Monopolstellung und machte anderen Sichtweisen Platz. Anfang der 1920er Jahre wagte S.J. Agnon, einer der Begründer der modernen hebräischen Literatur und späterer Nobelpreisträger, einen neuen Ansatz; er interpretierte Ruth als eine dem Wesen nach Fremde und betonte zugleich die enttäuschenden Aspekte jeder Heimkehr. Jahrzehntelang folgte niemand Agnons Ansatz. Aber seit dem Ende des 20. und erst recht mit Beginn des 21. Jahrhunderts sind israelische Literatur und Kunst deutlich mehr am Thema Migration im Buch Ruth interessiert. Während die frühen zionistischen Exegeten dazu neigten, Ruths fremdländische Herkunft und die Mühen der kulturellen Anpassung zu ignorieren, wurden jetzt die dunkleren Facetten ihres Lebens betont. Diese Verlagerung des exegetischen Schwerpunkts hat sich auch auf das Schawuot-Ritual ausgewirkt. In heutigen Schawuot-*Tikkunim* – einer neuen israelischen Version der Lernnächte der Kabbalisten – wird die Ruth-Erzählung häufig als Geschichte einer Migrantin vorgestellt und in Zusammenhang mit den akuten Notlagen diskutiert, denen Immigranten, Flüchtlinge und Minderheiten im heutigen Israel ausgesetzt sind.

Die Kunstgewerbeschule Bezalel

Wir wollen die Veränderungen nachzeichnen, die Ruths Fortleben in Israel erfuhr, und beginnen mit den Werken der tonangebenden Dozenten an der Kunstgewerbeschule Bezalel, die berühmt für die Kunst des frühen Zionismus war. Ephraim Moses Lilien, der Boris Schatz bei der Gründung der Schule 1906 unterstützte, hat als Erster Ruth in ein bildliches zionistisches Wahrzeichen verwandelt. Geboren 1874 in Drohobytsch, Galizien, das damals zur Österreichisch-Ungarischen Monarchie gehörte, zog er später nach Deutschland und blieb bis zu seinem Tod im Jahr 1925 dort. Er wird häufig als der prominenteste jüdische Künstler des Jugendstils bezeichnet. Lilien reiste mehrmals in das osmanische Palästina und hatte großen Einfluss auf die erste Generation der Bezalel-Künstler.

Liliens schwarz-weiße Illustration Ruths gehörte zu einer ganzen Serie von Bildern, die er 1912 für die *Bücher der Bibel* herstellte, die erste vollständig von einem Juden illustrierte Bibel der Moderne.[5] Bei der Gestaltung seiner Ruth machte sich Lilien mit Sicherheit das gut gefüllte Reservoir der französischen Kunst zunutze: Von Poussin übernahm er die Erlösungsvision der Geschichte Ruths, von Millet das Bild von Ruth als einer tatkräftigen, hart arbeitenden Frau und von Doré die orientalistische Einfärbung und die dramatische Inszenierung. Aber trotz dieser reichlichen Anleihen aus dem europäischen Erbe schuf Lilien eine überraschend neue Interpretation von Ruth, die nie zuvor auf einer Leinwand sichtbar geworden war. Seine Ruth ist eine wagemutige Pionierin, eine *halutza*, die harte Arbeit auf dem Feld leistet und bereit ist, alle Notlagen durchzustehen, die ihr womöglich drohen. Von welcher Zukunft sie träumt, wird in der winzigen Skizze einer Burg angedeutet, die über dem dunklen Hintergrund auftaucht. Sie erinnert an Poussins ferne Burg in *Der Sommer,* aber jetzt ist die Architektur orientalischer und die ersehnte Erlösung klar zionistisch geprägt. In Liliens Vorstellung zielt Ruths Arbeit auf die Gründung eines neuen jüdischen Staates – eines modernen davidischen Königreiches, das seine Entstehung nicht göttlichem Willen, sondern menschlichem Handeln verdanken wird. In mancher Hinsicht ist diese willenstarke Ruth ein weibliches Gegenstück zu Theodor Herzl, dem legendären Visionär des jüdischen Staates. Auf Liliens bekanntem Foto von 1901 während des fünften Zionistischen Weltkongresses steht Herzl auf dem Balkon des Basler Hotels Les Trois Rois, den Blick konzentriert nach vorn gerichtet, als habe er das Entstehen des neuen Staates der Juden schon hier und jetzt vor Augen. Den gleichen Blick hat Liliens Ruth. Mit dieser Blickrichtung, nach vorn und etwas nach oben, ist sie die Vorbotin einer dramatischen Veränderung in der jüdischen Geschichte. Ruths erhabene Vision wird durch den Aufwärtsschwung ihrer vornehmen Haltung betont. Wenn sie zwischen den ungewöhnlich hohen üppigen Garben übers Fed geht, erscheint sie überlebensgroß.

Es ist Nacht – nicht die traditionelle Mittagszeit der klassischen Schäferdichtung. Lilien hat sich entschieden, die Feldarbeit um Elemente der nächtlichen Szene auf der Tenne zu ergänzen. Er ist gut eingestimmt auf die Kühnheit Ruths, die jetzt allein in die Nacht hinauswandert.

In Liliens Neuinterpretation ist ihr Ziel nicht die Verführung des schlafenden Boas (der ist auf dem Bild gar nicht vorhanden), sondern sie will als Mittlerin der Erlösung auftreten, ihrer eigenen leuchtenden Vision eines neuen Anfangs folgen, auch wenn manches in dieser dunklen Nacht, deren Sterne kaum wahrnehmbar sind, unerkennbar bleibt.[6]

Wenn Liliens Pionierin Ruth einen Sturm unter den Garben bewirkt, dann nicht nur wegen ihrer Initiative zur Staatsgründung, sondern auch, weil sie mit traditionellen Geschlechterrollen zu brechen scheint. Frauen gehen nachts nicht allein ohne männliche Begleitung aus dem Haus. Noch weiter entfernt sie sich von der Frauenrolle durch den orientalischen Schal, den sie als Gürtel trägt: Er gleicht einem Tallit, dem jüdischen Gebetsschal, der zu

8 Ephraim Moses Lilien, Ruth (1912)

Liliens Zeit ausschließlich von Männern getragen wurde. Natürlich versucht Lilien nicht, vorzuschlagen, wie Frauen einen Tallit tragen könnten (etwa nach Art mancher reformjüdischer Frauen heutzutage). Eher deutet er an, dass der Zionismus den Weg für eine Welt mit mehr Gleichheit geebnet hat, sodass Frauen beim Aufbau einer Nation mithelfen können und schwere Feldarbeit nicht zwangsläufig Männern vorbehalten sein muss. In Wirklichkeit war die Arbeitsteilung unter den Pionieren während der ersten jüdischen Einwanderungswellen nach Palästina weniger radikal auf Gleichheit ausgerichtet. In vielen Fällen wurden Frauen, die auf den Feldern arbeiten wollten, wieder in die traditionellen weiblichen Rollen zurückgedrängt und mussten putzen, kochen und Kinder versorgen.[7] Aber Lilien befasste sich nicht mit den Realitäten des Pionierlebens. Ihn interessierte mehr die Phantasievorstellung von einer zionistischen Pionierin, deren eindrucksvolle Vorfahrin die biblische Ruth sein sollte.

Wenn er sich Ruth als Pionierin vorstellte, war Lilien auch darauf bedacht, sein eigenes Werk als Vehikel der Pionierarbeit zu präsentieren und sich selbst als einen visionären jüdischen Künstler, der für sein Volk eigene Wunschbilder schaffen konnte. Martin Buber schreibt über eine Ausstellung junger zionistischer Künstler, die Lilien in Zusammenhang mit dem Zionistenkongress von 1901 organisiert hatte: »Tausende und Tausende von Jahren waren wir ein unfruchtbares Volk. Wir teilten das Schicksal unseres Landes. Ein feiner grausamer Wüstensand wehte fort und fort über uns hin, bis unsere Quellen verschüttet [...] war[en] [...] Das, woraus jedes Volk immer wieder [...] Energie schöpft, das Anschauen einer schönen Landschaft und schöner Menschen, war uns geraubt. [...] Alle Dinge [...], deren Formen die Bildkunst mit seligen Händen bannt, waren etwas Fremdartiges, dem man mit einem unausrottbaren Misstrauen gegenüberstand.«[8] Buber bezeichnet die Ausstellung als erfrischendes Gegenmittel gegen die katastrophale Vernachlässigung der Kunst in den langen Jahren des jüdischen Exils. Aus Bubers Sicht setzte Lilien eine ästhetische Renaissance in Gang, die nicht weniger lebenswichtig war als die Gründung eines jüdischen Staates: Die unfruchtbare »Wüste« der jüdischen Kunst brauchte dringend Kulturpioniere, die das Ödland in grüne Landschaften voller Leben verwandeln konnten. Die Förderung dieser neuen Kunst bedingte eine Neueinschätzung des Orients. In Übereinstimmung mit einem ausgeprägten zionistischen Trend betrachtet Lilien den Orient nicht nur als ein exotisches Gebiet, sondern auch als Schlüssel zum Verständnis der Ursprünge des Judentums.[9] Die Lebensbedingungen der Bauern und Hirten im osmanischen Palästina nimmt Lilien so wenig wahr wie die orientalistischen Maler in Europa, aber im Gegensatz zu seinen Vorgängern sieht er Ähnlichkeiten zwischen den einheimischen Arabern und seinen eigenen Vorfahren. In der europäischen Kultur wurden Juden oft wegen ihrer dunklen Augen- und Haarfarbe verhöhnt – bis zum 19. Jahrhundert waren sie in europäischer Sicht Musterbeispiele des Morgenländischen –, aber jetzt konnte das orientalische Aussehen als Teil der neuen jüdischen, im Land Israel aufblühenden Identität verstanden werden. Liliens dunkelhaarige Ruth und sein dunkelhaariger bärtiger Herzl sind anscheinend stolz auf ihre nicht-europäischen Farben. Auch andere Einzelheiten haben Bedeutung. Sogar dass Ruth die schweren Garben auf dem Kopf trägt (statt in den Händen), so wie es für lastentragende Frauen in arabischen Dörfern üblich ist, heißt für Lilien, dass der Orient neuen jüdischen Frauen am Ende bessere Vorbilder bietet als der Westen.[10]

Ze'ev Raban (1890-1970), ein Bezalel-Künstler, lieferte mit seiner 1930 publizierten illustrierten Ausgabe des Buches Ruth eine besonders elaborierte bildliche Darstellung der Protagonistin. Raban, in Polen geboren, studierte an verschiedenen europäischen Kunstakademien, unter anderem an der École des Beaux-Arts in Paris. 1912 ging er an die Kunstgewerbeschule Bezalel in Jerusalem und wurde dort ein führender Maler, Fachmann für dekorative Kunst und Buchillustrator. Er illustrierte eine ganze Reihe Bücher der Bibel. Neben dem Buch Ruth publizierte er das Hohelied (1923) und das Buch Esther (1947) in illustrierten Ausgaben. Seine Bilder dieser biblischen Frauen hatten bleibende Wirkung auf die israelische Kultur und sind noch heute weit verbreitet.[11]

In einer besonders bildkräftigen Illustration Rabans steht Ruth hoch aufgerichtet mit einem üppigen Ährenbündel auf dem Kopf. Raban zollt Liliens Illustration Tribut, entscheidet sich aber für eine andere Auffassung des Themas. Er übernimmt die eher idyllischen europäischen Darstellungen Ruths und malt sie vor einen Hintergrund gut gepflegter Felder im hellen Licht eines Sommertages. Kein Schatten der nächtlichen Begebenheit auf der Tenne verdunkelt das idyllische Szenario. Mehr noch: Raban greift zurück auf konventionellere Vorstellungen von Weiblichkeit. Obwohl seine Ruth mit ihrem schweren Ährenbündel in die Fußstapfen von Liliens Ruth tritt, scheint die Arbeit für sie keine Last, sondern mühelos und fein zu sein. Sie ist eine merkwürdige Kreuzung aus zionistischer Pionierin und verführerischer orientalischer Prinzessin.[12] Ihr hellblaues Seidenkleid und die goldenen orientalischen Ornamente an Brust und Gürtellinie verleihen ihr königlichen Glanz. Das neue zionistische »Königreich« wird nicht nur durch die in der Ferne verschwimmenden Häuser von Bethlehem repräsentiert, sondern auch durch Ruths verschwenderisches Gewand. Raban hat womöglich den Midrasch-Kommentar über Ruth als Tochter des Königs Eglon von Moab gekannt, aber seine Entscheidung, die biblische Ährenleserin königlich zu kleiden, soll wohl vor allem auf ihre Rolle als Mutter einer neuen Dynastie im Orient hinweisen.

Raban ergänzt den europäischen Orientalismus um eine Spur Zionismus, wie Lilien auch, aber da er symbolistisch malt, wendet er sich den legendenhaften Symbolen der orientalischen Kultur zu. Bei genauerem Hinsehen entdecken wir, dass Rabans königliche Ruth auf den Flügeln der Phantasie oder, genauer, auf einem fliegenden persischen Teppich in unsere Welt transportiert wird. Träumerisch, arglos verführerisch blickend erscheint sie in einem orientalischen Spitzbogentor, das als Rahmen des Teppichs dient. Zu beiden Seiten des Bogens stehen üppige dekorative Palmen (eine typische Trope orientalistischer Kunst), mit rotblauen Fruchtbüscheln, die wie eine Kreuzung aus Trauben und Datteln aussehen. Die von exotischen Blumen umrankten Stämme der beiden Palmen sind die majestätischen Stützpfeiler des Tores. Raban lässt gern biblische Szenen durch orientalische Tore ein. Auf das Plakat mit dem Titel »Kommt nach Palästina«, das er um 1929 für die Society for the Promotion of Travel in the Holy Land (Gesellschaft zur Förderung von Reisen im Heiligen Land) entwarf, setzt er die berühmten Verse aus dem Hohelied 2,11-12 ins Bild: »Denn siehe, der Winter ist vergangen, der Regen ist weg und dahin, die Blumen sind hervorgekommen, die Zeit des Vogelsangs ist da, und die Turteltaube lässt sich hören in unserem Lande.«[13] Die Verse stehen unten auf dem Plakat. Die Betrachter sind sozusagen eingeladen, durch das goldene Tor einzutreten, das diesen lieblichen Anblick umrahmt, einzutreten in den zionistischen Frühling und sich der bukolischen Welt von Schäfer und Schäferin anzuschließen, die ihre Herde in den grünen Hügeln über dem See Genezareth und der Stadt Tiberias hüten.[14] Treten wir durch Ruths Tor oder fliegen mit ihrem Teppich ein, landen wir in einer sommerlichen oder herbstlichen Szene statt auf Frühlingsfluren. Aber die Wirkung ist sehr ähnlich. Denn Raban ist überzeugt, dass das Buch Ruth ebenso wie das Hohelied wesentlich dazu beiträgt, einen faszinierenden bukolischen zionistischen Orient zu schaffen, in dem die heimkehrenden Nachfahren der antiken Israeliten ihr Land friedlich bestellen und ihre Schafe ungestört hüten können.

Ganz unten auf dem Rahmen von Rabans Ruth-Illustration kauert eine anmutige Gazelle. Dieses Standardbild persischer Miniaturen nutzt Raban, um den mythischen

9 Ze'ev Raban, Ruth (1930)

orientalischen Charakter der Szene zu betonen, aber auch um die Verbindung zwischen Ruth und David zu verstärken. In der letzten Illustration von Rabans Buch Ruth, die die abschließende Genealogie thematisiert, sehen wir König David in orientalischer Gewandung unter einem dicht belaubten Baum auf einem idyllischen Feld Harfe spielen, während zu seiner Linken eine Gazelle kauert und zu seiner Rechten ein hoheitsvolles Tier mit langen schmalen Hörnern springt. Auf diesem Bild haben die mythischen Tiere ihren Platz nicht auf dem äußeren Rahmen, sondern sie sind in die Bibelszene hineingenommen, wie um zu zeigen, dass Legenden zur Realität werden können. David und Ruth erscheinen in Rabans illustriertem Buch Ruth nicht zusammen auf einem Bild, aber wiederkehrende Symbole machen die enge Verwandtschaft der beiden sichtbar. In den 1950er Jahren unter Ben-Gurion wird der biblische David als kühner Krieger bejubelt werden, aber für Raban ist er vor allem ein Musiker-Dichter-Hirte und eindeutig ein Nachfahre der bukolischen Ruth.

Auch Fotografen der Kunstgewerbeschule Bezalel beteiligten sich an der Weiterentwicklung von Bildern der zionistischen bukolischen Ruth. Einer von ihnen war der Direktor der Abteilung Fotografie an der Schule, Yaacov Ben-Dov (1882-1968).[15] Auf einem seiner inszenierten Fotos aus der Zeit um 1918 sehen wir, wie eine Bezalel-Studentin in orientalischen Kleidern mit einem Ährenbündel in der Hand Ruth darstellt. Ben-Dov war nicht der Erste, der biblische Szenen arrangierte und fotografierte. Seit der Erfindung der Fotografie in der Mitte des 19. Jahrhunderts brachten europäische und amerikanische Touristen in wachsender Zahl ihre Kameras mit ins Heilige Land. Während sie auf ihrem Weg die heiligen Stätten ablichteten, verkleideten sie sich gelegentlich auch mit biblischen Kostümen und machten Fotos von ihren performativen Abenteuern im osmanischen Palästina. Frauen spielten vorzugsweise Ruth. Die Sammlung der Fotos, die die Mitglieder der American Colony zu Beginn des 20. Jahrhunderts machten, enthält eine Bilderserie, die eine westliche Frau in »Ruth-ähnlichem« arabischen Kostüm vor Weizenfeldern in der Gegend von Jerusalem oder Bethlehem zeigt (sie ist entweder eine Touristin oder gehört zur Colony).[16] In Ben-Dovs zionistischer Version dieser gestellten Fotos ändert sich die Bedeutung der Pose. Die Bezalel-Studentin, die Ruth spielt, steht für die neue Frau und Staatengründerin, die den zionistischen Traum verwirklichen will.[17] Ben-Dov ist Künstler, kein Produzent von Souvenirs. Seine Ruth wird mit einem besonderen Scheinwerfer von unten

10 Yaacov Ben-Dov, Woman in Biblical Scene (Bezalel Student Dressed As Ruth) (ca. 1918)

beleuchtet, sodass ihr Bild Würde gewinnt. Sie blickt nicht in die Kamera, um ihren Verwandten zuzulächeln, sondern richtet den Blick auf Bäume in der Ferne. Im Hintergrund ist zwischen den Bäumen verschwommen ein Gebäude zu erkennen, das alte Haus der Bezalel-Schule. Das neue Bethlehem oder der neue Tempel in Jerusalem haben ihren Platz jetzt in der Pionier-Kunstwelt der Bezalel-Künstler.[18]

Als Herder Bibellesern dringend riet, »mit Hirten ein Hirt« und »mit uralten Morgenländern ein Morgenländer« zu werden, kann er nicht antizipiert haben, mit welcher Leidenschaft zionistische Exegeten versuchen würden, in die Welt des uralten Orients überzuwechseln und mit den bukolischen Helden und Heldinnen der biblischen Vergangenheit eins zu werden. Aber den Malern und Fotografen der Bezalel-Schule erschien es notwendig, als die alten Israeliten »durchzugehen« und deren mutmaßlich alte orientalische Kultur zurückzuholen, denn nur so könne die Bibel wiederbelebt werden und im Weiteren die Verjüngung jüdischer Kultur im Land Israel und darüber hinaus gelingen.

S.J. Agnons In der Mitte ihres Lebens*: Unheimliche Lieben*

Obwohl die bukolische Ruth der Zionisten hauptsächlich in der bildenden Kunst ihren Platz hatte, kam sie gelegentlich auch in der modernen hebräischen Literatur vor. Das zionistische Verständnis des Buches Ruth ist in der Tat eine literarische Erfindung, zu lesen in Abraham Mapus protozionistischem Roman *The Love of Zion* (1853), dem ersten in hebräischer Sprache geschriebenen Roman und einem der literarischen Gipfel der jüdischen Aufklärung. Mapus Liebende begegnen einander wie Ruth und Boas auf den Feldern von Bethlehem. Ihre Liebe ist jedoch nicht nur eine Privatsache, sondern auch ein nationales Ereignis – eine individuelle Beziehung, die das Wiederaufleben einer neuen Liebe zu Zion im idyllischen Orient verkörpert.[19] Der bekannteste Nachfolger Mapus war Jacob Fichman, dessen Gedicht »Ruth« (1919) eine beispielhaft zionistische Sicht der bukolischen Ruth bietet. Das Gedicht ergänzt, was im biblischen Text ausgespart ist, und Fichmans Ruth grübelt, während sie *be-mish ‹oley ha-layla,* »auf nächtlichen Pfaden«, zur Tenne wandert. Barfuß über den »fremdem Boden« gehend, der sie willkommen geheißen hat, versteht Ruth jeden Schritt als Teil »eines heiligen Bundes mit einem neuen Heimatland«. Sie erinnert sich, wie fasziniert von

Machlons »fremder Zunge« *(niv zar)* sie war, damals in Moab, wo sie sich bereits als »Tochter seines Landes« *(bat artso)* gefühlt hatte. Aber jetzt auf ihrem Weg zur Tenne ist Ruth bereit, sich auf eine neue Liebe – zu Boas – einzulassen und sich in dem idyllischen Land zu Hause zu fühlen, das sie immer schon als ihr eigenes angesehen hat.[20]

Aber die faszinierendsten Ruth-Porträts der modernen hebräischen Literatur führen weit über idealisierte zionistische Landschaften hinaus in entfremdete Welten und Lieben. Der berühmte Wegbereiter dieser eher düsteren Sichtweise ist S.J. Agnon. Agnon wurde 1887 in Butschatsch in Ostgalizien geboren. Nach dem Pogrom von Kischinau im Jahr 1903 schloss er sich zionistischen Kreisen in Butschatsch an und emigrierte im Frühjahr 1908 nach Palästina. Wie viele andere Mitglieder der Zweiten Alija gab er seine Religiosität auf, als er sich der prosperierenden neuen literarischen Szene in Jaffa anschloss.[21] Ab 1912 lebte Agnon in Deutschland, kehrte 1924 nach Palästina zurück, ließ sich in Jerusalem nieder und nahm seinen Glauben wieder auf.[22] Agnon war zwischen der religiösen und der säkularen Welt hin- und hergerissen und verhielt sich beiden gegenüber bemerkenswert einfühlsam und unorthodox. Der traditionellen Bibelexegese begegnete er ebenso ironisch wie dem zionistischen Biblizismus.

In *Gestern, Vorgestern* (*Tmol Schilschom* 1945, deutsche Übersetzung 1969) schildert Agnon eine Gruppe Studenten der Bezalel-Schule, die in Sonja, einer neuen Immigrantin oder *ola* aus Russland, die Personifizierung der biblischen Ährenleserin Ruth sehen. Obwohl die Studenten zugeben müssen, dass Sonja eher ein »nordischer« Typ ist, halten sie die Russin für ein überzeugendes Modell und rechtfertigen sich damit, dass »auch die Moabiterin Ruth etwas Nordisches an sich hatte, denn David, ein Rothaariger, stammte ja von ihr ab«.[23] Die beharrlichen Anstrengungen der Bezalel-Künstler, biblischen Gestalten ein »authentisches« orientalisches Aussehen zu verleihen, stellt Agnon mit amüsierter Ironie bloß. Hätte sich die Bezalel-Schule mit ihrem Programm nicht in eine ästhetische Zwangslage manövriert, hätten die Studenten in *Gestern, Vorgestern* sich keine Begründung für unkonventionelle Farben in Ruths Porträt ausdenken müssen.

Agnons Interesse am Buch Ruth und dessen zionistischer Rezeption beginnt jedoch nicht erst mit *Gestern, Vorgestern.* Seine komplexeste Auseinandersetzung mit der Geschichte Ruths findet sich in der berühmten Erzählung *In der Mitte ihres Lebens* (*Bidmi jameha*, 1923).[24] Tirza, die Ruth gleichende Ich-Erzählerin, geht nicht mit Gerstengarben durch die Felder von Bethlehem und ist auch keine Pionierin, die eine neue Nation aufbauen will. Sie wohnt in einer kleinen galizischen Stadt, Butschatsch oder Schibusch (wie Agnon in einem anderen Roman schrieb) und führt, typisch für wohlhabende jüdische Familien zu Beginn des 20. Jahrhunderts, ein sehr häusliches bürgerliches Leben.[25] Außergewöhnlich ist nur eines in Tirzas Leben: Sie schreibt. Sie ist nicht nur die Ich-Erzählerin, sondern auch die Verfasserin der Geschichte (beides eine einmalige Ausnahme in Agnons Gesamtwerk). Tirza schreibt das für die Schriftsteller der jüdischen Aufklärung typische biblische Hebräisch, aber sie hat nicht die Absicht, Zionistin zu werden.[26] Ihre Schriftsprache hält Abstand zu der osteuropäischen jüdischen Gemeinde, von der sie umgeben ist, und ebenso zu zionistischen Bestrebungen.

Die Erzählung *In der Mitte ihres Lebens* ist eine sehr nuancierte modernistische Version des Buches Ruth; die Momente von Selbstentfremdung und Ambivalenz im biblischen Text werden mit kühnen Pinselstrichen hervorgehoben und verstärkt. Ruths Geschichte wird in der Hauptsache anhand der Beziehung zwischen Tirza und ihrer Mutter Lea neu erfunden. Tirza erhält die Rolle einer Ruth, die sich selbst fremd ist, und ihre Mutter ist für Agnon eine todkranke Noomi. »Voll zog ich aus, aber leer [*reikam*] hat mich der HERR wieder heimgebracht« (Ruth 1,21), ruft die biblische Noomi den Frauen von Bethlehem zu, wenn sie ihr Elend beklagt. Tirzas Mutter klagt Gott nicht an (noch irgendeinen Menschen), aber sie wird unaufhörlich gequält von dem bitteren Gefühl, leer zu sein. Und während Noomi im Buch Ruth am Ende willens erscheint, Ruths Liebe anzunehmen, bleibt Agnons Lea heillos gleichgültig.

Tirza eröffnet ihre Erzählung mit einem eindrücklich elegischen Ton (der in der Aufnahme von Agnons Lesung sehr gut eingefangen ist),[27] sie schildert den allzu frühen Tod ihrer Mutter und die melancholischen Jahre, die dem Sterben vorausgingen:

> In der Mitte ihres Lebens starb meine Mutter. Einunddreißig Jahre war meine Mutter alt, als sie starb. Kurz und unglücklich verlief ihr Leben. Tagsüber blieb sie im Haus; sie verließ das Haus nie. Ihre Freundinnen und Nachbarinnen kamen nicht zu Besuch, und auch mein Vater lud keine Gäste ein. Still litt unser Haus vor sich hin, keinem Fremden öffnete sich die Tür. Meine Mutter lag im Bett und sprach nicht viel. Aber wenn sie sprach, war es, als würde ich auf ganz reinen Flügeln, die sich für mich öffneten, in einen Palast des Segens getragen. Wie sehr liebte ich ihre Stimme. Oft öffnete ich die Tür, damit sie fragte, wer da sei. [...] Ihre Krankheit, eine Herzkrankheit, zerstörte ihr Leben.«[28]

Tirza blickt zurück auf ihre Kindheit, erinnert sich an ihren kindlichen Versuch, die Aufmerksamkeit der Mutter zu wecken, indem sie die Tür öffnete. »Wer ist da?«, fragte die

Mutter dann, und Tirza durfte sich einen Augenblick lang einreden, die Mutter habe sie bemerkt und könne sie unter segensreichen mütterlichen Flügeln bergen. Ihre Mutter mochte für Außenstehende wie eine barmherzige Krankenschwester *(achot)* wirken, aber in Wirklichkeit war sie die Patientin, eine melancholische Mutter, die sich um keinen kümmerte, nicht einmal um ihre Tochter.

Auch wenn die Mutter nur gleichgültig ist, möchte Tirza ihr auf jede mögliche Weise nahe sein. Sie hätte mit der biblischen Ruth sagen können: »Bedränge mich nicht, dass ich dich verlassen und von dir umkehren sollte. Wo du hingehst, da will auch ich hingehen; wo du bleibst, da bleibe ich auch. [...] Wo du stirbst, da sterbe ich auch, da will ich auch begraben werden ... Der HERR tue mir dies und das, nur der Tod wird mich und dich scheiden.« (Ruth, 1,16-17)

Aber der Tod scheidet Tirza nicht von ihrer Mutter, im Gegenteil – der Tod facht nur Tirzas Bedürfnis an, mit ihr eins zu werden. Tirza versucht ihr ganzes restliches Leben lang, in die Welt ihrer Mutter einzutreten, sie geht sogar so weit, dass sie unbedingt Akavia Masal heiraten will, den Liebhaber ihrer Mutter, den die Mutter nicht heiraten konnte.[29] Heute scheint uns das Leviratsgesetz ein inzwischen bedeutungsloses Relikt aus der Vergangenheit; aber wenn Agnon es in moderne Begriffe übersetzt, wird es wieder relevant, neu gefasst als emotionaler Antrieb, die Kontinuität in einer Familie zu erhalten, hier mit dem Ziel, die unerfüllten Träume der verstorbenen Mutter zu verwirklichen,[30] um auf diese Weise ihr Andenken zu bewahren. Agnons Modifizierung des Leviratsgesetzes hält sich genauer an den Bibeltext, als es den Anschein haben mag. Wir haben gesehen, dass schon im Buch Ruth das Gesetz nicht nur angewendet werden soll, um Machlons Namen vor dem Vergessen zu bewahren, sondern auch – und vielleicht noch mehr –, um die Leere in Noomis Leben zu füllen.

Tirza müht sich, den Weg zu gehen, den ihre Mutter nicht nehmen konnte, vergangene Verkrümmungen wieder gerade zu richten, aber am Ende schafft sie neue Zerrüttungen.[31] In Agnons Erzählung bestätigt das Buch Ruth den Satz aus dem Prediger-Buch »Krumm kann nicht gerade werden« (Pred 1,15, *me'uvat lo yukhal litkon*), denn keine Verkrümmung kann wieder ganz begradigt werden. (Sogar ein Hund in der Erzählung heißt *Krumm (me'uvat)*. Zwar wurde Lea gezwungen, den reichen Mintz zu ehelichen, den ihr Vater für sie ausgesucht hatte, und nicht Masal, die Liebe ihres Lebens, doch Tirza ist entschlossen, aus Liebe zu heiraten. Aber da sie sich die Liebeswahl ihrer Mutter zu eigen macht und Akavia Masal verführt, den Mann, der ihr Vater hätte sein können, gleitet Tirza ab in einen verunsichernden, inzestuösen Bereich. Mit ihrer Ehe verstoßen Tirza und Masal gegen kein biblisches oder zivilrechtliches Gesetz, aber psychologisch gesehen kann die Fixierung auf einen Vaterersatz genauso verstörend sein wie ein buchstäblicher Inzest. Agnon zögert nicht, die Schatten eines Inzests in Ruths Geschichte zu betonen, mit einem leisen Anklang an Freud. Obwohl er gern bestritt, Freud gelesen zu haben, ist sein Werk zweifellos der psychoanalytischen Theorie verpflichtet.[32] In der Erzählung *In der Mitte ihres Lebens* untersucht er die Macht und die Gefahren inzestuöser Neigungen und reflektiert, auf welche Weise sie unvermeidlich ein Element der Entfremdung mitten in unser Zuhause tragen.

Am Ende der Erzählung steht die schwangere Tirza kurz vor der Geburt des Kindes, das ihre Mutter nicht mit Masal haben konnte. Tirza wäre sozusagen gern wie Ruth gewesen, deren Sohn Obed Noomi auf den Schoß gelegt wurde.

Aber Tirzas Mutter ist tot, und die inzestuöse Färbung ihrer Sehnsucht belastet und bedrückt die Tochter fast unerträglich. In einer Winternacht kommt Masal zu ihr, umarmt sie und singt ihr ein Wiegenlied vor. Ihr Vater zieht ein Paar Babyschuhe und ein rotes Mützchen aus der Tasche – Geschenke für den künftigen Enkel –, und Tirza bedankt sich mit »piepsiger Kinderstimme«. Beide Männer sprechen von dem Baby, dessen Geburt bevorsteht, beide behandeln Tirza in gewisser Weise wie ein Kind. Tirza kommentiert diese Szene und schreibt:

> Ich sah die beiden Männer und mir war zum Weinen zumute, im Schoß meiner Mutter wollte ich weinen. […] Mein Vater und mein Mann strahlten mich an, in ihrer Liebe wie in ihrem Mitleid glichen sie sich, einer war wie der andere. Siebzig Gesichter hat das Böse, die Liebe hat nur ein Gesicht.[33]

Tirzas Worte lassen an Tolstois berühmten Anfangssatz von *Anna Karenina* denken: »Alle glücklichen Familien sind einander ähnlich, jede unglückliche Familie ist unglücklich auf ihre Weise.«[34] Agnon präsentiert hier eine ironische Variante: eine angeblich glückliche Familie, die auf ihre eigene Weise unglücklich ist. Die bestürzte Tirza erkennt jetzt deutlicher als je zuvor, dass ihr Ehemann eine Art Vater für sie ist und dass es immer noch ihr größter Wunsch bleibt, Schutz im Schoß ihrer Mutter zu finden. Das Schreiben sei ihr einziger »Trost«, bekennt sie. Es mildert den Kummer über den Verlust und verhilft ihr zu »Seelenruhe«. »Beinahe schon Mutter«, spürend, wie »das Kind, das ich in mir trage, von Tag zu Tag wächst«, vertieft sich Tirza in ihre Lebensgeschichte und zeichnet die unverkennbaren Verstörungen auf, die so verquickt sind mit ihrer unaufhörlichen Sehnsucht, die Vergangenheit zu bessern.[35]

In Agnons Werk sind individuelle Lieben oft mit kollektiven Lieben verquickt oder, genauer, sie bieten eine Meditation über weiter gefasste kulturelle Phänomene.[36] In der Erzählung *In der Mitte ihres Lebens* knüpft Agnon die Aufforderung, individuelle Liebesbeziehungen in einem nationalen Kontext zu betrachten, an die Namen der Romanpersonen. Lea ist eine biblische Matriarchin, und »Akavia« ist aus dem Namen Jakob abgeleitet, dem Namen des Gründungsvaters der Nation. Aber da Lea auch etwas von der biblischen Rahel hat (diese geliebte Matriarchin stirbt in der Mitte ihres Lebens), ist der ganze Lea-Rahel-Jakob-Komplex im Hintergrund erkennbar. Dieses legendäre Dreieck aus der Genesis ist jedoch unlöslich mit dem Buch Ruth verbunden. In der letzten Szene des Buches segnen die Ältesten Ruth, die neue Matriarchin, die dazu bestimmt sei, ihren berühmten Vorgängerinnen Rahel und Lea zu folgen und wie diese das Haus Israel zu »bauen« (Ruth 4,11).

Aber was geschieht denen, die das Haus Israel in modernen Zeiten wieder aufbauen wollen? Das scheint Agnon zu fragen. *In der Mitte ihres Lebens* ist unter anderem seine ironische Antwort auf die Zionisten, die Ruth zu einem Emblem der rettenden Heimkehr und kulturellen Anpassung an das alt-neue idyllische Szenario des Landes Israel stilisierten. Wie immer sondiert Agnon beide Seiten, den Zauber wie die desillusionierenden Aspekte des zionistischen Biblizismus. Ist eine derartige Rückkehr zu biblischen Zeiten überhaupt möglich? Was macht den Gedanken so verlockend? Kann man tatsächlich, nach so vielen Jahrhunderten in der Fremde, in das Land Israel heimkehren und biblische Szenen neuinszenieren, ohne neue Verkrümmungen zu bewirken? Wie erfolgreich kann dieser moderne Versuch sein, der die Wiederherstellung – *tikkun* – dessen anstrebt, was durch das Exil zerstört wurde?[37]

Agnon weicht dramatisch ab von den Visionen, die Mapu und dessen Anhänger hatten. Wenn es in der Erzählung eine Liebe zu Zion gibt, dann ist sie ebenso krumm und beunruhigend wie die individuellen Liebesbeziehungen. Zerrüttung scheint in Agnons Welt unausweichlich zu sein, ganz gleich, ob man in Galizien oder in Palästina lebt. Gut möglich, dass das Leben in der Diaspora, in Schibusch (ein Name, der Zerrüttung, Verwirrung bedeutet) etwas von Grund auf Zerrüttendes an sich hat, aber die Rückkehr ins Land der Bibel bringt keineswegs eine eindeutige Heilung.[38] In Agnons Erzählung werden seltsame Liebeserklärungen vor dem Misrach abgegeben, dem Bild, das den Osten als die geheiligte Ausrichtung des Gebets in traditionellen jüdischen Häusern markiert, aber ist die wirkliche Rückkehr in den Orient weniger verwirrend? Agnon deutet an, dass Zionisten anscheinend übersehen, in welchem Ausmaß die *alijot,* die Wellen des »Aufstiegs«, in Wirklichkeit Einwanderungswellen sind, das heißt, die ganze Rastlosigkeit und Brüchigkeit des Migrantenlebens einschließen. So löst das Buch Ruth für Agnon vielfältige Gedanken aus zum bleibenden Gefühl der Entfremdung, auch wenn es um Heimkehr geht.

Michal Ben-Naftalis queere Moabiterin

Agnon war mit seinem subtilen Verständnis Ruths ein einsamer Rufer. Noch bis in die letzten Jahrzehnte des 20. Jahrhunderts galt Ruth überwiegend als nationales Emblem und ihre Geschichte als glücklich endende Erzählung einer idyllischen Heimkehr. Um die 1970er Jahre hatte der israelische Biblizismus sich jedoch merklich gewandelt. Anita Shapira hat darauf hingewiesen, dass eine Nation, die nicht mehr in ihrer Entstehungsphase war, nicht mehr unbedingt darauf angewiesen war, sich mittels der Bibel ein nationales Epos zu verschaffen.[39] Säkulare Zionisten schienen das Interesse an der Bibel verloren zu haben. Aber seit den 1980er Jahren entwickelten sich in der israelischen Kultur neue Interpretationsrichtungen, neue Lesarten der Bibel über nationale Programme hinaus. Besonders faszinierend waren die feministischen Perspektiven, die sich in diesen Jahren deutlich abzeichneten. In ihnen gewann das Buch Ruth als ein außergewöhnlicher Bibeltext, in dem Frauen fast überlebensgroß waren, eine neue Art kultureller Sichtbarkeit. Wir haben schon in Liliens Illustrationen und in Agnons *In der Mitte ihres Lebens* einen gewissen Bruch mit traditionellen Geschlechterrollen bemerkt, aber diese Umwertungen waren nur fragmentarisch und hatten keinen feministischen Begriffsrahmen. Vollständige feministische Interpretationen des Buches Ruth erschienen erst einige Jahrzehnte später.

Die Anfänge feministischer Reaktionen auf das Buch finden sich nicht im israelischen Kontext. Die erste wissenschaftliche feministische Analyse besorgte eine Amerikanerin, die Bibelwissenschaftlerin Phyllis Trible. In *God and the Rhetoric of Sexuality* (1978) bietet sie eine bahnbrechende Interpretation der Ruth-Geschichte, die sich dominanten patriarchalischen Anschauungen zweifach entgegenstellt, einmal, indem sie die Frauen der Geschichte in den Vordergrund rückt, zum anderen, indem sie eine enge Freundschaft zwischen Frauen unerhört hoch bewertet. In den 80er und 90er Jahren des letzten Jahrhunderts erschienen zahlreiche feministische Interpretationen. Diese feministische Wissenschaftswelt war keineswegs homogen. Im Lauf der Zeit änderte sich die Rezeption von Ruths Geschichte in unterschiedlichen Fachgebieten teilweise hochgradig.

Zunächst ging es vorwiegend um Geschlechterfragen, aber später suchten feministische Ansätze die Diskussion zu erweitern und Ruth als eine in doppelter Hinsicht Andere – als Mutter und als Moabiterin – vorzustellen. Julia Kristevas Betrachtungen über Ruth in *Fremde sind wir uns selbst* (Étrangers à nous-mêmes, 1988) fand viel Beachtung. Sie schrieb: »Ruth [die Fremde] ist da, um denen, die nicht zu lesen verstehen, in Erinnerung zu rufen, daß die göttliche Offenbarung oft eine Abweichung erfordert, die Aufnahme einer radikalen Andersartigkeit, die Anerkennung eines Fremden, das man auf den ersten Blick geneigt wäre, als das Verworfenste zu betrachten. Das ist keineswegs eine Ermutigung zur Abweichung [...], sondern eine Aufforderung, die Fruchtbarkeit des anderen zu erwägen.«[40] Aber es gab auch andere bemerkenswerte Auffassungen. Bonnie Honig, Politik- und Kulturwissenschaftlerin mit dem Schwerpunkt Feministische Theorie, kritisiert Kristevas Ansatz: Für sie ist das Buch Ruth weniger eine außergewöhnlich positive Darstellung einer Fremden und des Andersseins, sie unterstreicht vielmehr die unterschwellige Ambivalenz, die dem Buch zugrunde liegt. Aus Honigs Sicht ist Ruth eine Migrantin, die von einer unwilligen, abweisenden israelitischen Gemeinde als Ersatzmutter behandelt wurde.[41] Bemerkenswert ist auch das 1994 erschienene Werk *Reading Ruth: Contemporary Women Reclaim a Sacred Story*, ein von Judith A. Kates und Gail Twersky Reimer herausgegebener Sammelband mit Essays jüdisch-amerikanischer Romanautorinnen, Lyrikerinnen, Psychologinnen und Wissenschaftlerinnen. Einige Essays in dem Sammelband richten einen feministisch-queeren Blick auf das Buch Ruth und sehen in der Beziehung von Ruth und Noomi homoerotische Komponenten.[42]

Beginnend mit den 1990er Jahren wurden in der israelischen Kultur verschiedene feministische Trends erkennbar – in wissenschaftlichen wie in literarischen Kreisen. Vor diesem Hintergrund schreibt Michal Ben-Naftali ihre Version von Ruth. Ben-Naftali (geboren 1963) ist eine prominente israelische Autorin, Essayistin und Übersetzerin, die für die Stärkung der queer-feministischen Literatur in Israel eine wichtige Rolle gespielt hat. Ben-Naftali befasst sich jedoch nicht nur mit Geschlechterfragen, sondern setzt sich auch für die französische Theorie der Dekonstruktion ein. Dank ihrer Übersetzungen sind die Schriften prominenter Dekonstruktivisten, Jacques Derrida, Julia Kristeva und Maurice Blanchot, jetzt auf Hebräisch verfügbar. Aber für Ben-Naftali ist Dekonstruktion mehr als eine separate theoretische Orientierung. Sie überschreitet ständig die Grenzen zwischen Fiktion und dekonstruktivistischen Theorien und erreicht so eine Verschmelzung beider Welten.

Im Jahr 2000 veröffentlichte Ben-Naftali ihr erstes Buch *Chronicle of Separation: On Deconstruction's Disillusioned Love,* das mit der Geschichte einer sehr verfremdeten Ruth beginnt – sie ist nicht nur eine Moabiterin, sondern auch lesbisch.[43] Unter vielen Gesichtspunkten ist Ben-Naftali – eine säkulare, feministisch-queere Schriftstellerin mit einer Vorliebe für französische Theorie – denkbar weit entfernt von Agnon. Umso merkwürdiger, dass sie in ihrer Skizze von Ruths Biographie am Beginn von *Chronicle of Separation* die Moabiterin ebenfalls als eine verstörte Ich-Erzählerin und Autorin porträtiert. In Ben-Naftalis Version versteht die Ich-Erzählerin sich jedoch ausdrücklich als eine Ruth, die ihre Geschichte umschreiben will:

> Ich lese in der Schriftrolle, die meinen Namen hat, und manchmal habe ich das Gefühl, ich weiß nichts außer dem, was darin geschrieben steht, und auch das Gefühl, dass, was ich weiß, überhaupt nicht darin steht. Ihr habt für euch einen Weg ge-

> funden, mein Schweigen zu unterlaufen, meine Einsamkeit zu zertrampeln. Ich spreche kaum, spreche zu wenig, und ihr auch, ihr habt eine Kunst des Schweigens verfeinert, die sich für eine Unendlichkeit von Interpretationen hergibt. Ich muss sie neu schreiben, diese Schriftrolle, zum ersten Mal schreiben, denn niemand zum Unterzeichnen, Schreiben, Richten ist da, niemand mit der Autorität, die Synapsen des geheimen, minutiösen Gedächtnisses zu redigieren, die in mir aufgehäuft und verstrickt sind.[44]

Ben-Naftalis Ruth ist entschlossen, ihr »wirkliches« Leben aufzuzeichnen – sämtliche, auch geheime und minutiöse Erinnerungen – als Widerstand dagegen, dass ihre Stimme in der Bibeldarstellung zum Schweigen gebracht wurde. Das Pionierdasein, der Aufbau der Nation liegen ihr fern, sie distanziert sich vom kollektiven »ihr« der Bethlehemiter und deren Gott, weil sie die Vereinnahmung ihrer Geschichte durch die »bekannte Erzählung« missbilligt. Natürlich hat der Bibeltext viele Lücken (das gehört zur berühmten biblischen »Kunst des Schweigens«, wie die Ich-Erzählerin sagt), aber sie beharrt darauf, dass das Schweigen, das ihr Leben umgibt, nicht Zeichen einer ästhetischen Haltung ist, sondern einer Zensur.

Wir erfahren, dass die Bibelautoren es nicht über sich bringen konnten, den wahren Charakter der Liebe zwischen Ruth und Noomi zu erwähnen. Kein Wunder, dass für queere Leser der Schlüsseltext im Buch Ruth der Schwur auf dem Weg ist. Jetzt häufig in Ehezeremonien lesbischer Paare zitiert, wurde dieser Schwur in den letzten Jahrzehnten von LGBTQ-Communities – vor allem in Israel und in den USA – als ein uraltes Bekenntnis zum Wert homoerotischer Bindungen verstanden. Auch Ben-Naftali hält den Schwur auf dem Weg für einen szenischen Höhepunkt. In dieser Szene gewinnt die Liebe zwischen Ruth und Noomi

Kraft, und die beiden leidgeprüften Witwen finden Trost beieinander. Und doch enthält *The Chronicle of Separation* eine überraschende Wende. Die auf dem Weg ausbrechende Liebe erweist sich als ein flüchtiger Glücksmoment. Kaum sind die Frauen in Bethlehem angekommen, ist Noomi entschlossen, sich von ihrer Schwiegertochter loszusagen. Ruths Liebe zu Noomi wird allmählich zu einer enttäuschten Liebe.

Während Ruth die Geschichte der Trennung aufzeichnet, stellt sie sich vor, was geschehen wäre, hätten sie die Schriftrolle gemeinsam beschriftet:

> Hätten wir doch nur zusammen schreiben können, unsere Muttersprachen mischen, Bibelworte und Slang, leichte Wörter und schwerwiegende vermengen. Hätten wir miteinander geschrieben, so hätte sich deine Rede mit meiner gepaart, und unsere gemeinsamen Möglichkeiten etwas zu erschaffen, fruchtbar zu sein, wären Wirklichkeit geworden.[45]

Aber dann erinnert sie sich an die unumgänglichen Spannungen.

> Doch wir haben nie die gleiche Sprache gesprochen. Ich sprach moabitisch, du hebräisch. Und als ich anfing, hebräisch zu sprechen, hörte ich auf, in der Sprache meiner Mutter und meines Volkes zu reden, weil ich deine Sprache annahm. Ich war dir ganz fremd, schon bevor mich die Pflichten einer Hebräerin in Bethlehem befremdeten.[46]

Offenbar war die Kluft zwischen ihnen nicht nur durch Kultur und Sprache bedingt. Auch als Ruth das Moabitische aufgibt und das Hebräische übernimmt, also in einer fremden Sprache spricht und schreibt, um Noomi enger an sich zu binden, wird sie abgewiesen.

Die Geschichte, die Ben-Naftalis Ruth am Ende allein

schreibt, hat Ähnlichkeit mit Margaret Atwoods Roman *Der Report der Magd.* Ruth berichtet quälend detailliert, wie Noomi ihre Liebe manipulierte, indem sie von ihr verlangte, auf die Tenne zu gehen und Boas zu verführen. Und als Ruth dann Obed zur Welt bringt, wird das Kind Noomi auf den Schoß gelegt, »wie im Gesetz verankert«. Noomi folgt den Leitsätzen der Leute von Bethlehem und verlangt wie sie: »Mach uns ein Kind und dann geh.«[47] Von Ruth, der Tochter eines Volkes, das in Sünde, durch Inzest seinen Anfang nahm, erwarteten die Bethlehemiter, dass sie wiedergutmache und erlöse und weiterziehe an einen anderen Ort.

Wenn Ben-Naftali die verborgenen Ambivalenzen im Verhalten der biblischen Noomi aufspürt und den psychologischen Auswirkungen nachgeht, folgt sie in erster Linie Kristevas Ansatz, deren Beobachtungen auch gelegentlich zitiert werden. Kristevas *Fremd sind wir uns selbst* ist besonders wichtig, nicht nur wegen seiner Ruth-Interpretation, sondern auch wegen seiner detaillierten Überlegungen zur Selbstentfremdung. In den lyrischen Eingangssätzen ihres Buches schreibt Kristeva: »Auf befremdliche Weise ist der Fremde in uns selbst: Er ist die verborgene Seite unserer Identität, der Raum, der unsere Bleibe zunichte macht, die Zeit, in der das Einverständnis und die Sympathie zugrunde gehen. Wenn wir ihn in uns erkennen, verhindern wir, daß wir ihn selbst verabscheuen.«[48] Ben-Naftali geht mit Kristeva über Kristeva hinaus und interpretiert die Episode auf dem Weg als eine Phase, in der Ruth und Noomi ihre je eigene Fremdheit spüren und akzeptieren konnten. Ihre glückliche Verstrickung zerbricht jedoch, als Noomi Ruths Fremdheit nicht mehr hinnimmt, sondern anfängt, ihre queere moabitische Schwiegertochter zu hassen.

Ben-Naftalis Geschichte endet, wo sie begonnen hatte: auf der Straße. Ruth sitzt einsam und verlassen in einem Rasthaus am Straßenrand. Verträumt zwischen Erinnerungen an die Vergangenheit und Phantasievorstellungen von der Zukunft schwankend, fragt sie sich, was geschehen würde, wenn Noomi plötzlich aus einem Winkel des Wirtshauses auftauchen und zu ihr kommen würde. Enttäuscht mag sie sein, aber ihre Sehnsucht nach einer Wiedervereinigung mit Noomi wird nicht geringer.

Ruth als queer zu verstehen, wäre in der Umgebung des frühen Zionismus und auch noch Jahrzehnte danach undenkbar gewesen. Aber im heutigen Israel wächst die LGBTQ-Community, und folglich haben solche Lesarten ein Publikum. Mehr noch, die Frage der kulturellen Diversität ist ein hochaktuelles Thema. Israel ist keine Gemeinschaft von Einwanderern *(olim)* mehr, sondern ein Nationalstaat mit nichtjüdischen Minderheiten, Ausländern mit Aufenthaltsgenehmigung und Flüchtlingen. Wenn bildende Künstler und Literaten in Israel heute Ruths fremdländische Herkunft in den Vordergrund rücken, heißt das nicht, dass sie die Moabiterin verurteilen, weil sie an der Konversion gescheitert sei. Im Gegenteil: Sie sind überzeugt, dass Ruths Migrationserfahrung eine empathische Neuinterpretation verlangt.

Adi Nes' Ährenleserinnen

Neuinterpretationen Ruths sind auch in der Fotografie sichtbar. Das bekannteste Foto in der zeitgenössischen israelischen Kunst ist Adi Nes' 2006 entstandenes Bild der biblischen Ährenleserin als einer abtrünnigen Migrantin. Es ist eines von vierzehn Fotos aus der Serie *Biblical Stories*, eine inszenierte Fotografie von Ruth und Noomi. Adi Nes (geboren 1966) gilt bei vielen in Israel als der führende Kunstfotograf. Seine Arbeiten, kühne emotionale Auseinandersetzungen mit Themen, die in der israelischen Gesellschaft heiße Eisen sind, trugen ihm internationale Anerkennung ein. Bekanntestes Beispiel dafür ist sein 1999 entstandenes Foto israelischer Soldaten, die wie da Vincis Apostel im *Abendmahl* an einem Tisch sitzen. Soldaten wie Apostel sind zugleich überzeugte Verfechter und Opfer eines Glaubenssystemes.

In den *Biblical Stories* verwandelt Nes Gestalten aus der hebräischen Bibel in Obdachlose von heute.[49] Seine Phantasie wird vorwiegend durch die biblischen Fremdlinge, Renegaten und Außenseiter angeregt – von Hagar, Esau und Hiob bis zu Ruth und Noomi. Und selbst wenn er auf seinen Fotos Leitfiguren in Szene setzt, etwa Abraham und David, zeigt er sie in den Momenten ihrer größten Verletzlichkeit und Verlassenheit. Wie frühere Bildserien, zum Beispiel *Soldiers* (1994-2000) und *Boys* (2000) entstanden auch die *Biblical Stories* nach äußerst gründlichen Vorbereitungen. Gewöhnlich arbeitet Nes nicht mit Berufsschauspielern, sondern sucht sich seine Modelle über das Internet oder durch Mundpropaganda. Und wie ein Filmproduzent fahndet er nach Drehorten, bestimmt Kostümdesign und Szenenbild und fotografiert dann die gestellte Szene. In dieser Hinsicht ist er Jeff Walls »Cinematographie« verpflichtet. Seine Fotografien sind, wie die Arbeiten Walls, Inszenierungen auf der Basis ausgeklügelter Kalkulation und theatralischer Effekte, die früher als unvereinbar mit den Zielen der Fotografie galten. Zusätzlich modelliert Nes seine Arbeiten nach Vorbildern aus dem Bereich der Malerei, eine ästhetische Entscheidung, die sich besonders gut für seine fotografischen Inszenierungen biblischer Themen eignet. Er verfährt nach dem Muster europäischer Künstler, die zeitgenössische Modelle für die Porträts biblischer Gestalten und Bibelszenen verwendeten. Dieser Projektion der Vergangenheit auf die Gegenwart traut Nes zu, dass sie dem Ziel einer wahrheitsgetreuen Interpretation nahekommt, das heißt, unter zeitgenössischen Bedingungen eine lebendige Präsentation von Bibelgeschichten liefert. Um sein Bekenntnis zu exegetischen Freiheiten besonders zu betonen, lässt Nes alle Porträts in den *Biblical Stories* ohne Titel, die biblischen Namen erscheinen nur in Klammern.[50] Das signalisiert: Diese Bibelgeschichten sind nur ein Ausgangspunkt für das fotografische Fortleben, die Beziehung zwischen beiden ist lediglich tentativ. Nes' Bibeladaptionen sind nicht phantastischer als die der Gemälde Dorés oder Rabans, aber zum postmodernen Programm seiner Kunst gehört es, der subjektiven Sicht des Betrachters eine selbstreflexive Perspektive zu geben.

In *Untitled (Ruth and Naomi)* versenkt sich Nes in die Ährenlese-Szene im Buch Ruth und interpretiert sie im Dialog mit Millets *Ährenleserinnen* neu. Wie ihre französischen Vorgängerinnen arbeiten auch Nes' Ruth und Noomi gebückt und angestrengt und mit kümmerlicher Ausbeute.[51] Die verschiedenen Brauntöne in Nes' Foto erinnern an die warmen erdigen Farben von Millets Bild. Und doch zielt Nes nicht in erster Linie darauf, die anti-idyllischen Züge von Millets mittellosen Ährenleserinnen deutlicher hervorzuheben. Sein inszeniertes Foto zeigt zwei ausländisch aussehende Frauen in Lumpen, die liegengebliebene Zwiebeln aufsammeln, nicht von einem üppigen Weizenfeld, sondern von einer ungepflasterten, mit Müll übersäten Straße. Damit deutet er an, dass die zutreffende Fortsetzung von Ruths Geschichte bis ins heutige Israel und darüber hinaus die Geschichte der obdachlosen Wanderarbeiter oder

Flüchtlinge ist, die am Ende eines Markttages in trostlosen Stadtlandschaften nach essbaren Abfällen suchen. Eine gewisse Wärme gewinnt Nes' düsteres Bild durch die Menschlichkeit der Sammlerinnen. Wie Millet zeigt er die bewundernswerte Energie, mit der diese Frauen sich ihrem Elend entgegenstemmen. Und auch er lässt Noomi zusammen mit Ruth auftreten, um die im Bibeltext erwähnten Momente der Solidarität der beiden Frauen zu unterstreichen. Ruths Haarlocke weht ihrer ältlichen Schwiegermutter leicht, beinahe mitfühlend entgegen. Die Zwiebeln, die sie auflesen, symbolisieren vielleicht die nicht vergossenen Tränen der beiden, aber sie zeigen auch an, dass selbst ein so unscheinbares Gemüse ein Schatz für Menschen sein kann, die unter unmöglichen Bedingungen überleben wollen.

Nes spielt auch auf Agnès Vardas Dokumentarfilm *Die Sammler und die Sammlerin (Les glaneurs et la glaneuse)* aus dem Jahr 2000 an. In diesem Film stellt uns die gefeierte französische Regisseurin eine bemerkenswerte Galerie von Sammlern vor, die ihr auf ihren Reisen durch Frankreich begegnet sind: mittellose Immigranten, die in städtischen Mülltonnen nach Essbarem suchen, Arbeitslose und Roma auf dem Land, einen Priester, der durch ein Kohlfeld wandert und dabei einen französischen (auf einem biblischen Gesetz basierenden) Erlass von 1554 über die Nachlese zitiert, einen Lese- und Schreiblehrer für Analphabeten, der die Verschwendung der Wegwerfgesellschaft kritisiert und selbst von Marktabfällen lebt, und Künstler, denen Recycling wichtig ist. Varda spricht mit Sammlern, die unförmiges Obst und Gemüse von den Feldern holen, nicht abgeerntete Trauben und Feigen, altbackenes Brot, leere Dosen und alte Kühlschränke einsammeln. In der ersten Einstellung des Films weist Varda kurz auf Millets *Ährenleserinnen* hin. Aber das Buch Ruth kommt an keiner Stelle vor. Es

11 Adi Nes, Ruth and Naomi Gleaners (2006)

bleibt Nes überlassen, die Bedeutung von Ruths Geschichte für heutige Nachlesen einzufangen.[52]

Nes führt Dialoge mit französischen Künstlern, geht aber auch auf die bukolischen Ruth-Darstellungen der frühen zionistischen Kunst ein. Er stellt die biblischen Visionen der Bezalel-Maler in Frage und zeigt den Bankrott sozialistischer Ideale im heutigen Israel. Nes porträtiert Ruth weder als Pionierin noch als morgenländische Prinzessin, und sie hat nichts mit der Nationenbildung im wiederauflebenden Land Israel zu tun. Die Möglichkeit zur Erlösung, die in den Ruth-Bildern von Lilien, Raban und Ben-Dov gefeiert wurde, ist dahin. Davidische Burgen und Tempel als Symbole für den Aufstieg einer neuen zionistischen Dynastie kommen in Nes' Fotos nicht vor. Würden seine Sammlerinnen den Blick zurück richten wie die Ruth auf Ben-Dovs gestelltem Foto, würden sie nur haufenweise Müll entdecken, Plastikbeutel verschiedener Größen, leere Obst- und Gemüsekartons.

Sämtliche Porträts der *Biblical Stories* entstanden in verlassenen Gegenden von Tel Aviv oder Beersheba, dort, wo man, wie Nes sagt, »Menschen findet, deren Identität die Gesellschaft ausgelöscht hat«, Menschen, die an die Peripherie eines ökonomischen Systems gedrängt wurden, das für Randexistenzen so gut wie nichts übrig lässt.[53]

Nes wuchs in einer Misrachi-Familie (seine Eltern kamen aus dem Iran) in Kirjat Gat auf, einer auf Wachstum ausgerichteten Siedlung im Süden Israels. Seine Kritik an der orientalistischen Färbung der Bezalel-Kunst entspringt einer anhaltenden Sorge über die falschen Vorstellungen, die die frühen Zionisten von der Misrachi-Kultur hatten. Den kulturellen Hintergrund seiner beiden Sammlerinnen kann man kaum ausmachen. Sie sehen unbestimmt fremdartig aus, aber ihre Kleider und Sandalen erinnern an Misrachi- oder arabischen Stil. Die orientalischen Merkmale der inszenierten Figuren sollen in diesem Fall jedoch keine Umgestaltung der jüdischen Identität signalisieren, sondern im Gegenteil ein Symbol für die von der jüdischen Gesellschaft an den Rand Gedrängten sein. Nes gibt womöglich auch zu verstehen, dass nicht nur Misrachim unsichtbar bleiben, sondern ebenso die Palästinenser, deren Notlage von der israelischen Öffentlichkeit allzu oft übersehen wird.[54] Seine Ährenleserinnen ohne Titel sind also mehrfach paradigmatisch: Sie machen auf Diskriminierungen im heutigen Israel aufmerksam und richten zugleich einen kritischen Blick auf globale Tendenzen.

Nes' Sicht auf das Buch Ruth unterscheidet sich erheblich von der Perspektive der Bezalel-Gründer, aber letzten Endes vertieft auch er sich in den Bibeltext, um nach Möglichkeiten zur Neufassung persönlicher und gemeinschaftlicher Träume zu suchen. Blogs und Websites zum Thema Schawuot spielen oft auf sein inszeniertes Foto von Ruth und Noomi an, da es einen neuen Zugang zur Bibelgeschichte darstelle.

Gegenwärtige Tikkunim *am Schawuot*

Wer am Vorabend von Schawuot in Jerusalem oder Tel Aviv durch die Straßen geht, sieht Hunderte weißgekleideter Passanten (Weiß ist die Farbe des Feiertags) auf dem Weg zu verschiedenen *Tikkunim.* Der Brauch der nächtlichen Studien am Schawuot hat sich vom 16. Jahrhundert bis heute erhalten, meist in Synagogen. Aber in den letzten beiden Jahrzehnten ist er in der israelischen Kultur zu einem wichtigen Phänomen geworden. Wie weit sind diese neuen *Tikkunim* noch mit dem kabbalistischen Brauch verwandt? Wie wir wissen, blieben die Kabbalisten in Safed im 16. Jahrhundert die ganze Nacht wach und suchten zur Vorbereitung des Festes am folgenden Tag exegetische Kostbarkeiten, Schmuck für die Schechina. Dieses Fest der Übergabe der Tora war zugleich das Hochzeitsfest der Schechina. In heutigen Szenarios werden Nachtwachen und Lesungen mit Enthusiasmus praktiziert, aber ihr Inhalt und ihre Bedeutung haben sich geändert. In diesem neuen Kontext organisieren viele säkulare wie religiöse Kultureinrichtungen in Israel am Abend und in der Nacht vor Schawuot Veranstaltungen. Es gibt Panels zum Thema jüdische Bildung und zu akuten Problemen der israelischen Gesellschaft, an denen sich viele Redner beteiligen, Akademiker, Schriftsteller, Künstler und Aktivisten. *Tikkun*, die Nachbesserung, Wiederherstellung, ist nicht mehr mystisch, sondern kulturell und sozial.

Diese Wiederaufnahme des *Tikkun Leil Schawuot*-Rituals ist ein Spiegelbild der neuen Offenheit für postbiblische Traditionen in Israel. Im Gegensatz zum frühen Zionismus, der sich entschieden (besonders energisch durch David Ben-Gurion) von rabbinischer und mystischer Exegese abkehrte, haben sich in den letzten Jahrzehnten viele säkulare Israelis um mehr Vertrautheit mit den verschiedenen Schichten jüdischer Tradition bemüht. In den letzten Jahren sind etliche säkulare *batei midrasch* (Studiensäle, Lernhäuser) entstanden und auch *batei midrasch,* in denen säkulare und religiöse Schüler zusammen lernen. Das prominenteste Haus ist ALMA, ein kulturelles und intellektuelles, 1996 von Ruth Calderon gegründetes Zentrum mit Basis in Tel Aviv.[55] Solche *Tikkunim* waren zunächst vorwiegend säkulare Einrichtungen, wurden aber später von verschiedenen religiösen Gemeinden in ganz Israel eingerichtet. Wir sollten dazusagen, dass die Grenzen zwischen dem Bereich des Säkularen und dem des Religiösen noch nie so nebelhaft unbestimmt waren wie im heutigen Israel.

Welche Rolle spielt Ruth in diesen *Tikkunim* des 21. Jahrhunderts? Einen Ehrenplatz hat sie mit Sicherheit. In fast jedem *Tikkun Leil Schawuot* gibt es Vorträge oder Seminare über das Buch Ruth. Viele dieser Vorträge befassen sich mit Geschlechter- oder Migrationsproblemen oder einer Mischung aus beiden. Im Jahr 2014 hatte ein von ALMA organisiertes *Tikkun Leil Schawuot* den Titel: »Der Ger, der Fremde, der Andere« *(ha-ger, ha-zar, ve-ha'aher)* und als Untertitel den Vers aus Ruth 2,11, dass »du zu einem Volk gezogen bist, das du vorher nicht kanntest«. Eines der Panels machte auf die miserablen Lebensbedingungen der in Tel Aviv gelandeten Flüchtlinge aus Eritrea und Sudan aufmerksam und kritisierte die Immigrationspolitik der israelischen Regierung. 2018 wurde bei einem *Tikkun* im Shittim

Institute ein Vortrag mit dem Titel »Und du sollst die Gera [die Fremde] lieben: Ein feministischer Blick auf das Buch Ruth.«[56] Während das biblische Gesetz im 5. Buch Mose 10,19 von dem Fremden spricht, »und du sollst den *ger* lieben« (die weibliche Form *gera* kommt im Bibeltext nicht vor), wird hier die Aufmerksamkeit auf das Dilemma einer fremden Frau gelenkt. Auch die kleinere LGBTQ-Community hält am Vorabend von Schawuot Nachtwachen, auf denen das Buch Ruth gelegentlich aus queerer Sicht interpretiert wird.

Im heutigen Israel zirkulieren immer noch Bilder von der Pionierin Ruth auf idyllischen Feldern, und bei Erntefesten in Kibbuzim wird immer noch die Geschichte Ruths zitiert. Aber die Kibbuz-Kultur ist in den Hintergrund geraten, und folglich hat diese erste israelische Form von Ruths Fortleben viel von seiner Wirkung eingebüßt. In den letzten Jahrzehnten ist Ruth in ihrer neuen Rolle als exemplarische Migrantin viel sichtbarer geworden. Gerade weil sie keine Einheimische ist, hat sie jetzt anscheinend die Macht, ihren modernen israelischen Lesern den Spiegel vorzuhalten und sie zum Nachdenken über neue Möglichkeiten für kulturelle und soziale Besserungen aufzurufen.

Lebte Agnon heute, würde er uns wahrscheinlich eine ironische Zeichnung der Reize und der Schwachstellen dieser neuen *Tikkun*-Szene geben. Wir können uns ausmalen, wie er eine bissige Geschichte über einen jungen, bei vielen beliebten Judaismus-Gelehrten schreibt, der – ungefähr so wie Uriel Shkolnik in Joseph Cedars Film *Footnote* (2011) – sicherstellt, dass er an jedem Schawuot auf mindestens sechs verschiedenen *Tikkunim* eine Ansprache hält.[57] Wir können uns vorstellen, dass Agnon fasziniert zugesehen hätte, wie viel deutlicher die dunklen Seiten von Ruths Geschichte heutigen Lesern vor Augen stehen, auch wenn er sie anders verstanden hat. Wir können sicher sein, dass er – mit seiner Freude an exegetischen Bemühungen – die immer neuen Leben, die Ruth in der israelischen Kultur zufallen, gern beobachtet hätte.

6. In Amerika eine Außenseiterin

Als die Pilgerväter im 17. Jahrhundert an Amerikas Küsten landeten, gehörte das Buch Ruth nicht zu den Bibeltexten, die sie auf die neuen Landschaften projizierten. Bibelverse aus dem 2. und 5. Buch Mose, den Propheten und dem Neuen Testament hatten für ihren Auftrag im neuen gelobten Land viel mehr Bedeutung. Später, im 19. Jahrhundert, kursierten überall im Land Bilder der bukolischen Ährenleserin, meist Reproduktionen europäischer Gemälde oder Nachahmungen europäischer Kunst. Erst im 20. und 21. Jahrhundert nimmt Ruth ein typisch amerikanisches Aussehen an. Bekannte Schriftsteller und Filmregisseure bringen sie auf die amerikanische Bühne und präsentieren sie als eine paradigmatische Außenseiterin oder Ausgestoßene, deren Migrationsgeschichte gehört werden muss.

Amerika versteht sich prinzipiell als einen sicheren Hafen für Ausgestoßene und Immigranten. 1883 schrieb die jüdisch-amerikanische Dichterin Emma Lazarus das Sonett »The New Colossus« (Der neue Koloss), dessen berühmte Zeilen später in Bronze gegossen am Sockel der Freiheitsstatue angebracht wurden:

An unser meerumspültes Tor gerückt
steht eine mächt'ge Frau, die Mutter der Migranten,
den Blitz als Fackel in der starken Hand […]
Sie ruft: »Behaltet den berühmten Tand
und euren Pomp an euren alten Küsten.
Schickt mir stattdessen eure Mittellosen,
die Heimatlosen, hoffnungslos Zerlumpten,
vom Sturm Gebeutelten, die Abgestumpften,
die Müden, die trotzdem nach Freiheit dürsten.

Den Abschaum schickt vom übervollen Strand.
Am goldnen Tor erheb ich meine Hand.«[1]

Für zahllose Immigranten, die gegen Ende des 19. und zu Beginn des 20. Jahrhunderts nach New York kamen, war die Freiheitsstatue ein Leuchtfeuer der Hoffnung. Aber gleich an der ersten Station im neuen Land, der Immigrantensammelstelle auf Ellis Island, etwas westlich von der hoch erhobenen Fackel der Freiheitsstatue, wurde die Diskrepanz zwischen Traum und Realität deutlich. Die »Mutter der Migranten« hieß die Neuankömmlinge nicht immer so willkommen, wie sie gehofft hatten. Von ihren Anfängen bis heute hat die Einwanderung in den USA Probleme aufgeworfen. Dabei geht es nicht nur um politische, sondern auch um kulturelle Meinungsverschiedenheiten. Mindestens bis in die 1960er Jahre ging man davon aus, dass die Neuankömmlinge sich assimilieren, sich dem amerikanischen Schmelztiegel anvertrauen sollten. Aber im letzten halben Jahrhundert wurden andere Stimmen laut. Immigranten und deren Nachkommen werden nicht mehr gedrängt, ihre kulturelle Vergangenheit aufzugeben und Sprache und Tradition ihres Herkunftslandes aus dem Gedächtnis zu löschen, sondern häufig wird der Wert fließender Übergänge, sogenannter Bindestrich-Identitäten anerkannt.

Wie die Einstellung zu kultureller Diversität, so änderte sich auch die Definition des amerikanischen Biblizismus. In »Der neue Koloss« spielte Emma Lazarus auf die Mahnung im 5. Buch Mose an, den Fremden zu lieben, aber ihre eigene jüdische Herkunft und ihren Einsatz für jüdische Flüchtlinge – sie half russischen Juden, die nach 1880 vor Pogromen flüchteten und Schutz in den Vereinigten Staaten suchten –, ließ sie im Dunkeln. Lazarus hatte das Ziel, die Beschäftigung mit der Bibel zu einer wesentlichen Komponente des Schmelztiegels zu machen, deshalb ist ihr Biblizismus so weitmaschig wie möglich. In der Welt von heute sind Minderheiten (mit unterschiedlichen jüdischen und christlichen Hintergründen) in Amerika weit mehr darauf bedacht, die Bibel als Zeugin der einzigartigen Merkmale ihrer jeweiligen Glaubensgemeinschaften zu benutzen. Dieser neue Umgang mit der Bibel ist teilweise bedingt durch die Zunahme säkularer Blickwinkel. Im heutigen Amerika wird die Bibel oft nicht als ein religiöses Buch geschätzt, sondern als ein kulturelles Erbe, das neu bedacht und neu bearbeitet werden muss.

Diese Veränderungen im Verständnis von Immigration und der kulturellen Rolle der Bibel bilden den Hintergrund, vor dem sich die bedeutendsten amerikanischen Ruth-Gestalten abheben. Übermäßig viele sind es nicht, ein nationales Epos ist das Buch Ruth in Amerika nie geworden. So gesehen ist die amerikanische Rezeptionsgeschichte des Buches Ruth sehr verschieden von ihrem israelischen Pendant. Trotzdem gibt es deutliche Ähnlichkeiten zwischen beiden. In den letzten Jahren hat Ruths Geschichte in beiden Ländern entscheidende Bedeutung für eine neue Sicht auf das Leben von Immigranten und Außenseitern gewonnen.

Die amerikanische Literatur hat einige besonders fesselnde und experimentelle moderne Varianten der Geschichte Ruths hervorgebracht. Wir stellen drei berühmte Sachwalter Ruths vor: Allen Ginsberg (1926-1997), Mitbegründer der Beat Generation und der jüdisch-amerikanischen Dichtung; Toni Morrison (1931-2019), die afroamerikanische Romanautorin und Nobelpreisträgerin, und den mexikanischen Regisseur Guillermo del Toro (geb. 1964), dessen mit Preisen ausgezeichnete Fantasyfilme in Hollywood Spuren hinterlassen haben. Die drei kommen aus unterschiedlichen kulturellen und religiösen Kontexten. Trotzdem haben sie viel gemeinsam: Für alle drei ist das Buch Ruth in erster Linie die Geschichte einer Migrantin, und alle drei spielen die Assimilationsansätze herunter oder lassen sie ganz außer Acht. Alle drei nutzen Ruths Geschichte als Fundgrube für die Vorteile und Komplikationen, die der Versuch, das kulturelle Erbe von Immigranten in Amerika zu bewahren, nach sich zieht. Alle drei begehen Sakrilege, alle drei bieten fesselnde exegetische Experimente, indem sie Ruths Charakteristika auf mehrere Personen verteilen, und alle drei fühlen sich zu Ruth hingezogen, weil Migration auch ein Teil ihrer eigenen Geschichte oder der ihrer Familie ist.

Allen Ginsbergs »Kaddisch«: »Ruth, die in Amerika weinte«

Als Allen Ginsberg an einem winterlichen Tag im November 1958 durch die Straßen der New Yorker Lower East Side ging, wurde ihm plötzlich klar, dass dies die Straßen waren, die seine Mutter als kleines Mädchen nach ihrer Ankunft aus Russland gekannt hatte. Zurück in seiner Wohnung, setzte er sich an den Schreibtisch und schrieb die ersten Zeilen seines »Kaddisch (Für Naomi Ginsberg, 1894-1956)«, eine Elegie für seine Mutter, ein Werk, das eine seiner bekanntesten Dichtungen wurde. Ginsberg hatte sich schon im Jahr davor in einem Pariser Hotel an diesem Gedicht versucht, aber nicht den richtigen Rhythmus finden können. Erst als er das Bild der Vergangenheit seiner Mutter als Immigrantin vor Augen hatte, löste sich eine Sperre in seinem Schreiben.[2]

Naomi Ginsberg wurde 1894 in der russischen Kleinstadt Newel im Oblast Pskow geboren. 1905 hatten sich die Pogrome in Westrussland so gehäuft, dass die Familie floh. Sie emigrierte in die USA und ließ sich wie viele andere jüdische Immigranten in dieser Zeit an der Lower East Side nieder.[3] Mehrere Jahre später zog sie über den Hudson nach Newark, New Jersey. Dort ging Naomi in die Highschool und machte anschließend eine Ausbildung als Lehrerin. Einen ersten Nervenzusammenbruch hatte sie, kurz nachdem sie Louis Ginsberg, Allens Vater, kennengelernt hatte. Viele folgten im Lauf ihres Lebens. Während der Aufenthalte in diversen Heilanstalten wurde sie mit zunehmend härteren Methoden behandelt, mit Schocktherapien (damals das Mittel der Wahl für Patienten mit sogenannter paranoider Schizophrenie) und einer Lobotomie. Sie starb 1956. Zu ihrer Beerdigung kamen nicht genug Männer für einen Minjan (das Quorum von zehn erwachsenen Männern für ein öffentliches Gebet), deshalb konnte das traditionelle jüdische Totengebet, das Kaddisch, nicht gesprochen werden.[4] Allan Ginsberg war zu dieser Zeit in Berkeley und konnte nicht an der Beerdigung teilnehmen. Sein Gedicht »Kaddisch« ist in gewisser Weise der Versuch, sein Versäumnis wettzumachen.

Das traditionelle Kaddisch ist ein Lobgesang auf Gott, überwiegend in aramäischer Sprache mit wenigen hebräischen Worten. Es wird intoniert als ein Glaubensbekenntnis angesichts des Todes, obwohl der Tod nicht erwähnt wird. Beginn und zentrales Thema ist der Lobpreis von Gottes Namen: »Erhoben und geheiligt werde sein großer Name in der Welt« *(yitagal ve-yishtabah shmei raba)*. In Ginsbergs häretischem Kaddisch wird jedoch nicht der Name Gottes gepriesen, sondern der Name Naomi. Und der Tod verharrt nicht in den Kulissen, sondern tritt mitten auf die Bühne. In Ginsbergs Totenehrung für seine Mutter ist kein düsteres Detail ausgelassen.

»Kaddisch« hat die gleichen langen, assoziativen Zeilen,

die Ginsberg bereits einige Jahre zuvor für sein Gedicht »Howl« (»Das Geheul«) verwendet hatte. Aber während »Geheul« Zeugnis ablegt von den »besten Köpfe[n] meiner Generation vom Wahn zerstört, hungernd hysterisch nackt«,[5] weint er hier im persönlichsten seiner Gedichte über eine einzige Wahnsinnige, seine Mutter. Das durch abrupte Übergänge und Gedankenstriche bewirkte Stakkato der Sprache soll in diesem Gedicht stoßweises Schluchzen hörbar machen und die erschütternde Erfahrung der Trauer schildern. Unaufhörlich kommen fragmentarische Details zum Vorschein, eines nach dem anderen. Wir erfahren Bruchstücke aus Naomis Biographie, dazu eine Flut von kurzen Anspielungen auf Bücher, Lieder und Filme, die irgendwie mit ihr in Zusammenhang gebracht werden.

Das Buch Ruth hat in Ginsbergs Assoziationsstrom eine besondere Resonanz. Am Schluss des zweiten Teils schildert er seine Mutter als eine Frau wie »einst die biblische Naomi mit den langen Zöpfen oder Ruth, die in Amerika weinte«.[6] Die Anspielung auf die Bibel ist wichtig, da Ginsberg seine Mutter mehrmals »Naomi« statt »Mutter« nennt. Obwohl diese Naomi hauptsächlich eine moderne Entsprechung der biblischen Noomi ist, verkörpert sie auch Ruths Unglück: Sie ist sowohl Naomi mit den langen Zöpfen als auch Ruth, »die in Amerika weinte«. Passend zur biblischen Verquickung von Ruths und Naomis Leben lässt Ginsberg die beiden Bibelgestalten im Porträt seiner Mutter miteinander verschmelzen. Die »langen Zöpfe« geben dem Bild einen biblischen Ton, und das »Weinen« grundiert die Migrationserfahrungen, die beide bei ihrem Einzug in Bethlehem teilen. In »Kaddisch« gewinnt die Mühsal von Ruth und Naomi neue Intensität, weil sie durch die Tränen einer Immigrantin gesehen wird, die spät im 20. Jahrhundert ihren Weg ins gelobte Land Amerika nicht recht finden konnte.

Aber Ginsbergs Bibeltypologie reicht noch weiter. Liebevoll folgt er Naomis Schritten, wohin sie auch geht, und ist damit selbst eine Art Ruth. Schließlich handelt schon der Anfang des Gedichtes von dem Weg, auf dem Ginsberg den Spuren seiner Mutter durch die Lower East Side folgt. Die eindringlichen rhythmischen ersten Zeilen von »Kaddisch« fangen die emotionale Intensität des Moments ein.

> Seltsam an dich zu denken, du, ohne Augen und ohne Mieder
> Verschollen, während ich auf dem sonnigen Gehsteig
> in Greenwich Village dahingeh'
> dann im Herzen Manhattans, klarer Wintermittag, die ganze Nacht
> saß ich wach, redend, redend, redend, den Kaddisch laut lesend,
> Ray Charles schrie blind seine Blues auf dem Plattenspieler
> der Rhythmus, der Rhythmus – und deine Erinnerung, drei Jahre
> später, in meinem Gehirn […]
> Träumte durchs Leben zurück, durch deine Zeit – und meine, die
> auf den Weltenbrand, immer schneller dahinjagt,
> Den allerletzten Moment – […]
> über die Schulter zurückspähe, die Seventh Avenue entlang,
> die Brustwehren der fenstergespickten Bürohäuser
> drängen sich hoch aneinander, unter der Wolke, so hoch
> wie der Himmel einen Augenblick lang – und der Himmel darüber –
> alter blauer Ort.
> oder stadtauswärts, die Avenue südwärts zur Lower East Side,
> wo du – es sind fünfzig Jahre, ein kleines Mädchen –
> aus Rußland, da aßt du die ersten Gifttomaten
> Amerikas – standst ängstlich am Kai –
> dann kämpftest du dich durch die Menge der Orchard Street – wohin?[7]

Sobald Ginsberg in die Welt seiner Mutter eintritt, drängen unerwartete Erinnerungen an Vergangenes mit Traumkraft an die Oberfläche. Er beginnt mit Fragmenten aus den ersten Jahren seiner Mutter, als sie ein kleines armseliges Immigrantenkind war. Er sieht sie »ängstlich am Kai« stehen und »in der Menge der Orchard Street«, einer Straße in der Lower East Side. Er erinnert sich sogar daran, dass sie meinte, Tomaten seien giftig, ein Verdacht, den am Anfang des 20. Jahrhunderts viele jüdische Immigranten aus Russland teilten, denn Tomaten waren ihnen unbekannt.[8] Aber die Angst des Migrantenkindes Naomi vor dem Neuen, Fremden wurde verstärkt durch eine Neigung zu Psychosen.

Mit erstaunlicher Direktheit schildert Ginsberg dann in mitfühlenden Nahaufnahmen, wie seine Mutter allmählich den Verstand verliert. Die giftigen Tomaten waren ein Vorspiel zu vielen folgenden paranoiden Halluzinationen. Manche eingefärbt von kommunistischer Verdammung des kapitalistischen Amerika (Naomi war wie viele russisch-jüdische Immigranten eine glühende Kommunistin), andere ausgelöst von ihrer eigenen Familie. Ginsberg führt die ganze Palette vor: »Die Feinde rücken näher – was für Gifte? Tonbandgeräte? Das FBI?«;[9] »Ich bin eine große Frau – eine wirklich edle Seele – und deshalb wollen die (Hitler, Oma, Hearst, die Kapitalisten [...]) mich mundtot machen.«[10] Ginsbergs hingebungsvolle Liebe zu seiner Mutter und die Bereitwilligkeit, sich mit ihr zu identifizieren, erinnern in ihrer Intensität an Ruth, die auf dem Weg zwischen Moab und Bethlehem entschlossen an der trostlosen melancholischen Noomi festhielt. Niemand in Ginsbergs Familie konnte oder wollte ihr ebenso nahe sein. Und doch macht die düstere moderne Auffassung des Buches Ruth die Frage der Loyalität zwangsläufig komplizierter. So tief Ginsberg seiner Naomi auch verbunden ist, hat er doch etwas von einer gescheiterten Ruth. Schuldbeladen, weil er seine Mutter immer wieder im Stich gelassen hat, gesteht er mit unbestreitbarem Schmerz die Grenzen seiner hingebungsvollen Liebe ein. Nachdem er Naomi als Zwölfjähriger (auf ihre Bitte hin) in ein Pflegeheim gebracht hatte, war er von Reue geplagt. »Ich fuhr mit dem nächsten Bus nach New York zurück [...] verließ sie.«[11] Mehr als alles andere quälte ihn, dass er (sein Vater hatte die Familie zu diesem Zeitpunkt schon verlassen) auf Druck der Ärzte schriftlich seine Einwilligung in die Lobotomie seiner Mutter gegeben hatte, eine Operation, die ihren Zustand nur verschlimmerte: »die Lobotomie – Ruine, die Hand, hinuntertauchend zum Tod –«.[12]

Überwältigt von Liebe, Schuld- und Verlustgefühlen sucht Ginsberg nach einer Loyalität in einem neuen, einem poetischen Modus. Er weist seiner Mutter die Rolle einer fremden, ruhmreichen Muse zu, deren Lehren gehütet und befolgt werden müssen:

> O glorreiche Muse, die du mich gebarst, mir deine Brust, erstes mystisches Leben gabst & mich Sprache und Musik lehrtest, aus deren gequältem Kopf ich meine erste Vision fand – Gefoltert, geschlagen in deinem Schädel – Welch wilde Verdammten-Visionen treiben mich aus meinem eigenen Schädel, auf die Suche nach der Ewigkeit, bis ich Frieden für dich finde, O Dichtung –[13]

Ginsberg wünscht sich sehnlich Erinnerungen an die besseren Zeiten, als er von seiner charismatischen künstlerischen Mutter viel über Musik und »Reden« lernte. Aber in ihrem Wahnsinn inspirierte sie ihn nicht weniger: »Gefoltert, geschlagen im Schädel« schafft Naomi es, Ginsberg aus seinem »eigenen Schädel« herauszutreiben, ihn zum Erkunden von Möglichkeiten jenseits der faden Bereiche des

Erkennbaren oder restlos Wahrnehmbaren zu drängen. Ihre Halluzinationen im Wahn eröffnen ihm neue Horizonte eines dichterischen Schreibens, das fragmentarisch und nicht immer erklärbar – aber immer visionär ist.

Ginsberg sucht aus den vielen chaotischen Visionen seiner Mutter einen Brief aus, den sie ihm in den letzten Tagen vor ihrem Tod aus der Nervenheilanstalt Pilgrim State schrieb. Ein Mitarbeiter der Klinik schickte ihm das Dokument; es traf ein paar Tage nach Naomis Tod ein, ein posthumer Abschied.

> Wiederum Seltsame Prophezeiung! Sie schrieb – »Der Schlüssel ist in dem Fenster, der Schlüssel ist in dem Sonnenlicht am Fenster – Ich habe den Schlüssel – Nimm dir eine Frau, Allen und nimm kein Rauschgift – der Schlüssel ist in den Gitterstäben, im Sonnenlicht am Fenster.
> Alles Liebe,
> von deiner Mutter«
> die Naomi ist –[14]

Naomis kryptischer Brief ist vage, aber Ginsberg versteht ihn als ein richtungsweisendes Orakel. Die Schlüsselsuche im Fenster wird zu einem mystisch-poetischen Code – einer Aufforderung, selbst wenn man eingesperrt ist, nach Licht und Freiheit zu suchen. Doch Naomi hielt auch einen Rat anderer Art bereit: »Nimm dir eine Frau, Allen und nimm kein Rauschgift.« Einen Augenblick lang klingt sie wie das Stereotyp einer jüdischen Mamme. Und doch vermitteln diese zerstreuten Worte die herzergreifende Liebe einer schizophrenen Mutter, die vor ihrem Tod noch nach ein wenig Klarheit tastet (in ihren letzten Lebensjahren konnte sie niemanden mehr erkennen), um ihrem Sohn einen nützlichen Rat mitzugeben. Ginsberg war schwul und rauschgiftsüchtig und konnte ihren Rat unmöglich befolgen, aber es gelingt ihm, etwas von der unbeabsichtigten Richtlinie seiner Mutter zu übernehmen, indem er sie in seine eigene literarische Genealogie eingliedert. Er bewahrt die Kontinuität seiner Familie nicht durch Ehe und Nachkommen, sondern durch ein *Jibbum*, eine Variante der Leviratsehe: indem er die Dichtung verfasst, die seine Mutter nicht verfassen konnte, die er aber aus den Resten ihres Diskurses erahnt.

In »Kaddisch« positioniert sich Ginsberg zum ersten Mal als Gründervater der Beat Generation und zugleich als Abkömmling einer jüdischen Immigrantin, die seine Muse war. Die Verstörung seiner Mutter habe Nachwirkungen auf sein Leben, gibt er zu. Ihre Lower East Side sei seine Lower East Side, ihr russisch-jüdisches Erbe sei auch das seine, so wie ihr Weinen und ihr wahnhafter Diskurs auch zu ihm gehörten. Ginsberg hat seine jüdische Herkunft nie verborgen, aber auch nie zuvor so offen gezeigt wie in der Elegie für seine Mutter. Er geht so weit, den aramäischen Begriff *kaddisch* zum Titel seines Textes zu machen, und fügt an verschiedenen Stellen aramäische und hebräische Bruchstücke aus dem traditionellen Gebet in lateinischer Umschrift in sein Gedicht ein. Heute werden Anspielungen auf das Kaddisch von der jüdisch-amerikanischen Literatur fast erwartet. Dieses klangvolle Gebet ist in der amerikanischen Kultur geradezu ein Markenzeichen der Jüdischkeit geworden (ein Beispiel ist die wichtige Rolle des Kaddisch in Toni Kushners *Angels in America*, ganz zu schweigen von Leon Wieseltiers *Kaddish*).[15] Aber 1961, als Ginsberg sein Gedicht publizierte, waren der Einschub fremder Wörter und der Rhythmus des Kaddisch etwas Ungewöhnliches, erst recht für einen Beatnik. Die Literaturkritikerin Hana Wirth-Nesher schreibt, die jüdisch-amerikanischen Autoren der ersten Generation, Söhne und Töchter von Immigranten, hätten sich oft ganz darauf konzentriert,

»unverwechselbare eigene Stimmen dadurch zu gestalten, dass sie Spuren von Immigrantenjargon, einen ethnischen Akzent, in ihren Texten bewahrten«.[16] Ginsberg beteiligt sich mit »Kaddisch« an diesem Projekt und bringt die bis dahin randständigen Sprachen der jüdischen Kultur an die Spitze des amerikanischen Literaturkanons. Aber obwohl er der amerikanischen Identität neue Bedeutungen zu geben sucht, ist es ihm genauso wichtig, die jüdische Tradition umzuformen. Sein Kaddisch ist häretisch, nicht nur weil es sich an Naomi richtet statt an Gott, sondern auch weil es andere kulturelle Traditionen aufnimmt – buddhistische Lehren ebenso wie denkwürdige Rhythmen der Blues von Ray Charles.[17]

Ginsberg verlegt Ruths Geschichte an die Lower East Side, weil er die Vergangenheit in Ordnung bringen und seiner Mutter die amerikanische Kultur als einen verspäteten Heimatort erschließen, sie zu einer Beat-Muse machen möchte. Aber diese Form poetischer Akkulturation schließt keineswegs eine Leugnung ihrer kulturellen Vergangenheit oder der außergewöhnlichen Merkmale ihres Lebens ein. Ruth ist eine Außenseiterin, aber dass sie kaum zur Assimilation fähig ist, regt Ginsberg dazu an, sich als einen Dichter zu sehen, der Sakrilege begeht, sein Kaddisch in der Einöde singt und erklärt: »Ich bin unverheiratet, ich hab' keinen Gesang, ich hab' keinen Himmel.«[18]

Toni Morrisons schwarze Bibel: Zerstörte Genealogien

Gut zwanzig Jahre nachdem sich Allen Ginsberg auf einem Weg durch die Lower East Side seine Mutter als kleines Immigrantenkind vorgestellt hatte, veröffentlichte Toni Morrison *Song of Solomon* (1977), einen der hochgerühmten Romane, die ihr am Ende den Nobelpreis für Literatur eintrugen. *Song of Solomon* (deutsch: *Solomons Lied*) ist eine Auseinandersetzung mit den verschiedenen Besonderheiten der *Great Migration*, der Großen Wanderung, deren gewaltige Auswirkungen auf die Vereinigten Staaten in den 1970er Jahren noch kaum untersucht worden waren. Diese massive Migration von Millionen Afroamerikanern aus dem ländlichen Süden in die Industriestädte des Nordens während der ersten Hälfte des 20. Jahrhunderts war in der Hauptsache eine Reaktion auf die schlechte wirtschaftliche Lage sowie die noch übliche Rassentrennung und Diskriminierung in den Südstaaten, wo Jim-Crow-Gesetze die Regel waren.[19] Die kulturelle Anpassung an das Leben im Norden erwies sich jedoch als unerwartet schwierig. Der mutige Aufbruch in den Norden markierte für zahllose Afroamerikaner einen neuen Anfang, aber der Rassismus war auch dort keineswegs verschwunden, und bestimmte Südstaaten-Bräuche wurden schmerzlich vermisst. Dass Morrison sich mit dieser wichtigen Phase in der afroamerikanischen Geschichte befasst, hat ein sehr persönliches Element. Ihr Vater, George Wofford, wuchs in Cartersville, Georgia, auf. Als er ungefähr fünfzehn war, lynchte eine Bande Weißer zwei schwarze Geschäftsleute, die in seiner Straße wohnten. Kurz nach dem Vorfall zog er nach Lorain, Ohio, eine Stadt, in der bereits Rassenintegration herrschte, und hoffte, im wirtschaftlich aufblühenden Ohio Arbeit zu finden. Morrisons Mutter, Ramah Wofford, stammte auch aus dem Süden, aus Greenville, Alabama, und war als kleines Mädchen 1910 mit den Eltern, die ihre hochverschuldete Farm hatten aufgeben müssen, in den Norden gezogen. Anders als Ginsberg hat Morrison nicht die Absicht, in ihrem Roman biographische Besonderheiten im

Leben ihrer Eltern zu schildern, aber deren Erfahrungen prägen Morrisons Vorstellung von der Familiengeschichte der Afroamerikaner, die in den Norden wanderten, und hinterlassen tiefe Spuren in *Solomons Lied*.

Da Morrison in einer überaus bibelfesten Familie aufgewachsen ist und Bibelworte zu ihrem täglichen Leben gehörten, nimmt sie in alle ihre Romane Verse aus der Heiligen Schrift auf. Die Verbundenheit mit der Bibel wird in *Solomons Lied* schon am Titel deutlich. Aber zusätzlich zum Hohelied baut Morrison noch andere Bibeltexte ein.[20] Im Wissen, dass afroamerikanische Migranten ihren Auszug aus dem Süden oft als einen zweiten Exodus verstanden – einen denkwürdigen Übergang vom Jim-Crow-Süden in das gelobte Land im Norden –, nutzt Morrison das 2. Buch Mose (Exodus) als einen Baustein für ihren Roman.[21] Aber als feministische Autorin, die Genderfragen im Migrationskontext untersuchen will, gliedert sie auch das Buch Ruth in ihr biblisches Netzwerk ein.[22]

Namen sind die wichtigsten hermeneutischen Schlüssel in *Solomons Lied*. Viele Romanpersonen tragen biblische Namen. Der im Titel genannte Salomon ist nur ein erster Hinweis; andere Namen folgen: Ruth, Hagar, Rebecca, Magdalena, sogar der merkwürdige Name First Corinthians (Erster Korintherbrief). Morrison zeigt die bei Afroamerikanern übliche Praxis, ihren Kindern biblische Namen zu geben (mehrere Szenen im Roman schildern solche Namensgebungen), macht damit jedoch auch auf ein allgemeineres Phänomen aufmerksam. Obwohl ursprünglich die weißen Herren ihren Sklaven die Bibel zum Zeichen der Leibeigenschaft aufzwangen, verwandelte die afroamerikanische Community den Text in eine wichtige Quelle des Widerstandes und brachte mit seiner Hilfe ihren eigenen Glauben und ihre eigene Mühsal zum Ausdruck. Jeder biblische Name in diesem Roman leitet uns zu seinem Kontext im Alten Testament und animiert uns zu Reflexionen über die erstaunlich verschiedenen Bedeutungen, die biblische Namen und Geschichten in der schwarzen Kultur annehmen können.

Dass eine der Romanpersonen Ruth heißt, ist eine direkte Aufforderung, darüber nachzudenken, wie wichtig das Buch Ruth für *Solomons Lied* ist. Morrisons Ruth ist eine ziemlich traurige Verkörperung ihrer biblischen Namensschwester, eine Ruth, die mit ihrem Assimilationsversuch scheitert. Tochter eines wohlhabenden Arztes, der in den 1930ern in den Norden einwanderte und Teil der afroamerikanischen Elite einer Kleinstadt in Michigan wurde, ist Ruth unter Menschen gefangen, deren Hauptziel es ist, als weiß durchzugehen (ihr Vater hat sogar seine Haut gebleicht). Ihre Ehe mit Macon Dead, der nach Michigan gezogen war, nachdem er mitangesehen hatte, wie Weiße seinen Vater ermordeten, verschlimmert ihre Situation. Macon ist, wie andere in den Norden eingewanderte Südstaatler, fest entschlossen, einen höheren Lebensstandard zu erreichen. Finanziell gesehen hat er Erfolge mit Unternehmungen, die für seinen Vater und die Sklaven, die seine Vorfahren waren, unvorstellbar gewesen wären, aber in anderer Hinsicht ist sein Griff nach dem amerikanischen Traum eine Katastrophe. Mit seinen schwarzen Mietern geht er genauso erbarmungslos um wie mit seiner eigenen Familie. Als Macon sieht, wie seine Frau die Finger ihres sterbenden Vaters ablutscht (Macons Version) oder küsst (Ruths Version), packt ihn Ekel und er schwört, nie wieder Sex mit ihr zu haben. Als Ruth Dead damit nicht nur ihren Vater, sondern auch ihren Mann verloren hat, wird sie noch einsamer und verzweifelter.

Die Geschichte der biblischen Ruth klingt besonders

deutlich an, als Ruth Dead und ihre Schwägerin Pilate ein Komplott schmieden, um Macon zu verführen, ein Komplott, das an die Verführungsszene auf der Tenne erinnert. Die sehr unkonventionelle Pilate empfand nie besondere Nähe zu Ruth, aber als ihre unglückliche Schwägerin, die unbedingt einen Sohn in die Welt setzen will, sie um Hilfe bittet, gibt sie nach. Ruth nimmt auf Pilates Anweisung »irgendein graugrünlich-grasiges Zeug, ums ihm ins Essen zu geben«.[23] Es wirkt. Macon hat gegen seinen Vorsatz an vier Tagen hintereinander Sex mit seiner Frau. Ruth empfängt und gebiert Milchmann. Eine Familie mit dem Namen Dead (tot) – eine Variante der auf den Tod deutenden Namen Machlon (Krankheit) und Kiljon (Zerstörung) im Buch Ruth – scheint von Anfang an todgeweiht zu sein. Aber mit vereinten Kräften schaffen es Ruth und Pilate, den Stammbaum der Familie Dead am Leben zu erhalten.[24]

Ruth Dead ist jedoch nicht das einzige Ebenbild Ruths im Roman. Morrisons Bibeltypologien sind ständig im Fluss. Oft verteilt sie die Merkmale einer biblischen Gestalt auf mehrere Personen und untersucht deren unterschiedliche Facetten in diversen Figuren. Mehr noch: Sie lässt ihre Romanpersonen die Rollen mehrerer Bibelgestalten zugleich spielen. Die gewinnendste Ruth im Roman ist eigentlich Pilate. Zwar übernimmt sie die Rolle Noomis, wenn sie Macons Verführung vorbereitet, aber sie verhält sich so unkonventionell und so grenzenlos loyal gegenüber ihren Lieben wie Ruth. Während viele in der Stadt weiß sein wollen oder wenigstens weißer, bildet Pilate die große Ausnahme: Sie versucht nie, ihr Aussehen zu verändern oder ihre schwarze Haut zu verstecken. Für ihren Bruder Macon ist sie »ein regelrechter Grund zur Beschämung«.[25] Sie ist nicht nur verschlampt und gegen traditionelle Frauenkleidung (stattdessen trägt sie eine Matrosenmütze tief in die Stirn gezogen), sondern sie hatte »eine Tochter, aber keinen Mann [...], und diese Tochter hatte wieder eine Tochter, aber keinen Mann«.[26] Macon ist wütend auf seine Schwester, da sie »nicht eine Spur von Schicklichkeit mehr«[27] hat, aber er kann sie nicht aufhalten. Pilate zieht an den Stadtrand und errichtet dort mit Tochter Reba (Rebecca) und Enkelin Hagar ein eigenes Reich der Außenseiterinnen. Die verarmte, an den Rand gedrängte Pilate schafft es gegen alle Wahrscheinlichkeit, sich über Wasser zu halten. Allerdings macht in ihrem Fall nicht Ährenlesen das Überleben möglich, sondern eine kleine Weinhandlung in Zeiten der Prohibition.

Pilates gewagte Initiativen helfen, Macons Familie zu retten und ihre eigene vor dem Auseinanderfallen zu bewahren. Nicht weniger entscheidend ist sie für die Erhaltung kultureller Genealogien. Als Pilate gerade rechtzeitig zu Milchmanns Geburt in der Klinik auftaucht, singt sie mehrmals ein Lied:

> Sugarman ist fortgeflogen
> Sugarman ließ uns allein
> Sugarman saust durch die Luft
> Sugarman flog heim.«[28]

Dieses Lied ist uns zuerst unverständlich, aber später im Roman erkennen wir, dass es ein Schlüssel zur Geschichte der Dead-Familie ist, einer Geschichte, die im Lauf der Migration dieser Familie fast ausgelöscht wurde.

Pilates Lied im Ganzen wiederzufinden, ist Milchmanns Aufgabe auf seiner Reise zurück in den Süden. Diese Reise, eine Umkehr der Großen Wanderung, wird für Milchmann die entscheidende Erfahrung, die ihn erwachsen werden lässt und mit seinem Erbe vertraut macht. Als er in der Südstaatenstadt Shalimar ankommt, trifft er auf eine Gruppe Kinder, die tanzen und singen:

Jake, einziger Sohn von Solomon
Kam buba yalle, kam buba tambi
Wirbelt rum und berührt die Sonn
Kam konka yalle, kam konka tambi.

Das Lied wirft Licht auf wichtige Ereignisse in Solomons Familiengeschichte, und sein Refrain ist:

O Solomon, verlaß mich nicht
Daß Baumwoll mich ersticke
[...]
Solomon is geflogen,
Solomon is gegangen
Solomon saust durch die Luft,
Solomon flog heim.[29]

Tief bewegt von diesem Lied, erkennt Milchmann, dass es die Geschichte seiner eigenen Familie erzählt und dass es genauso klingt »wie der alte Blues, den Pilate ständig sang«,[30] nur dass die Kinder nicht von Sugarman, sondern von Solomon singen. Das vollständige Lied, das er im Süden hört, offenbart eine ganze Genealogie, beginnend mit dem fliegenden Solomon (einem Sklaven namens Solomon), der sich hoch über die mühselige Arbeit in den Baumwollfeldern erheben und nach Afrika zurückfliegen konnte. Wenn wir den Titel *Song of Solomon* lesen, glauben wir zunächst, es handle sich um das Hohelied Salomos. Aber am Ende des Romans wird klar, dass wir vorschnell waren, als wir die bekannten kanonischen Texte in erkennbarer Form erwarteten.

In Morrisons schwarzer Bibel kann ein legendärer afrikanischer Sklave im Süden den Rang König Salomos einnehmen, und die Geschichte seiner Abstammung zu bewahren, ist genauso dringlich wie der Schutz der Traditionen biblischer Dynastien. Morrison formt die Bibel nach ihrer Art, sodass das Hohelied und das Buch Ruth verschmelzen.[31] Das Lied der Kinder in Shalimar bezieht sich auf Salomo, aber seine Themen hängen enger mit dem Buch Ruth zusammen. Denn es ist kein Dialog zwischen zwei Liebenden, sondern eine Genealogie und ein Lamento über die Brüche in der Stammlinie in Notzeiten. Zuerst mag es befremdlich wirken, wenn Ruth und Salomo zusammengebracht werden, aber wir dürfen nicht vergessen, dass Ruth schließlich die Ururgroßmutter Salomos ist.

Besonders bezaubernd sind Morrisons Improvisationen über Bibeltexte im »O Solomon«-Lied, weil sie auch auf schwarze Folklore und Musik zugreift. In einem Interview zu *Solomons Lied* erklärt Morrison, der Roman handle »von schwarzen Menschen, die fliegen konnten. Das gehörte immer zur Folklore meines Lebens; wir konnten fliegen.«[32] Wenn sie dem fliegenden Solomon folgt, baut Morrison auf Geschichten, die sie gehört hat, und auch auf *Drums and Shadows: Survival Studies among the Georgia Coastal Negroes*, eine Anthologie afroamerikanischer Volksmärchen, die aus dem Gullah übersetzt wurden.[33] In einigen dieser Märchen singen die Sklaven, unmittelbar bevor sie sich in die Luft erheben, die magischen Worte, die Morrison in ihrem Lied evoziert: »Wa kum kum munin / Kum baba yano / Lai lai tambee / Ashi boong a nomo.«[34] In *Solomons Lied* vermischen sich diese afrikanischen Rhythmen und Gesänge frei mit biblischen Elementen und bilden eine lebendige afroamerikanische Melange. Albert Raboteau, Religionswissenschaftler und Fachmann für die afroamerikanische Religion, hebt ihren Mischcharakter hervor, auch ihre einzigartige Melange aus Bibelgeschichten und afrikanischem Singen, Tanzen und rhythmischem Klatschen.[35] »O Solomon« ist in gewisser Weise ein Misch-Spiritual – eines, das beim Tanzen gesungen wird. Mehr noch, dieses Lied ist, wie viele traditionelle Spirituals, so flexibel, dass es die Erfahrungen eines einzelnen Sklaven oder seiner Familie ebenso vermitteln kann wie die der schwarzen Community im Ganzen. Und wie viele Spirituals rührt es an großes Elend, aber seine belebenden Rhythmen lassen nicht zu, dass wir darin versinken. Wenn Solomon beschließt, sich im Flug über die Mühen der Arbeit in den Baumwollfeldern zu erheben, dann können das auch diejenigen, die sein Lied singen. »O Solomon, verlass mich nicht«, rufen seine versklavten Kinder, die an Baumwolle ersticken, aber auch sie sind offenbar angesteckt von seiner mutigen Entschlossenheit, die Fesseln aufzubrechen und heim nach Afrika zu fliegen. Dass der Norden nicht das gelobte Land war, auf das die Migranten der Großen Wanderung hofften, deutet Morrison an. Afrika sei deren wahre Heimat. Jedoch setzt sie sich nicht für eine buchstäbliche, sondern vielmehr für eine symbolische Rückkehr in das afrikanische Mutterland ein: für eine deutlichere Anerkennung des Wertes, den afrikanische Bräuche und Überzeugungen in der amerikanischen Kultur haben.

Milchmann ist beeindruckt von der erstaunlichen Familiengeschichte, die er im Süden findet, und er ist stolz, zu dem »mamafickenden Fliegerstamm«[36] zu gehören. Als er am Ende des Romans auf der Flucht vor Gitarre ist, seinem engsten Freund und Feind, wagt er es, den Flug seines großen Vorfahren nachzuahmen, und hebt ab von »Solomons Sprung«, einer Klippe am Rand von Shalimar. Morrison lässt den Schluss absichtlich offen – wir wissen nicht, ob Milchmann sich in die Luft schwingen und fliegen kann oder in den Abgrund hinabstürzt und den Tod findet. Weil Milchmann das afroamerikanische Erbe zurückgewinnt, das seine Eltern mit ihrer Migration in den Norden aufgaben, kann er nun auf der Luft »reiten«, aber seinem Flug steht vieles im Weg – vom unaufhörlichen Rassismus der Weißen und der Schwarzen bis zu den Narben der Sklaverei und militanten schwarzen Gruppen, etwa Gitarres »Sieben Tage«.

Unmittelbar vor Milchmanns Sprung mit ungewissem Ausgang kommt es jedoch zu einem versöhnlichen Moment. Pilate, die Milchmann in der letzten Phase seiner Reise begleitet, wird von einer Kugel Gitarres getroffen und bittet ihren Neffen: »Sing ein klein bißchen für mich.« Milchmann erfüllt ihr diese letzte Bitte und singt eine Variation ihres Liedes:

Sugargirl, verlaß mich nicht
Daß Baumwoll mich ersticke
Sugargirl verlaß mich nicht
Daß weiße Arme mich erdrücken.

Sie stirbt in seinen Armen, Milchmann sieht sie voller Liebe und Bewunderung an und weiß, dass sie, »ohne je den Boden zu verlassen«, fliegen konnte.[37] Er erkennt jetzt, dass Pilate zwar in dem Lied, das er gehört hatte, nicht erwähnt wird, aber trotzdem eine eindrucksvolle Vorfahrin ist, die so einzigartig und wundersam fliegen kann wie der fliegende Solomon.[38] Die Außenseiterin Pilate tritt in *Solomons Lied* von der Bühne ab als eine legendäre Ruth, die, selbst wenn sie fliegt, nie den Boden unter den Füßen verliert und nie ihre Lieben verlässt.

Guillermo del Toros The Shape of Water*: Die Liebe zu Amphibien-Menschen*

Wir verlassen jetzt die Welt der Literatur und die 1970er Jahre, befassen uns abschließend mit exegetischen Szenen in Filmen von heute und konzentrieren uns dabei auf Guillermo del Toro. Während Allen Ginsberg und Toni Morrison Kinder von Immigranten waren, ist del Toro selbst Immigrant. Geboren und aufgewachsen in Guadalajara, zog er in der Mitte der 1990er Jahre in die Vereinigten Staaten und wurde innerhalb von zwei Jahrzehnten zu einem der wichtigsten Filmemacher Hollywoods.[39] Als er 2019 seinen Stern auf dem Hollywood Walk of Fame entgegennahm, erklärte er seinem Publikum so leidenschaftlich wie für ihn typisch, in seinem Leben seien zwei Dinge wichtig: dass er Mexikaner und dass er Immigrant sei. Und dann kritisierte er die Einwanderungspolitik des amerikanischen Präsidenten, auch wenn er Donald Trump nicht beim Namen nannte: »Wenn ich als Mexikaner jetzt diesen Stern empfange, kann keine Geste banal oder schlicht sein.« Alle Immigranten »aus allen Nationen« rief er auf, »den Lügen entgegenzutreten, die über uns erzählt werden«, und »den Geschichten in ihrem eigenen Inneren zu glauben«.[40] Del Toro ist eng befreundet mit den mexikanischen Filmemachern Alfonso Cuarón und Alejandro González Iñárritu – sie werden The Three Amigos of Cinema genannt; alle drei haben in den letzten Jahren Oscars gewonnen und zum Aufschwung der mexikanisch-amerikanischen Szene in Hollywood beigetragen.

Guillermo del Torro wurde römisch-katholisch erzogen. 2019 beschrieb er seine Erziehung in einem Interview mit Charlie Ross als exzessiv »morbide« und sagte: »Als Katholik bin ich zum Glück vom Glauben abgefallen […] aber wie Buñuel gesagt hat: Ich bin Atheist, Gott sei Dank.«[41] Dass del Toro mit Bibeltexten vertraut ist, wird in seinem Fantasyfilm *The Shape of Water* (2017), *Das Flüstern des Wassers,* deutlich. Hier entdecken wir in den verschiedenen Formen des Wassers eine faszinierende Galerie mit Bildern von Ruths Fortleben im Film.

Das Flüstern des Wassers ist ein Film über Filme, in erster Linie eine Neuverfilmung von Jack Arnolds *Creature from the Black Lagoon* (1954) – *Der Schrecken vom Amazonas* –, aber auch von Henry Kosters *The Story of Ruth* (1960) – *Das Buch Ruth*.[42] Wer den Film *Das Flüstern des Wassers* sieht, wird schon in der ersten Sequenz aufgefordert, die Verwandtschaft dieses Films mit dem *Buch Ruth* im Sinn zu behalten. Elisa, die Protagonistin des Films, wohnt über dem Kino Orpheum, in dem, wie eine Leuchtschrift anzeigt, gerade *Das Buch Ruth* läuft. Die Kamera führt uns erst in Elisas Wohnung, man sieht sie vor einem verschwommenen Hintergrund, sie schläft, aber dann schwenkt die Kamera nach unten ins Erdgeschoss, richtet sich auf die Leinwand und fängt Szenen aus Kosters Film ein. Kurze Zeit wissen wir nicht, welchen Film wir sehen: Mehrmals wechselt die Kamera von Elisas Wohnung zu den Bildern und Stimmen aus *Das Buch Ruth* und zurück.

Kosters *Das Buch Ruth* war einer von vielen im Lauf der Jahre in Hollywood produzierten Filmen mit Bibelthemen.[43] Die amerikanische Filmindustrie machte aus der Heiligen Schrift ein Bilderbuch zum Ansehen für Millionen Zuschauer – lesekundige und solche, die nicht lesen konnten –, ein Buch zum erschwinglichen Preis einer Kinokarte. Geboten wurde eine Rekonstruktion der biblischen Vergangenheit, die in ihrem Realismus und der Glaubwürdigkeit ihrer Phantasieprodukte so noch nie da gewesen war. Schon in der Stummfilmzeit hatte es Filme mit biblischen Themen gegeben, aber der Höhepunkt des Hollywood-Biblizismus wurde in den 1950er und frühen 1960er Jahren erreicht. Zwar verlor die Bibel im modernen Amerika einiges von ihrer religiösen Aura, wurde aber stattdessen im Kalten Krieg zu einem Symbol amerikanischer Überlegenheit. Amerika grenzte sich vom totalitären Block der kommunistisch regierten Länder ab, indem es sich als eine Nation unter Gott darstellte. Hollywood sah sich verpflichtet, diesen Unterschied sichtbar zu machen, und produzierte biblische Breitwand-Epen mit Starbesetzungen, prunkvollen Kostümen und aufwendigen Szenarios. Cecil B. DeMille war der bekannteste Hollywood-Produzent und -Regisseur biblischer Epen; sein ambitioniertester und einträglichster Film war *The Ten Commandments* (1956), *Die zehn Gebote.* Zum Werbematerial für diesen Film gehörte ein Bild, das Charlton Heston, den Darsteller des Moses, mit hoch erhobenen Armen unter der Liberty Bell zeigte, so als stemme er die gewaltige Glocke. Die Bildunterschrift erklärte, dass der auf der Freiheitsglocke eingravierte Spruch, der göttliche Auftrag: »Ihr sollt Freiheit ausrufen im Land allen, die darin wohnen« (3 Mose 25,10),[44] aus den Büchern Mose stammt. Dieses Bild signalisierte, dass die Vereinigten Staaten nunmehr die beste Strategie für das ›Ausrufen der Freiheit im ganzen Land‹ beherrschten: Kinofilme. Hollywood sorgte mit der Übernahme biblischer Themen nicht nur für einen größeren Glanz Amerikas, sondern rückte auch sich selbst in ein rühmliches Licht. Der amerikanische Journalist und Humorist James Thurber schrieb in einem Kommentar zu *Die Zehn Gebote*, dieser Film »macht uns klar, was Gott hätte tun können, wenn er das Geld dafür gehabt hätte«.[45]

Als Henry Koster in DeMilles Fußstapfen treten wollte, suchte er sich für sein Projekt eines biblischen Breitwand-Epos das Buch Ruth aus. Kosters *Story of Ruth (Das Buch*

Ruth) gehört nicht zu den erfolgreichsten Filmen dieses Genres, hatte aber Millionen Zuschauer und eine bemerkenswerte Resonanz.[46] Der erste Teil des Films handelt von Ruths Leben in Moab. Sie wird als schöne Priesterin des moabitischen Gottes Kemosch vorgestellt, die eines Tages Machlon begegnet und erkennt, dass die Menschenopfer in ihrem Tempel ethisch verfehlt sind. Ruth beginnt an ihrer Religion zu zweifeln und verliebt sich in Machlon. Die beiden heiraten, und Ruth schließt sich Machlons Gott und Volk an. Die grausamen Moabiter sind erbost über Ruths Sinneswandel und schicken Machlon zur Sklavenarbeit in den Steinbruch, wo er stirbt. Nach seinem Tod ziehen Kiljon und Elimelech, Ruth und Noomi nach Bethlehem. Ruth wird anfangs von den Bethlehemitern verachtet und der Götzendienerei beschuldigt, als sie aber beweisen kann, dass sie in ihrem Glauben an den monotheistischen Gott und (eher implizit) an den amerikanischen Exzeptionalismus vorbildlich ist, wird sie uneingeschränkt von der Gemeinde akzeptiert. Die letzte Filmsequenz zeigt die festliche, im orientalischen Stil gefeierte Hochzeit des Liebespaares Ruth und Boas.[47]

In *Das Flüstern des Wassers* besucht del Toro das Kino unter Ruths Wohnung und erkundet die älteren Schichten der biblischen Epen Hollywoods, geht dann aber dazu über, andere Geschichten von der über dem Orpheum lebenden Ruth zu erzählen, die die vom Kalten Krieg gefärbte Sicht seiner Vorgänger demontieren. *Das Flüstern des Wassers* konzentriert sich auf das Leben einer bunten Mischung von Außenseitern, die wegen ihrer Behinderungen, Abstammung, sexuellen Orientierung oder sogar ihrer Spezies an den Rand gedrängt wurden: die stumme Elisa (von Sally Hawkins gespielt), die Afroamerikanerin Zelda (Octavia Spencer), der homosexuelle Nachbar (Richard Jenkins) und der Amphibienmann (Doug Jones). Jede dieser Gestalten verkörpert etwas aus Ruths Geschichte – Elisa und das amphibische Geschöpf mehr als die anderen.[48] Und mehr noch: Beide haben auch Züge von Boas. In del Toros Fantasywelt sind die Bibelgestalten keine eindeutig festgelegten Typen, sondern fließende Übergänge kommen vor, die sich über Grenzen zwischen Charakteren, Geschlechtern und sogar Spezies hinwegsetzen.

Die extravaganteste Ruth in *Das Flüstern des Wassers* ist der Amphibienmann. Es liegt auf der Hand, dass sich vor del Toro niemand Ruth als ein amphibisches Wesen vorgestellt hatte. Aber auch für del Toro, der Monster schätzt, ist es ein entscheidender Interpretationssprung. In den 1950er Jahren sprechen Monsterfilme (etwa *Der Schrecken vom Amazonas*) nicht ausdrücklich von Immigration, aber sie spiegeln auf vielfältige Weise, wie misstrauisch und ablehnend gegenüber Fremden Amerikaner während des Kalten Krieges waren. Das Monster ist der Fremde, der am meisten Furcht einflößt, Sinnbild all jener, die aus anderen Ländern kommen und womöglich das Wohl des amerikanischen Volkes gefährden. Aber del Toro fragt: Was würde geschehen, wenn wir uns in das Monster hineinversetzten und alles aus seiner Perspektive sähen? Sobald del Toros amphibisches Geschöpf menschlich und wundersam wirkt, kann es mit Ruth eins werden und uns erlauben, die Welt mit den Augen von Immigranten zu sehen. Die Bösen in del Toros Film sind die amerikanischen Regierungsvertreter, die den Amphibienmann in Südamerika gefangen und dann in einem staatlichen Forschungslabor in Baltimore eingesperrt haben. Da sie nicht sehen, wie menschlich er ist, nennen sie ihn »das Objekt«. Der Amphibienmann aber hat Glück, so wie die biblische Ährenleserin, denn eine Einheimische erkennt ihn: Elisa. Würde er wie Ruth in der Bibel fragen:

»Womit hab ich Gnade gefunden vor deinen Augen, dass du mich erkennst, die ich doch eine Fremde bin?« (Ruth 2,10), würde Elisa ihr Mitgefühl und ihre Bewunderung in Zeichensprache ausdrücken und mit den seltsamen Gaben bekräftigen, die sie mitbringt: hart gekochte Eier statt Ähren.

Sieht man in Elisa eine Ruth, wird del Toros Geschichte noch verwickelter. Elisa ist keine Ausländerin, aber sie ist stumm und kann sich nur mit Gebärdensprache verständigen, hat also auch etwas von einer Fremden. Gilles Deleuze und Félix Guattari zeigen in ihrem Kafka-Buch, wie die Literatur von Minderheiten, Kafkas »kleine Literatur«, die Kultur der Mehrheit untergräbt, indem sie fremde Merkmale und fremde Wörter einführt und damit die Sprache der Mehrheit verfremdet.[49] Elisas Gebärdensprache ist ein wunderbares Emblem für eine Minderheitensprache, die eine verfremdete Variante des Englischen bietet. Es ist interessant, dass del Toro weder besondere Merkmale der hispanisch-amerikanischen Community darstellt (obwohl das Amphibienwesen in Südamerika gefunden wurde) noch Spanisch als eine Fremdsprache im Hintergrund bereithält. Stattdessen erfindet er im Sinne einer Parabel eine Gemeinschaft randständiger Charaktere, die eine Gebärdensprache beherrschen und sich deshalb mit Elisa verständigen können.[50]

Dass Elisa im Film hoch über allen anderen Ruth-Gestalten steht, liegt vor allem an ihrem außergewöhnlichen Mut – und an der phantastischen Schauspielerin Sally Hawkins. Mit Sensibilität für feministische Probleme präsentiert del Toro Elisa als eine »beherzte« Frau: Sie ist nur Putzfrau im Labor, entwirft aber trotzdem einen kühnen Plan, um den Amphibienmann aus dem Wasserbecken, seinem Gefängnis, zu befreien.

In einer Szene, die an die unerschütterliche weibliche

Solidarität von *Thelma & Louise* erinnert, können Elisa und ihre Kollegin Zelda ihren üblen, sexistischen Boss Strickland (Michael Shannon) hinters Licht führen und das Geschöpf aus dem Labor schmuggeln. Liebevoll versteckt Elisa den Amphibienmann in ihrer Badewanne (eine zauberhafte Mischung aus dem Außergewöhnlichen und dem ganz Normalen, und versucht so, ihm die für ihn entscheidenden aquatischen Lebensbedingungen zu erhalten. Elisas Wagemut kulminiert jedoch in ihrer bedingungslosen Liebe. Wie weit geht sie? Bis zum Letzten. In einer der erstaunlichsten Episoden im Film lieben sich Elisa und der Amphibienmann im Badezimmer (nicht nur in der Badewanne), nachdem sie den Raum bis fast zur Decke unter Wasser gesetzt haben. Der Schatten verbotener sexueller Beziehungen fiel auf die biblische Szene auf der Tenne, aber in seinem Film geht del Toro über Inzest hinaus und wagt einen Flirt mit der Bestialität. Und doch hat Elisa mit ihrer Fähigkeit, einen Fischmann zu lieben, den andere für ein Monster halten, etwas so Gewinnendes und Bezauberndes, dass wir nicht anders können, als diese aquatische Liebe hinzunehmen. Die überraschenden visuellen Effekte der vielen Grün- und Blau-Schattierungen erreichen zusammen mit Alexandre Desplats Soundtrack, dass die Szene wie ein Traum wirkt.

Im Buch Ruth spielen die romantischen Komponenten des Bundes zwischen Ruth und Boas kaum eine Rolle. Diese Auslassung passt Hollywood nicht. Koster schmückt die Romanze in *Das Buch Ruth* üppig aus, und del Toro folgt ihm in seiner Film-Adaption. Trotzdem entwickelt er noch einen anderen Aspekt der Romanze. In Filmen, die während des Kalten Krieges gedreht wurden, wäre eine Liebe zwischen verschiedenen Spezies, die das Vertraute verlässt, undenkbar gewesen, und ebenso wenig hätte man sich vorstellen können, das Handeln von Frauen oder entschlossen unabhängige weibliche Personen in den Vordergrund zu rücken.[51] Selbst die Erwartungen an ein Happy End haben sich geändert. Elisa und der Amphibienmann leben zwar glücklich und zufrieden bis an ihr Ende, das versichert uns der Erzähler in seinem Schlusswort, aber sie führen kein konventionelles Erdenleben, sondern pflegen ihre ewige Liebe in den Wassern eines Kanals in Baltimore. Nur dort, fern von den Geschossen Stricklands, können Fremde sich wohlfühlen und ihre stumme Gebärdensprache feiern. Und nur dort kann Elisa sich wundersamerweise Kiemen wachsen lassen und zu einer Amphibienfrau werden. Das Schlussbild zeigt die beiden, wie sie glücklich vereint in einer wunderbaren Wasser-Unterwelt tanzen. Del Toros Vorstellung ist düsterer als Kosters, aber er geht nicht so weit wie Ginsberg und Morrison: Er nutzt die Geschichte Ruths nicht, um die Zwiespältigkeiten des Migrantenlebens und -liebens zu erkunden. Schließlich hat er ja das Ziel, »ein Märchen in Krisenzeiten zu produzieren«.[52] Sein romantischer Fantasyfilm macht es uns möglich, der einen oder anderen verstörenden Realität unserer Zeit zugleich ins Auge zu sehen und zu entfliehen.

Auf dem Weg von Ginsbergs Lower East Side über Morrisons Südstaaten nach del Toros Baltimore erlebt Ruth radikale Umwandlungen. Ihr Bild ändert sich auch noch innerhalb dieser unterschiedlichen Welten, weil ihre Charakteristika auf mehrere Personen verteilt werden. Sie tritt ins Leben einer jüdisch-amerikanischen Schizophrenen und eines Beatnik, verwandelt sich dann in eine afroamerikanische Einsiedlerin und eine fliegende schwarze Ahnin und verschmilzt schließlich sogar mit einer stummen Putzfrau, deren afroamerikanischer Kollegin, dem homosexuellen Nachbarn und einem amphibischen Wesen. Diese verschiedenartigen Ruth-Gestalten streifen durch verblüffend unterschiedliche Welten, aber sie alle brechen mit dem orthodoxen Bild von Ruth als vorbildlicher Konvertitin. Ginsberg, Morrison und del Toro weigern sich, Assimilation als einen hohen Wert anzusehen, und setzen sich für eine weniger starre Auffassung von kultureller Identität ein. Sie wollen etwas vom ursprünglichen kulturellen Hintergrund ihrer Ruth-Gestalten bewahren. Zu diesem Zweck führen sie fremde Sprachen und Traditionen in die amerikanische Kulturszene ein – vom Aramäischen und Hebräischen des Kaddisch bis zu afrikanischen Rhythmen und Melodien in *Solomons Lied* und der Zeichensprache in *Das Flüstern des Wassers.*

In all diesen Adaptionen des 20. und 21. Jahrhunderts wird Ruth auf einen Sockel gestellt und gilt als eine exemplarische Außenseiterin und als Sinnbild der Hoffnung auf ein kulturell vielfältiges Amerika, das an seinen Küsten landende Fremde in Zukunft offener oder mindestens weniger misstrauisch empfangen wird. Die Hoffnung ist in diesen eher düsteren Erzählungen von Ruth begrenzt, aber unverkennbar lebendig.

Nachlese

In meiner Vorbemerkung habe ich geschrieben, dass zur Ährenleserin wird, wer eine Biographie über Ruth verfassen will. Bis zu einem gewissen Grad sind alle Biographinnen und Biographen Ährenleser, die sorgfältig Materialien aus vielen Quellen und Archiven aufklauben. In Ruths Fall haben wir jedoch nur wenige und nur lückenhafte Szenen, das heißt, dass alles, was man über ihr Leben zusammenträgt, mehr der Arbeit der Ährenleserinnen als normaler Quellenforschung gleicht. Aber vor allem macht uns Ruths Geschichte klar, wie vielfältig die Bedeutung der Metapher »Nachlese« ist.[1] Eine Biographie der Ährenleserin Ruth zu schreiben, heißt, sie zum Vorbild zu nehmen und ihr Leben aus Überbleibseln, winzigen Resten zusammenzustoppeln.

Das Erforschen von Ruths kryptischer Geschichte hat etwas sehr Bewegendes. Diese Geschichte erlaubt uns einen flüchtigen Blick auf eine untergegangene Frauenwelt und erinnert uns an die vielen Frauen in biblischen Zeiten, über deren Geschichten nichts berichtet wurde, weil sie nicht wichtig genug erschienen. Wir hätten gern ein richtiges *Buch* Ruth mit vielen Kapiteln und mehr Episoden aus ihrem Leben gehabt, ungefähr so, wie David den Hauptteil des wortreichen Buches Samuel für sich verbuchen kann. Ruth hat leider nur eine Welt karger Verschriftlichung zu bieten. Und doch ist es fast ein Wunder, dass wir nach der langen Zeit auf den Feldern mit der Migrantin und Ährenleserin Schritt für Schritt Dinge zusammentragen konnten, die unsere kühnsten Träume übertrafen.

Unser Ausgangspunkt war die Ährenlese aus dem Buch Ruth. Ruths Fortleben von der Spätantike bis heute und die Leserinnen und Leser, die in ihre Fußstapfen traten, bestimmten unsere nächsten Schritte. Wir haben die Spuren einer Reihe von Ruth-Fans aufgenommen: Rabbinen, Kabbalisten, Maler, Schriftstellerinnen und Schriftsteller, Dichter, Fotografen und Filmemacherinnen und Filmemacher diverser kultureller und religiöser Herkunft. Wir haben festgestellt, dass Ruth all jenen eine Stimme gab, die mit Schmerzen und Armut zu kämpfen hatten, sowie den Parias, den Sündenböcken und den Ketzern; wir haben gesehen, dass sie oft als Hoffnungsträgerin gilt, selbst wenn die Rettung ungewiss erscheint, und dass ihr Mut und ihre Treue auch von Menschen bewundert werden, die es für unmöglich halten, Ruth nachzuahmen. In allen Fällen versuchten wir auszuloten, welche Rolle Ruths Migration in den Darstellungen spielt. Es zeigte sich, dass es keine lineare Entwicklung, keine säuberliche Trennung zwischen vormodernen und modernen Adaptionen gibt. Ruths Herkunft aus Moab wird in manchen vormodernen wie in modernen Lesarten ihrer Geschichte verdrängt, andererseits kann ihr Leben als Migrantin zu allen Zeiten hervorgehoben werden. In der Spätantike galt sie vor allem als Konvertitin, und ihre Fremdheit war eine Randerscheinung. Aber im Mittelalter taucht sie in den Schriften des Sohar als eine Schechina auf, die im Exil leidet, deren Leid aber gelindert wird. Und wenn Ruth im Kontext der Moderne wiederentdeckt wird, ist sie als einheimische bukolische Ährensammlerin ebenso überzeugend wie als paradigmatische Fremde.

Reiht man diese hochgradig verschiedenen Ausprägungen von Ruths Fortleben aneinander, ergibt sich eine faszinierende Collage. Denken wir uns die literarischen und bildlichen Darstellungen Seite an Seite: die Konvertitin auf der Straße, die schmerzerfüllte Schechina auf der himmlischen Tenne, die bukolische Ährensammlerin aus Nicolas

Poussins *Der Sommer*, Ze'ev Rabans Buchillustration, die verstörte, Trost im Schreiben suchende Tirza in der Schlussszene von Agnons *In der Mitte ihres Lebens*, Michal Ben-Naftalis queere Erzählerin, die in einem trostlosen Gasthaus an der Straße auf Noomi wartet, die obdachlosen Lumpensammlerinnen auf Aldi Nes' inszeniertem Foto, die Migrantin Naomi, Ginsbergs Mutter, die als kleines Mädchen aus Russland einwandert und »in Amerika weint«, und Guillermo del Toros Elisa mit ihrem amphibischen Liebhaber beim Tanz in den Tiefen des Wassers. Diese verschiedenen Arten des Fortlebens verraten viel von ihrer Entstehungszeit und den hermeneutischen und ästhetischen Entscheidungen ihrer Schöpfer. Zugleich aber bringen sie Licht in das vielschichtige Bild der biblischen Ruth und reichern seine bewundernswerte Tiefgründigkeit noch an.

Dass Ruths Zauber sich nie abzuschwächen scheint, liegt auch an den Riten, die die Erinnerung an ihre Geschichte bewahren. Wir haben erwähnt, dass das Buch Ruth zur jüdischen Liturgie gehört und jedes Jahr am Wochenfest, Schawuot, in jüdischen Gemeinden auf der ganzen Welt gelesen wird. Aber die Bedeutung von Ruths Leben für Schawuot ist im Lauf der Jahrhunderte immer wieder neu interpretiert worden. In der Spätantike gelang es den Rabbinen mit exegetischer Akrobatik, eine Analogie zu konstruieren zwischen Ruths Konversion und der Konversion des ganzen Volkes Israel beim Empfang der Tora auf dem Berg Sinai. Im Mittelalter nahmen sich die Kabbalisten ein Beispiel an den Rabbinen und gaben der Geschichte eine mystische Wendung. In ihren Nachtwachen des Tikkun-Leil-Schawuot bemühten sie sich, die Ruth-gleiche Schechina aus dem Exil zu erlösen und die Wiedervereinigung mit ihrem Gatten, dem gesegneten Heiligen, am Tag der Übergabe der Tora zu feiern. Eine zweite radikale Veränderung geschah fünfhundert Jahre später im Zusammenhang mit dem frühen Zionismus. In den Schawuot-Zeremonien der Kibbuzim wurde die Bedeutung des Feiertages für die Landwirtschaft wiederhergestellt – Schawuot war auch ein Erntedankfest –, und Ruth galt als Vorläuferin der zionistischen Pionierin. In den letzten zwanzig Jahren war ein neuer Schwenk in der israelischen Kultur zu beobachten. In der heutigen Version des Tikkun-Leil-Schawuot spielt Ruths Geschichte in Diskussionen zu verschiedenen Themen eine Hauptrolle, etwa dann, wenn es um die dringlichen Probleme der Migranten und Flüchtlinge geht oder auch um kritische feministische Äußerungen.

Dieser Trend ist auch in der amerikanischen Rezeption von Ruths Geschichte erkennbar. In den 1980er Jahren fanden in liberalen jüdisch-amerikanischen Gemeinden Tikkun-Leil-Schawout-Feiern mit dem thematischen Schwerpunkt soziale Gerechtigkeit statt. In den letzten Jahren sind solche *tikkunim* sichtbarer geworden, da überall in den Vereinigten Staaten jüdische Gemeindezentren den Brauch übernommen haben.[2] Auch in den Beiträgen zu Schawuot auf Websites von jüdisch-amerikanischen Organisationen ist der Geist sozialer und kultureller Lernnächte erkennbar. Ein Beispiel dafür ist die kürzlich ins Internet gestellte Website von *Women of Reform Judaism*, auf der Schawuot hervorgehoben wird, weil es der einzige jüdischen Feiertag ist, der eine Frau in den Mittelpunkt stellt. Frauen dieser Community werden dazu angeregt, während des Feiertags Studiengruppen zu bilden und über Ruth als »beherzte Frau« nachzudenken. Man legt ihnen auch nahe, das ethische Erbe des Gesetzes über die Ährenlese anzutreten, indem sie Hungerleidenden durch Suppenküchen helfen und Unterkünfte für die Obdachlosen in ihrer Gegend finden.[3] Eine ähnliche Einstellung zu Schawuot zeigt die Website der Hebrew Immigrant Aid Society. HIAS wurde 1881 als Hilfsorganisation für die Juden gegründet, die vor den Pogromen in Russland und Osteuropa geflüchtet waren (Emma Lazarus war unter den ersten Prominenten, die ehrenamtlich mitarbeiteten), und versucht jetzt, alle vor Verfolgung Geflüchteten zu unterstützen. 2016 mahnte die Rabbinerin Rachel Grant Meyer in einem Blog zu Schawuot an, das Buch Ruth als eine Geschichte zu lesen, die uns lehren kann wie »wir Fremdlinge in unserer Mitte aufnehmen« sollten.[4] Außer dem Schawuot ist noch eine andere Zeremonie zu erwähnen, die sich auf Ruths Geschichte beruft: lesbische Hochzeiten. In vielen Eheschließungen lesbischer Paare diverser religiöser und kultureller Prägung wird Ruths Schwur auf dem Weg als ein altehrwürdiges Gelöbnis der Liebe zwischen Frauen zitiert. Die rituellen Verwendungen des Buches Ruth sollten durch die Aktivierung des antiken Textes vor allem das Leben und Handeln in der Gemeinschaft neu definieren – und dieses Ziel ist mit Sicherheit erreicht worden.

Wie werden die nächsten Kapitel von Ruths Biographie aussehen? Eines können wir vorhersagen: Ruths Migrationserfahrungen werden auch in ihren zukünftigen Folgeleben eine Schlüsselrolle spielen. Migration ist eines der drängendsten Probleme unserer Zeit mit politischen Folgen, die uns täglich vor Augen stehen. In den letzten Jahrzehnten haben wir gesehen, wie Millionen von Migranten in anderen Ländern Schutz und Versorgung suchen – Migranten aus Lateinamerika an der Grenze zwischen Mexiko und den USA, syrische Flüchtlinge in Deutschland, afrikanische Flüchtlinge in Frankreich und Israel oder Flüchtlinge aus der Ukraine in ganz Europa. Und über Richtlinien zur Immigration werden besonders hitzige Debatten geführt. Aber die Migration betrifft uns nicht nur im Bereich der Politik.

Viele von uns sind entweder selbst eingewandert oder Kinder und Enkel von Einwanderern. Ruths Geschichte in ihrer erstaunlichen menschlichen Tiefgründigkeit fordert uns auf, den Welleneffekt von Migrationen zu erkunden, der sich in uns ausbreitet, wenn wir uns wieder und wieder als Wanderer zwischen Kulturen und Sprachen erkennen.

Bekanntlich ist Ruths Migrationsgeschichte auch deshalb so fesselnd, weil sie eine Frauengeschichte ist. Da das Interesse an Geschlechterdifferenzen in Berichten von Migrationen wächst, dürfen wir annehmen, dass Ruths Nöte auch in Zukunft als Prüfstein fungieren, wenn die Besonderheiten weiblicher Migrationserfahrungen untersucht werden.

Und vielleicht wird die Ährenlese jetzt im Licht der Covid-19-Pandemie und der Klimakrise eine ganz neue Aktualität als Mittel zum Überleben erhalten und Ruth als bemerkenswerte Vorläuferin gelten. In »Meet the Gleaners«, einem Artikel vom 6. Juli 2020 in der *New York Times,* berichtet Rachel Wharton von Ährenleserinnen, die im Zuge der Pandemie und der daraus folgenden Wirtschaftskrise überall in den Vereinigten Staaten Gruppen in wachsender Zahl bilden. In diesem Fall sind die Ährenleserinnen und Ährenleser ältere und jüngere Freiwillige, die in Farmen vor Ort überschüssige Produkte einsammeln und dann an Menschen weitergeben, die ihre Familien nicht selbst ernähren können. Wharton spielt auf das Buch Ruth an, es sei ein frühes, hochgeschätztes Modell für Ährenlese, und die »jahrhundertealte Tradition« dieser Arbeit sei in den letzten Jahren mit neuem Einsatz für die »Unterstützung lokaler Landwirtschaft, Reduktion von Abfall und Verbesserung der Qualität der in den Tafeln angebotenen Lebensmittel« wiederaufgenommen worden.[5] Wir können uns vorstellen, dass landwirtschaftlicher Aktivismus und Umweltbewusstsein in den kommenden Jahren noch enger zusammengehen und dann in neuen literarischen und künstlerischen Adaptionen der Geschichte Ruths dargestellt werden. Wir können aber auch voraussagen, dass Ruth früher oder später neben diesen mehr oder weniger vorhersehbaren Adaptionen sogar in einem ganz neuen Gewand auftauchen wird, das wir im Moment noch nicht einmal erahnen können.

Zum Schluss möchte ich mir noch einmal zwei Fragmente von Ruths Fortleben ansehen, die auf meinem Schreibtisch oder besser in meinen Computerdateien liegen geblieben sind. Gibt es ein passenderes Ende für diese Biographie Ruths als den Blick auf ein paar kostbare Überbleibsel, die nicht ganz in die vorigen Kapitel gepasst haben? Reste kommen in unterschiedlichen Mengen vor. Ich fange an mit einem winzigen Kommentar aus Ruth Rabbah zu Noomis Verfassung, unmittelbar bevor sie Moab verließ. Nur noch »ein Rest von Resten« *(sheyarei shyarim)*, sei sie gewesen, ein letzter Überrest.[6] Mit nur zwei Worten schildert diese Perle aus dem Midrasch ihren Zerfall am tiefsten Punkt ihres Lebens. Die Wahl der Metapher – Rest von Resten – ist nicht ohne Sinn. Sie zeichnet nicht nur ein überdeutliches Bild der melancholischen Noomi, die ihren Ehemann und ihre beiden Söhne verloren hat, sondern verweist auch auf Ruth als eine symbolische Ährenleserin. Aus rabbinischer Sicht erweist sich Ruths *chesed* sozusagen zweifach, einmal durch das Getreide, mit dem sie Noomi versorgt, und zum Zweiten in der Hingabe, mit der sie die Scherben des zerbrochenen Lebens ihrer Schwiegermutter aufliest.

Das zweite, umfangreichere Überbleibsel, das ich genauer ansehen möchte, ist John Keats' »Ode an eine Nachtigall« (1819). Keats, einer der wichtigsten Dichter der englischen Romantik, schrieb eine besonders eindringliche, düstere Version von Ruths Ährenlese. Es ist die erste moderne Interpretation, die Ruth als eine typische Fremde darstellt. Um

Keats' Auffassung von Ruth zu verstehen, müssen wir das Enigma der Ode, die Nachtigall, gründlicher betrachten. Die Nachtigall ist sozusagen die Muse, die den Dichter in die zärtliche Nacht lockt, im Dunkeln seine dichterischen Sinne weckt, ihn nicht sehen, jedoch fühlen lässt, was »ihm zu Füßen sprießt«. Der Gesang der Nachtigall weckt in ihm Sehnsucht nach einem Becher Süden »voll echter Hippokrene rosigblaß«. Hippokrene, das ist die berauschende Musenquelle am Helikon, deren Wasser wie Wein »blinkt am Rand, wo Perlenbläschen sind«. Doch dann besinnt er sich und will lieber fort, »fliegen zu dir« (der Nachtigall) – nicht mit Bacchus' Parderwagen, sondern getragen vom »unsichtbaren Flügelpaar« der Poesie«.[7]

Keats' Nachtigall scheint zwar ein Synonym für die klassischen Musen zu sein, aber sie ist eine dunklere, romantische Muse, deren Lied viel mit dem Sirenengesang am Rande des Abgrunds gemein hat. Sie ist keineswegs nur ein glücklicher, »leicht beschwingter« Vogel in den Bäumen, sondern auch ein fremdartiges, nächtliches Geschöpf im Verbund mit den zahllosen Schatten einer Sommernacht, der Auflösung des Bewusstseins, dem Tod. Im letzten Augenblick erst erkennt das lyrische Ich, dass ihm die Flucht aus seinem menschlichen Dasein nicht möglich ist, dass nur der Vogel und dessen Lied unsterblich sind. Das Ich reißt sich los und versucht, beim Abschied von der Nachtigall sich selbst und das Leben wiederzugewinnen.

In diesem dramatischen Augenblick der Erkenntnis taucht Ruth in der Ode auf:

Du stirbst nicht, Vogel, du lebst ewiglich!
Nein, dich zertritt kein hungriges Geschlecht;
Wie ich dich heute nacht, so hörten dich
In alten Tagen Kaiser schon und Knecht:

Vielleicht das gleiche Lied, das unverhofft
Ruth durch ihr Herz fuhr, als sie, ohne Trost,
Vor Heimweh in dem fremden Kornfeld stand;
Das gleiche, das so oft,
Magie in Zauberfenster trug, umtost
Vom Sturmmeer, im verlornen Märchenland.[8]

Das lyrische Ich bewundert die Nachtigall, weil sie unsterblich ist, weil sie menschlichem Leid entfliehen kann. Ihr Lied gehört nicht dem Tod und ist nicht nur »heute nacht« zu hören. Es wird jetzt und in der Zukunft gehört werden, wie schon in alten Zeiten von Bewunderern aus allen Schichten – Kaisern wie Knechten –, und auch von Ruth. Das Lied der Nachtigall geht ihr so durchs Herz (»vielleicht das gleiche Lied«), dass implizit ihr eigenes Lied in dem von außen kommenden Ton klingt. Anders als der Gesang des unsterblichen Vogels ist Ruths Lied Ausdruck eines melancholischen »traurigen Herz(ens)«, das den Kummer »hungriger Geschlechter« kennt, sowie die Grenzen aller menschlichen Mühen.

Anders als die bekannten idyllischen Darstellungen einer friedlich ährenlesenden Ruth mit Garben im Arm führt John Keats Entfremdung und Heimweh in diese idyllische Szene ein. Im Bibeltext weint Ruth nicht auf dem Feld, aber in ihrer Begegnung mit Boas beschreibt sie sich selbst als eine geringe *nochriya*, eine rechtlose Fremde. Keats füllt die Lücken der Bibelgeschichte und malt sich aus, was eine niedergedrückte Migrantin empfunden haben muss, wenn sie als Ährenleserin fern der Heimat Nahrung suchte. Keats entfernt sich noch dramatischer vom Bibeltext, wenn er Ruth ein Lied zuschreibt – im Buch Ruth gibt es keine Lieder. Ruth hört das alte Lied, und implizit singt sie es (es geht ihr durchs Herz) – so wie das lyrische Ich der »Ode an eine

Nachtigall« dem Lied lauscht, dessen Schönheit implizit im Gedicht erhalten bleibt. Warum Keats Ruth für diese Rolle aussuchte, ist rätselhaft. Wir können mutmaßen, dass die antike Ährenleserin seine Phantasie gerade deshalb anregte, weil sie eine heimwehkranke Fremde ohne ein Lied ist. Sie verlockt ihn, Inspiration genau dort zu suchen, wo sie am wenigsten zu erwarten ist: im ungehörten Lied einer Moabiterin, deren Zukunft in der Zeit ihrer Ährenlese noch sehr ungewiss ist. Bei Ruth findet Keats etwas, was der Nachtigall fehlt; die menschliche Widerstandskraft, auch mitten »im fremden Kornfeld« weiter zu sammeln – oder zu singen.[9]

Keats ist nicht der einzige Künstler, der Ruth als eine Art Muse sah, allerdings enthält sein Gedicht eine besonders ausgearbeitete Version der antiken Ährenleserin in diesem Gewand. Eine vergleichbare Vorstellung findet sich jedoch in einigen der Texte, die wir betrachtet haben. Im Midrasch wird Ruth mit dem um Mitternacht psalmodierenden David assoziiert; im Sohar wird sie eine bezaubernde Turteltaube *(tor)*, die mit ihrem Singen die Oberwelt durchdringt; im »Kaddisch« nennt Ginsberg seine wahnsinnige Ruth-ähnliche Mutter eine »glorreiche Muse«; und in *Solomons Lied* bringt Pilate, Morrisons wagemutigste Ruth (die auch mit dem Fliegen assoziiert wird), alte Lieder in Erinnerung und erfindet neue.[10] Auf diffusere Weise gilt das für alle Formen ihres Fortlebens, die wir untersucht haben. Immer wieder entdecken wir, dass Ruth seit alters her und bis heute einen Weg in die Herzen vieler hungriger Generationen gefunden hat und die Leser immer wieder überraschend dazu bringt, eine Geschichte der Ruth neu zu erzählen.

Es fällt mir schwer, mich von Ruth zu trennen. Aber zum Glück verlässt sie uns ja nie ganz, entschlossen wie sie ist, uns zu folgen, wohin auch immer wir gehen.

Danksagung

Ich hatte das Glück, mit vielen Ruth-Fans sprechen zu können, als ich dieses Buch schrieb. Ich danke Robert Alter, Amir Eshel und Steve Weizman, die das gesamte Manuskript gelesen und mir wertvolle Vorschläge gemacht haben. Ein Gewinn für mich war auch ein fortdauerndes Zoom-Hevruta mit meinen Wegbegleiterinnen Leora Batnitzky und Vivian Liska, und ich schulde ihnen großen Dank für ihre durchdachten Antworten. Da das Buch Themen aus so vielen Bereichen anschneidet, hatte ich die Freude, Kollegen und Freunde aus vielen Forschungsgebieten um Rat fragen zu dürfen, und verdanke ihnen an verschiedenen Stationen auf meinem Weg wichtige Einsichten: Jonatan Benarroch, Michal Ben-Naftali, Ruth Calderon, Richard Cohen, Melila Esched-Helner, Noam Gal, Ruth HaCohen, Galit Hasan-Rokem, Ariel Hirschfeld, Moshe Idel, Rut Kaniel Kara-Ivanov, Yehuda Liebes, Daniel Matt, Naphtali Meshel, Benjamin Porat, Yosefa Raz, Sarit Shalev-Eyni, Milette Shamir, Gal Ventura und Haim Weiss.

Dankbar bin ich den klugen Studierenden in meinen Seminaren zum Buch Ruth an der Hebrew University Jerusalem.

Teile des Buchs habe ich an der Hebrew University, der University of California, Berkeley, der Princeton University und der Stanford University vorgestellt und danke meinen Hörern für die Resonanz. Vielen Dank meinen Forschungsassistentinnen Miri Avissar und Shira Mazuz für ihre unermüdliche Hilfe.

David Lobenstine war verständnisvoll wie immer. Ich schätze sein bemerkenswertes Lektorat sehr und bin dankbar, dass er mir auch dann Mut zum Weitersammeln gemacht hat, wenn ich meinte, ich hätte alles gesagt, was mir überhaupt möglich war. Der Israel Science Foundation danke ich für eine finanzielle Unterstützung.

Großen Dank schulde ich Steven J. Zipperstein, dass er mich eingeladen hat, für die Jewish-Lives-Reihe eine Biographie über Ruth zu schreiben, und dass er mich ständig großzügig unterstützt hat. Vielen Dank dem Team der Yale University Press. Ich danke der Mitherausgeberin Heather Gold für ihre Hilfe. Mein Glück, dass Susan Laity meine Lektorin war. Ihren meisterhaften und präzisen Kommentaren und Vorschlägen verdanke ich viel.

Das Buch Ruth handelt unter anderem von Familienbanden. Meine Familie – Itamar, Eyal und Keren – waren eine einzigartige Quelle der Liebe und Ermutigung.

Dieses Buch ist meinen geliebten Kindern Keren und Eyal gewidmet. Mit ihnen zu gehen, wohin auch immer sie gehen, war und ist eine der größten Freuden in meinem Leben.

Anmerkungen

Vorbemerkung

1 1 Mose 30,1, Einheitsübersetzung 2016.

2 Der Begriff *chesed* verfügt in der Bibel über ein breites Spektrum von Bedeutungen: Güte, liebende Güte, Wohltätigkeit, Großzügigkeit, Loyalität, Pflicht, Gerechtigkeit.

3 Einheitsübersetzung 2016.

4 Zur Verflechtung von Geschichte und Literatur in biblischen Texten vgl. Robert Alter, *The Art of Biblical Narrative*, New York 1981, Kap. 2.

5 Martin Buber, *Moses: The Revelation and the Covenant*, Atlantic Highlands, NJ, 1946, S. 13-19. Deutsch: *Moses: Die Offenbarung und der Bund*, Gerlingen 1994.

6 Eine Frau als Richterin war in biblischen Texten nicht ausgeschlossen. Das Buch der Richter nennt eine Richterin: Debora.

7 Toni Morrison, »Goodness: Altruism and the Literary Imagination«, Vortrag an der Harvard Divinity School, Dezember 2012, www.nytimes.com/2019/08/07/books/toni-morrison-goodness-altruism-literary-imagination.html.

8 Zu einer ausführlichen Übersicht der verschiedenen wissenschaftlichen Datierungen des Buches Ruth vgl. den neuen Band der Anchor Yale Bible Commentaries Series: Jeremy Schipper, *Ruth: A New Translation with Introduction and Commentary*, New Haven, CT, 2016, S. 18-22.

9 Zur Diskussion über eine mögliche Autorin des Buches Ruth vgl. von S.D. Goitein, *Bible Studies*, Tel Aviv 1963 (hebräisch), S. 252, und Edward F. Campbell, *Ruth: A New Translation with Introduction and Commentary*, New Haven, CT, 1975, S. 23.

10 Fokkelien Van Dijk-Hemmes, »Ruth: A Product of Women's Cultures?«, in: Athalya Brenner, *Ruth. A Feminist Companion to the Bible*, Sheffield 1993, S. 134-144.

11 Walter Benjamin, »Die Aufgabe des Übersetzers«, in: ders. *Gesammelte Schriften Bd. IV/1*, Frankfurt am Main 1972, S. 12.

1 Im Folgenden wird – wenn nicht ausdrücklich anders angegeben – aus der Übersetzung Martin Luthers, revidierte Fassung, Stuttgart 2017, zitiert.

2 Im biblischen Recht werden der Fremde, die Waise und die Witwe – *ha-ger, ha-yatom, ve-ha'almanah* – oft zusammen als Beispiele für die Unterprivilegierten aufgeführt, die besondere Fürsorge brauchen. Wir werden diese Rechtskategorie (hauptsächlich in Zusammenhang mit dem Gebot, das das Ährensammeln regelt) im nächsten Kapitel betrachten.

3 Das Wort *re'uta*, »ihre Freundin«, steht in 2 Mose 11,2 und Est 1,19 (Anm. d. Üb.: In deutschen Bibelübersetzungen und in der King James Bible nicht so wiedergegeben; in 2 Mose 11,2 übersetzt sowohl die Einheitsübersetzung wie auch die Übersetzung Martin Luthers das Wort *re'ut* mit »Nachbar« bzw. »Nachbarin«).

4 Genaueres über die poetischen Einfügungen im Buch Ruth enthält Robert Alters Einleitung zum Buch *The Hebrew Bible* III, S. 623-624.

5 Siehe Bonnie Honig, »Ruth, the Model Emigrée: Mourning and the Symbolic Politics of Immigration«, in: *Political Theory* 25, no. 1 (1997), S. 112-136.

6 Alter, *The Art of Biblical Narrative*, S. 129. Alter stellt ausführliche Überlegungen zur Kunst der biblischen Charakterdarstellung im Buch Ruth an, siehe besonders Kapitel 6 und 8. Der Literaturwissenschaftler Erich Auerbach hat als Erster auf die Lücken in den Porträts von Bibelgestalten aufmerksam gemacht: Erich Auerbach, *Mimesis Dargestellte Wirklichkeit in der abendländischen Literatur*, Bern 1946, 1. Kapitel, S. 12ff.

7 Dass Noomis Schweigen sich durch ihre zwiespältige Einstellung zu Ruths Herkunft aus Moab erklärt, meint Avivah Zornberg, »The Concealed Alternative«, in: *Reading Ruth: Contemporary Women Reclaim a Sacred Story*, hg. v. Judith A. Kates und Gail Twersky Reimer, New York 1994, S. 65-82; vgl. auch Honig, »Ruth, the Model Emigrée«.

8 Genaueres über die Gemeinsamkeiten der Migrationsgeschich-

ten von Ruth und Noomi in: Ilana Pardes, *Countertraditions in the Bible: A Feminist Approach* (Cambridge: Harvard University Press, 1992), 112-115.

9 Über Ruth und Hiob siehe Yair Zakovitch, *Ruth*, Jerusalem 1990 (hebräisch), S. 30-31. Deutsch: Das Buch Rut, Stuttgart 1999. Die größte Ähnlichkeit mit Noomis Aufschrei gibt es im Buch Hiob (Job 27,2): »So wahr Gott lebt, der mir mein Recht verweigert, und der Allmächtige, der meine Seele betrübt.«

10 Julia Kristeva, *Fremde sind wir uns selbst*, Frankfurt am Main 1990, S. 27.

11 Menschenrechte sind ein moderner, aus der Aufklärung stammender Begriff, aber das Gesetz des Ährenlesens gilt als ein Vorläufer dieser Rechtskategorie. Siehe Haim H. Cohen, *Human Rights in the Bible and the Talmud*, Woodstock, VT, 1997. Mehr zum biblischen Wohlfahrtssystem und zum Gesetz des Ährenlesens in Benjamin Porat, *The Principles of Welfare Regulations: From Biblical Law to Rabbinic Literature*, Jerusalem 2019 (hebräisch).

12 Siehe auch 3 Mose 19,9-10: »Wenn du dein Land aberntest, sollst du nicht alles bis an die Ecken deines Feldes abschneiden, auch nicht Nachlese halten [...], sondern dem Armen und Fremdling sollst du es lassen.«

13 Die Bedeutung des Namens Boas ist unklar. In späteren rabbinischen Kommentaren gilt er als symbolisch und wird mit dem hebräischen Wort für »Stärke« *(oz)* verbunden.

14 Robert Alter sieht in dieser Episode die Abwandlung einer Verlöbniszeremonie. Vgl. *The Art of Biblical Narrative*, S. 58.

15 Hier wird nicht auf die Übersetzung der Lutherbibel (»dass du mir freundlich bist«) zurückgegriffen, sondern auf die Hebräische Bibel: »dass du mich erkennst«.

16 Über den Unterschied zwischen *ger* und *nochri* in Bibeltexten siehe Adi Ophir and Ishay Rosen-Zvi, *Goy: Israel's Multiple Others and the Birth of the Gentile*, Oxford 2018, 1. Kap. Die übertragene Bedeutung von *nochri* wird in Ijob 19,15 deutlich: »Meinen Hausgenossen und meinen Mägden gelte ich als Fremder [*nochri*]; ich bin ein Unbekannter in ihren Augen.«

17 Nach der Hebräischen Bibel: »Meine Tochter, soll ich dir nicht eine Ruhestatt suchen, dass dir's wohlgehe?«, in der Lutherbibel

ist übersetzt: »Meine Tochter, ich will dir eine Ruhestatt suchen, dass dir's wohlgehe.«

18 Ausführlicher über das Buch Ruth und die Geschichte von Sodom schreibt Tikva Frymer-Kensky, *Reading the Women of the Bible: A New Interpretation of Their Stories*, New York 2002, S. 258-263. Über Sodom und das Themenfeld Sexualität siehe Ronald Hendel, Chana Kronfeld und Ilana Pardes, »Gender and Sexuality«, in: *Reading Genesis: Ten Methods*, hg.v. Ronald Hendel, Cambridge 2010, S. 71-91.

19 Das Wort »liegen« kommt in der Szene immer wieder vor und hat im biblischen Hebräisch eine deutliche sexuelle Konnotation. Siehe auch Ruth 3,13-14. Es ist nicht das einzige mehrdeutige Wort der Szene, auch im Wort *yada*, »wissen, erkennen«, schwingen sexuelle Untertöne mit.

20 Bemerkenswert ist auch, dass Ruth Boas' Füße aufdeckt. Dies erinnert an die Formel für Inzest in der biblischen Gesetzgebung: »die Scham entblößen« (3 Mose 18,6-20).

21 Näheres über Ruths Kühnheit in dieser Szene schreibt Phyllis Trible, *God and the Rhetoric of Sexuality*, Philadelphia 1978, S. 181-187. Deutsch: *Gott und Sexualität im Alten Testament*, Gütersloh 1993.

22 Nach der Hebräischen Bibel, in der Lutherbibel lautet die Übersetzung: »Mantel«.

23 Über Boas' unerwartetes Aufzeigen von Ruths *chesed* in diesem Gespräch siehe Mieke Bal, *Lethal Love: Feminist Literary Readings of Biblical Love Stories*, Bloomington 1987, S. 72-87. Die Übersetzung »beherzte Frau« folgt der Hebräischen Bibel, in der Lutherbibel wird »tugendsame Frau«, in der Einheitsübersetzung: »tüchtige Frau« übersetzt.

24 Es ist kein Zufall, dass diejenigen, die sich weigern, das Leviratsgesetz zu vollziehen, ein demütigendes Rechtsverfahren erwartet, wie in 5 Mose 25,9 beschrieben.

25 Nach der Hebräischen Bibel, in der Lutherbibel wird übersetzt: »Wie steht's mit dir?«

26 Näheres zum Verschmelzen des Gesetzes des Lösens mit dem Leviratsgesetz im Buch Ruth schreibt Daniel Friedmann, *To Kill and Inherit*, Tel Aviv 2000 (hebräisch), Kap. 16 und 17; siehe auch Adele Berlin, »Legal Fiction: Levirate cum Land Re-

demption in Ruth«, in: *Journal of Ancient Judaism* 1 (2010), S. 3-18.

27 Auch zwischen den beiden Migrationsgeschichten in 1 Mose 31 und im Buch Ruth gibt es eine Verbindung. Rahel und Lea fühlen sich fremd im Haus des Vaters und drängen in der Hoffnung auf ein besseres Leben nach Kanaan. Mit ihrer Migration nehmen sie Noomis Selbstentfremdung vorweg und mehr noch Ruths kühne Entscheidung, Familie und Mutterland zu verlassen und in ein unbekanntes Land zu ziehen. Ausführlicher betrachtet wird das Buch Ruth als Revision der Geschichte von Rahel und Lea in Pardes, *Countertraditions in the Bible*, Kap. 6.

28 Im Buch Ruth steht der Name Machlon in Zusammenhang mit Krankheit, aber etymologisch könnte er auch mit »Süße« verwandt sein. Möglich ist auch eine Verwandtschaft mit anderen biblischen Namen, besonders Machla (4 Mose 26,33) oder Machli (2 Mose 6,19). Mehr über verschiedene philologische Studien zu den Namen Machlon und Kiljon bei Schipper, *Ruth*, S. 82.

2. Die Konvertitin

1 Über die Erfindung von Nichtjuden in der rabbinischen Kultur siehe: Adi Ophir und Ishay Rosen-Zvi, *Goy: Israel's Multiple Others and the Birth of the Gentile*, Oxford 2018, S. 179-185.

2 Ephraim Urbach liefert eine hilfreiche Kontextualisierung der zunehmenden Konversionen zum Judentum in der Spätantike: Ephraim E. Urbach, *The Sages: Their Concepts and Beliefs*, übers. v. Israel Abrahams, Jerusalem 1975, S. 541-554.

3 Mekhilta d'Rabbi Yishmael, Mishpatim, zitiert nach Urbach, *The Sages*, S. 549.

4 Midrash Tanhuma-Yelammedenu, *lek lekha* 6, in: *Midrash Tanhuma-Yelammedenu: An English Translation of Genesis and Exodus from the Printed Version of Tanhuma-Yelammedenu*, hg. und übers. v. Samuel A. Berman, Hoboken, NJ, 1996, S. 88.

5 Babylonian Talmud (im Folgenden »BT«) Yevamot 47b, zitiert nach Urbach, *The Sages*, S. 550.

6 BT, Shabbat 31a, übers. v. Ilana Pardes.

7 Ecclesiastes Rabbah, 5:11,1, zitiert nach Urbach, *The Sages*, S. 553.

8 *Rabba* bedeutet »groß« und bezieht sich auf den Umfang der Sammlung Ruth Rabbah. Das kleinere spätere Midraschim-Corpus zum Buch Ruth ist Ruth Zuta.

9 Die wichtigsten Quellen für Ruth Rabbah sind der Jerusalemer Talmud, Bereschit Rabbah, Vayikra Rabbah und Eichah Rabbah.

10 Galit Hasan-Rokem, *Tales of the Neighborhood: Jewish Narrative Dialogues in Late Antiquity*, Berkeley 2003. Eine literarisch-psychoanalytische Studie über die Spannungen zwischen den beiden Welten, dem Lehrhaus und dem familiären Leben daheim, ist das Buch von Haim Weiss und Shira Stav, *The Return of the Missing Father: A New Reading of a Chain of Stories from the Babylonian Talmud*, Jerusalem 2018 (hebräisch).

11 Eglon, der König der Moabiter, unterdrückte die Israeliten, bis Ehud ben Gera (einer der Richter) ihn mit dem Schwert tötete (Richter 3,14-30).

12 Übersetzungen der Ruth Rabbah ins Englische von Ilana Pardes; Bibelstellen innerhalb der Zitate nach Robert Alter, *The Hebrew Bible*, New York 2018.

13 Siehe auch Sanhedrin 107,2.

14 Siehe Shaye J.D. Cohen, *The Beginning of Jewishness*: *Boundaries, Varieties, Uncertainties*, Berkeley, Los Angeles, London 1999, S. 218-219, 232-233.

15 William James, *The Varieties of Religious Experience*, New York 1961, S. 160. Deutsch: *Die Vielfalt religiöser Erfahrung Eine Studie über die menschliche Natur*, Frankfurt am Main 1997, IX. Vorlesung: Die Bekehrung.

16 Zitiert nach Cohen, *The Beginning of Jewishness*, S. 199-200.

17 Mehr zum talmudischen Verständnis des Zulassungstests für Konvertiten in Cohen, *The Beginning of Jewishness*, Kap. 7.

18 Über Ruths Bescheidenheit siehe Maren Niehoff, »Constructing Ruth's Image in the Midrash«, in: *Jerusalem Studies in Jewish Thought* 11 (1993) (hebräisch), S. 49-78, und Tamar Meir, *A Moabite Girl: Halakhah and the Process of Acceptance in Midrash Ruth Rabbah*, Tel Aviv 2019 (hebräisch), S. 52-64.

19 Daniel Boyarin, *Intertextuality and the Reading of Midrash*, Bloomington 1990.

20 James Kugel schaut sich die Unregelmäßigkeiten im Bibeltext an,

von denen die Rabbinen so fasziniert sind: »Two Introductions to Midrash«, in: *Midrash and Literature*, hg. v. Geoffrey H. Hartman und Sanford Budick, New Haven, CT, 1986, S. 92-93.

21 Zum folkloristischen Anstrich des Midrasch siehe Galit Hasan-Rokem, *Web of Life: Folklore and Midrash in Rabbinic Literature*, Stanford 2000.

22 Zur Frage der Reinheit in der Konstruktion jüdischer Identitäten siehe Christine E. Hayes, *Gentile Impurities and Jewish Identities: Intermarriage and Conversion from the Bible to the Talmud*, Oxford 2002. Über die Menstruation in der rabbinischen Kultur siehe Charlotte Elisheva Fonrobert, *Menstrual Purity: Rabbinic and Christian Reconstructions of Biblical Gender*, Stanford 2000; Shai Secunda, *The Talmud's Red Fence: Menstrual Impurity and Difference in Babylonian Judaism and its Sasanian Context*, Oxford 2020.

23 Hier wieder nach der Hebräischen Bibel übersetzt, die Lutherbibel übersetzt: »Wie steht's mit dir?«

24 BT, Traktat Kiddushin 1,1.

25 Wenn es kein Schreibfehler ist, könnte sich Ruth hier auf Boas' großzügigen Vorschlag berufen, sie solle sich an die jungen Männer wenden und um Wasser bitten, wenn sie Durst habe.

26 Zum Thema der wenig schmeichelhaften Midrasch-Äußerungen über Ruths Liederlichkeit in Ruth Rabbah und Ruth Zuta siehe Niehoff, »Constructing Ruth's Image in the Midrash«.

27 In Ruth Zuta (1,1) wird Ruth als *'ima shel malchut*, »Mutter des Königtums«, bezeichnet. Die Bezeichnung kommt in Ruth Rabbah nicht vor, passt aber bestens zur Darstellung Ruths in diesem Midrasch-Corpus.

28 BT, Traktat Berakhot 7b.

29 Mit Bathsebas Platzierung auf dem Thron der Königsmutter folgt der Kommentar der Beschreibung in 1 Kön 2,19.

30 Ausführlicher über das Urteil Salomos schreibt Steven Weitzmann, *Solomon: The Lure of Wisdom*, New Haven 2011, Kap. 4.

31 Siehe Jes 11,1. Über die Anfänge des Messianismus in der Bibel siehe Yair Zakovich, »›A Lowly Man Riding on an Ass‹ (Zechariah 9:9)«, in: *The Messianic Idea in Jewish Thought*, Jerusalem 1982 (hebräisch), S. 7-17.

32 Näheres über die messianische Dimension der Geschichte von Ruth in den Midraschim: Charlotte Elisheva Fonrobert, »The Handmaid, the Trickster and the Birth of the Messiah«, in: *Current Trends in the Study of Midrash*, hg. v. Carol Bakhos, Leiden 2006, S. 245-275. Für eine weiter gefasste Betrachtung der rabbinischen Sicht auf den Messias siehe Hasan-Rokem, *Web of Life*, Kap. 8.

33 Es gibt einige kurze Kommentare von Kirchenvätern zum Buch Ruth. Im 4. Jahrhundert u. Z. haben sich Ephraim der Syrer, Ambrosius von Mailand und Hieronymus mit dem Buch Ruth befasst. Mehr zu Ephraims Ruth-Kommentar in: Jane Richardson Jensen, »Ruth According to Ephrem the Syrian«, in: *A Feminist Companion to the Book of Ruth*, hg. v. Athalya Brenner, Sheffield 2001, S. 170-176. Einen Überblick über frühe christliche Exegesen zum Buch Ruth in: John R. Franke (Hg.), *Joshua, Judges, Ruth, 1-2 Samuel: Ancient Christian Commentary on Scripture*, Downers Grove 2005, S. 181-192. Dass Kommentare zum Buch Ruth so selten und knapp sind, ist auffallend, wenn man es mit der Fülle von christlichen Kommentaren zum Hohelied vergleicht. Mehr über spätantike christliche Kommentare zum Hohelied: Ilana Pardes, *The Song of Songs: A Biography*, Princeton 2019, Kap. 1.

34 Über die Wechselbeziehungen zwischen der jüdischen und der christlichen Geschichte von der Geburt des Messias siehe Ruth Kara-Ivanov Kaniel, *Holiness and Transgression: Mothers of the Messiah in the Jewish Myth*, üb. v. Eugene D. Matansky mit Ruth Kara-Ivanov Kaniel, Boston 2017, S. 219-252.

35 Simha ben Samuel von Vitry, ein Schüler von Raschi, lebte in Vitry-le-François. *Machzor Vitry* enthält neben Responsen von Raschi und anderen zeitgenössischen und älteren Autoritäten Entscheidungen und Vorschriften zu religiösen Riten.

3. Die Schechina im Exil

1 BT, Megilla 29a (übers. v. Ilana Pardes).

2 Mehr zur Schechina siehe Gershom Scholem, *Die jüdische Mystik in ihren Hauptströmungen*, Frankfurt am Main 1951; Ephraim E. Urbach, *The Sages, Their Concepts and Beliefs*, Je-

rusalem 1975, S. 37-65; Moshe Idel, *Kabbalah and Eros*, New Haven, London 2005. Deutsch: *Kabbala und Eros*, Frankfurt am Main, Leipzig 2009.

3 Andere berühmte, mit der Schechina assoziierte Frauen: Rahel, Tamar, Miriam, Ester und die Geliebte im Hohelied.

4 Siehe dazu Arthur Green, »Shekhinah, The Virgin Mary, and the Song of Songs«, in: *AJS Review* 26, no. 1 (2002), S. 1-44. Greens Artikel löste eine heftige Debatte unter Kabbala-Forschern aus. Jehuda Liebes bestreitet, dass Marienverehrung irgendeine Auswirkung auf Konfigurationen der Schechina gehabt haben könnte, dagegen spreche schon der ausgeprägte Unterschied zwischen der jungfräulichen Maria und der offenen Sexualität der Schechina. Sicherlich gibt es wichtige Unterschiede zwischen der Schechina und Maria, und ein Einfluss vor allem in polemischen Kontexten kann nur partiell sein. Mehr zur Schechina und zu Maria findet sich in Peter Schaefer, *Mirror of His Beauty: Feminine Images of God from the Bible to Early Kabbalah*, Princeton, Oxford 2002. Deutsch: *Weibliche Gottesbilder im Judentum und Christentum*, Frankfurt am Main 2008.

5 Als die Kabbalisten das Bild der schmerzerfüllten exilierten Schechina entwarfen, könnten sie besonders die Konfigurationen der Maria als *Stabat Mater* in Trauer über ihren gekreuzigten Sohn vor Augen gehabt haben. Interessant ist, dass das berühmte Gedicht *Stabat Mater Dolorosa* ebenfalls aus dem 13. Jahrhundert stammt. Ausführlicher über die Schechina und *Stabat Mater*: Haviva Pedaya, »A Genealogy of the Schekhinah and the Mother«, in: *As a Perennial Spring: A Festschrift Honoring Rabbi Dr. Norman Lamm*, hg. v. Bentsi Cohen, New York 2013 (hebräisch), S. 87-151.

6 Arthur Greens Einleitung zu *The Zohar*, hg. und übers. v. Daniel C. Matt, 12 Bde., Pritzker-Edition, Stanford 2004-2017, S. I:XXXI-LXXXI, gibt einen Überblick über die Entstehungsgeschichte des Sohar und den spanischen Kontext. Alle Sohar-Zitate nach dieser Ausgabe.

7 Der *Midrash Ha-Ne'lam* ist eine Sammlung von Kommentaren, die nicht in die ersten gedruckten Ausgaben des Sohar aufgenommen, aber später aus anderen Manuskripten zusammengestellt wurden. Die Datierung des *Midrash Ha-Ne'lam* ist um-

stritten. Die meisten Fachleute halten diese Sammlung für älter als das Hauptwerk des Sohar *(guf ha-Zohar)*, andere sehen sie als spätere Quelle. Unbestritten ist, dass die beiden Sammlungen in großer zeitlicher Nähe verfasst wurden.

8 Der Teil im *Midrash Ha-Ne'lam*, der die Geschichte von Ruth behandelt, heißt auch *Zohar Ruth* oder *Zohar Hadash Ruth*.

9 ZH 79a, *Zohar* 11,04-105, übers. v. Joel Hecker. Daniel Matt ist der Hauptherausgeber der Pritzker-Ausgabe und übersetzte die Bände 1-10. Joel Hecker übersetzte Band 11.

10 ZH 78b, *Zohar* 11,92.

11 Ein anderes, verborgenes Drama findet hinter den Kulissen statt. Ruth und Boas gehören beide zu einer Welt von *sefirot*, göttlichen Emanationen. Ruth wird mit der *sefira* der Schechina, dem »Königtum« *(malchut)*, assoziiert und Boas in der Hauptsache mit der *sefira* des gesegneten Heiligen, der »Schönheit« *(tif'eret)*, und gelegentlich mit »Fundament« *(jesod)* in Verbindung gebracht. Jede Verhandlung zwischen Ruth und Boas wirkt sich auf den gesamten übernatürlichen Sefirot-Baum aus. Eine ausführliche Darstellung der *sefirot* und ihrer Wechselbeziehungen findet sich in Arthur Greens Einführung *Zohar*, 1:xlv-liii.

12 ZH 88b, *Zohar* 11,237.

13 Mehr über die exilierte Ruth-ähnliche Schechina im *Midrash Ha-Ne'lam* schreibt Kara-Ivanov Kaniel, *Holiness and Transgression: Mothers of the Messiah in the Jewish Myth*, übers. v. Eugene D. Matansky mit Ruth Kara-Ivanov Kaniel, Boston 2017, S. 188-201.

14 Diese Sohar-Darstellung vermischt Ruth mit Jeremias Rahel, die über ihre verbannten Kinder weint und sich nicht trösten lassen will (Jer 31,15).

15 Pedaya, »A Genealogy of the Shekhinah and the Mother«, S. 104-106. Pedaya beruft sich auf die rabbinische Tradition, die besagt, der Messias sei am *Tisha B'Av* geboren worden, am Tag der Zerstörung des Tempels. Der Midrasch begründet dieses besondere Geburtsdatum damit, dass selbst die größte Verzweiflung nicht ganz ohne eine Spur Hoffnung sei.

16 ZH 88b, *Zohar* 11,239.

17 Siehe Gershom Scholem, *Zum Verständnis der messianischen*

Idee im Judentum, Eranos-Tagung 1959, Eranos-Jahrbuch XXVIII, S. 193-239; Stéphane Mosès, *Der Engel der Geschichte: Rosenzweig, Benjamin, Scholem*, Frankfurt am Main 1994; David Biale, *Gershom Scholem: Master of the Kabbalah* (Jewish Lives), New Haven, London 2018.

18 Franz Kafka, Oktavheft G (II, 2), in: »Hochzeitsvorbereitungen auf dem Lande«, *Gesammelte Werke*, Bd. 7, Frankfurt am Main 1953, S. 90.

19 ZH 88b, *Zohar* 11,237.

20 In der Sichtweise des Sohar hat die Verbindung von Ruth und David mehr Sinn, da beide mit der *sefira* der Schechina zusammenhängen. David ist der einzige Mann in der Bibel, der mit der Schechina assoziiert wird. Seine Zuordnung zu einer weiblichen Schechina ist nicht ganz so überraschend, wie sie erscheint, wenn man bedenkt, dass deren *sefira* den Namen *Malchut*, Königtum, trägt. Die Quelle, auf die sich die Autoren des Sohar berufen, ist das Wort *bahurim*, »junge Männer«, in Ruth 3,10. Es erinnert sie an den Namen der Stadt *Bahurim*, aus der Schimi kommt, um David zu verfluchen (2 Sam 16,5).

21 ZH 88b, *Zohar* 11,237.

22 Gershom Scholem, »Erlösung durch Sünde«, in: *Judaica* V, Frankfurt am Main 2016.

23 Scholem hielt die Katastrophe der Vertreibung aus Spanien für den Hauptauslöser für das Aufkommen des Messianismus, aber Kabbala-Forscher der folgenden Generationen erkannten Spuren mystischer messianischer Konfigurationen im Sohar. Siehe Moshe Idel, *Messianic Mystics*, New Haven, London 1988; Yehuda Liebes, *Studies in Jewish Myth and Jewish Messianism*, übers. v. Batya Stein, Albany 1993; Haviva Pedaya, *Vision and Speech: Models of Prophecy in Jewish Mysticism*, Los Angeles 2002.

24 Bemerkenswert ist, dass die Sexualität im Sohar nicht nur bei messianischen Phänomenen im Mittelpunkt steht. Mehr über die verschiedenen Sichtweisen des Eros im Sohar bei Idel, *Kabbalah and Eros*; Yehuda Liebes, »Zohar and Eros«, in: *Alpayim* 9 (1994) (hebräisch), S. 67-119; Eliot R. Wolfson, *Language, Eros, Being: Kabbalistic Hermeneutics and Poetic Imagination*, New York 2005; Melila Hellner-Eshed, *A River flows from Eden:*

The Language of Mystical Experience in the Zohar, übers. v. Nathan Wolski, Stanford 2009.

25 *Zohar* 1,110b-111a, *Zohar* 2,159-161 (übers. v. Daniel Matt).

26 Vgl. Daniel Matts Anmerkung zu diesem komplizierten kabbalistischen Wortspiel in *Zohar* 2,160.

27 *Zohar* 1,110b-111a, *Zohar* 2,160.

28 Siehe Kara-Ivanov Kaniel, *Holiness and Transgression*, S. 124-145.

29 Tamar ist wie Ruth im Sohar zugleich eine Frau und eine Schechina, deshalb ist die Verschmelzung dieser beiden Frauenbilder noch verständlicher.

30 *Zohar* 1,188b; *Zohar* 3,149-150 (übers. v. Daniel Matt).

31 Es ist bemerkenswert, dass die Leviratsehe im Sohar eine Form der Reinkarnation ist. Die Toten werden durch ihre Nachkommen tatsächlich wieder ins Leben gerufen. Wenn Ruth und Tamar das Leviratsgesetz anwenden, bewahren sie nicht nur die Namen ihrer verstorbenen Ehemänner, sondern fördern auch deren Reinkarnation. Mehr dazu bei Gershom Scholem, *Von der mystischen Gestalt der Gottheit, Studien zu Grundbegriffen der Kabbala*, Zürich 1962.

32 Vgl. Matts Anmerkung zu diesem Verb in *Zohar* 3,149. Mehr zur wiederkehrenden Verwendung des Verbs *ishtaddalat* in der zitierten Passage und zu den Beziehungen zwischen Ruth und Tamar bei Kara-Ivanov Kaniel, *Holiness and Transgression*, S. 183-188.

33 Die Gefährten haben in der Nacht zwei Leben: In der irdischen Welt befassen sie sich mit dem Tora-Studium, und zugleich steigen ihre Seelen in den Garten Eden auf, um an himmlischen exegetischen Freuden mit dem gesegneten Heiligen teilzunehmen.

34 Die Verpflichtung, die Tora »Tag und Nacht« zu studieren, steht im Buch Josua 1,8. Sie ist eine von Gottes wichtigsten Forderungen im Buch Josua. Im Bibeltext soll die Formulierung ausdrücken, wie wichtig das vollständige und unbedingte Befolgen von Gottes Befehlen ist; in der Welt des Sohar wird das Gebot wörtlich als Aufforderung verstanden, die Tora Tag und Nacht zu lesen (wobei die nächtliche Meditation der strengere – und folglich reizvollere – Teil dieser Pflicht zur Exegese ist. Anm. d. Üb.)

35 Hellner-Eshed, *A River Flows from Eden*, S. 125.

36 Im *Midrash Ha-Ne'lam* findet sich eine ausdrückliche Verbindung der Szene auf der Tenne mit dem nächtlichen Lernen der Gerechten; siehe ZH 88a, *Zohar* 11,234 (übers. v. Joel Hecker).

37 ZH 86a, *Zohar* 11,205 (übers. v. Joel Hecker). Genau gesagt sind die Schechina und Ruth mit der Mündlichen Tora verbunden, den späteren Kommentaren, die in die Schriftliche Tora eingefügt wurden. Aber da der Midrasch festhält, dass die Mündliche Tora und die Schriftliche Tora auf dem Berg Sinai gleichzeitig übergeben wurden, ist die Ruth-ähnliche Schechina mit der Heiligen Schrift im Ganzen verbunden.

38 ZH 85b, *Zohar* 11,196 (übers. v. Joel Hecker).

39 Zur Midrasch-Interpretation des Hohelieds vgl. Daniel Boyarin, *Intertextuality and the Reading of Midrash*, Bloomington 1990; Ilana Pardes, *The Song of Songs: A Biography*, Princeton 2019, 1. Kap.

40 Über die bekümmerte Schechina im *Tikkunei Zohar* vgl. Biti Roi, *The Love of the Shekhinah: Mysticism and Poetics in Tikkunei Zohar*, Ramat Gan 2016 (hebräisch).

41 *Tikkunei Zohar* 31,75b-76a (übers. v. Ilana Pardes).

42 *Zohar* 1,8a; *Zohar* 1,51-52 (übers. v. Daniel Matt).

43 Der erste Bericht über das Ritual findet sich in einem Brief von Schlomo Alkabez (ca. 1505-1584), der von Joseph Karo und seinen Anhängern erzählt, die einen *Tikkun Leil Schawuot* sehr wahrscheinlich im heutigen Nikopol (Bulgarien) halten.

44 Vor der Erfindung von *Tikkun Leil Schawuot* gehörten womöglich Lesungen aus dem *Midrash Ha-Ne'lam* zum Schawuot-Ritus. In der Abteilung über das Buch Ruth enthält der *Midrash Ha-Ne'lam* etwa hundert soharische Manuskripte überwiegend aus dem 14. und 15. Jahrhundert. Das ist eine ungewöhnlich große Anzahl (kein anderer Text des Sohar ist ähnlich oft vertreten). Wir wissen nicht, wie diese Manuskripte verwendet wurden, aber dass so viele davon erhalten sind, könnte als Beweis dafür verstanden werden, dass die soharische Textsammlung über Ruth mehrere Jahrhunderte lang Teil der Schawuot-Liturgie war. Vgl. dazu Daniel Abrams' Einleitung zum *Midrash Ha-Ne'lam*, Faksimile-Ausgabe von Venedig 1566, Jerusalem 1992 (hebräisch); Yonatan Benarroch, »Yanuka and Sava – Two That

Are One: Allegory, Symbol and Myth in Zoharic Literature«, Diss., Hebräische Universität von Jerusalem 2012, S. 263-270.

4. Die bukolische Ährenleserin

1 Zur Geschichte der Hirtendichtung siehe Frank Kermode, *English Pastoral Poetry: From the Beginnings to Marvell*, London 1952; Peter V. Marinelli, *Pastoral,* London 1971; Terry Gifford, *Pastoral*, London 1999.

2 Theokrit, 7. *Eidyllion*, übers. v. F. Zimmermann, www.gottwein.de/Grie/theokr/eid07.php (letzter Zugriff: Juni 2022). Zum *otium* in der bukolischen Dichtung siehe Thomas G. Rosenmeyer, *The Green Cabinet: Theocritus and the European Pastoral Lyric*, Berkeley 1973.

3 Paul Alpers behandelt die Frage nach der Darstellung gesellschaftlicher Realitäten in Vergils *Eklogen* in: *What Is Pastoral?*, Chicago 1996.

4 Zur Wiederkehr der Hirtendichtung in der Renaissance siehe Kermode, *English Pastoral Poetry*, S. 32-44. Siehe auch Luba Freedman, *The Classical Pastoral in the Visual Arts*, New York 1989.

5 Zum Oktateuch gehören die ersten acht Bücher der Bibel, das Buch Ruth ist das achte Buch. Eine ausführliche Betrachtung zur mittelalterlichen Ikonographie Ruths findet sich bei Sarit Shalev-Eyni, »In the Days of Barley Harvest: The Iconography of Ruth«, in: *Atibus et Historiae*, vol. 26, no. 51 (2005), S. 37-57. Shalev-Eyni schreibt auch über die Wechselbeziehungen zwischen jüdischen und christlichen Buchmalereien in verschiedenen mittelalterlichen Kontexten. Über Bibles moralisées siehe John Lowden, *The Making of the Bibles Moralisées*, University Park 2000, S. 1-9, 199-209; Martin O'Kane, »The Iconography of the Book of Ruth«, in: *Interpretation,* 64, no. 2 (April 2010), S. 130-145.

6 Siehe John R. Franke (Hg.), *Joshua, Judges, Ruth, 1-2 Samuel: Ancient Christian Commentary on Scripture*, Downers Grover, IL 2005, S. 181-192.

7 Zitiert nach Richard Verdi, *Poussin as Painter: From Classicism to Abstraction*, London 2020, S. 297.

8 Über Poussins Landschaften wurde viel geschrieben. Siehe bes. Anthony Blunt, »The Heroic and the Ideal Landscapes in the Work of Nicolas Poussin«, in: *Journal of the Warburg and Courtauld Institute* 7 (1944), S. 154-168; Alain Mérot, »The Conquest of Space: Poussin's Early Attempts at Landscape«, in: *Poussin and Nature: Arcadian Visions*, hg. v. Pierre Rosenberg und Keith Christiansen, New York 2007, S. 51-71.

9 Siehe Willibald Sauerländer, »›Nature through the Glass of Time‹. A Reflection on the Meaning of Poussin's Landscapes«, in: *Poussin and Nature*, S. 103-117.

10 Poussin malt Ruth als Evas Gegenteil. Eva ist in *Der Frühling* schön, verführerisch und nackt.

11 Zur Ähnlichkeit von Poussins *Der Sommer* mit einer Verkündigung vgl. Alain Mérot, *Nicolas Poussin*, New York 1990, S. 249. Bemerkenswert ist, dass im Hintergrund auch ein anderes christliches Symbol zu sehen ist: die Eucharistie (Brot und Wein). Offensichtlicher wird dieses Symbol, wenn wir betrachten, wie in *Der Herbst* Wein zelebriert wird. Vgl. Anthony Blunt über das Echo der Eucharistie in »The Last Synthesis: *The Four Seasons* and the *Apollo und Daphne*«, in: ders., *Nicolas Poussin*, London 1967, S. 332-356.

12 Es gibt mehrere Versionen des Mythos von Demeter und Persephone. Ich folge der Homerischen Hymne »To Demeter«. Siehe *The Homeric Hymns*, übers. v. Apostolos N. Athanassakis, Baltimore 1976, S. 1-15.

13 Mehr zu Poussins *Et in Arcadia Ego* bei Erwin Panofsky, *Et in Arcadia Ego. Poussin und die Tradition des Elegischen*, Berlin 2002; Freedman, *The Classical Pastoral in the Visual Arts*, S. 115-126.

14 Kochs Gemälde hängt im Milwaukee Art Museum und kann auf mehreren Websites angesehen werden, z. B. unter https://artsandculture.google.com/asset/landscape-with-ruth-and-boaz/CQFbgZQn8DyiSw?hl=de&ms=%7B%22x%22%3A0.5%2C%22y%22%3A0.5%2C%22z%22%3A8.831513081815 1%2C%22size%22%3A%7B%22width%22%3A2.0058539250529503%2C%22height%22%3A1.2375%7D%7D (letzter Zugriff: Juni 2022).

15 Jonathan Sheehan, *The Enlightenment Bible: Translation, Scho-*

larship, Culture, Princeton 2005, Klappentext und S. ix. Ernest Renans *Vie de Jésus* war eine französische Antwort auf David Friedrich Strauß' *Das Leben Jesu* (1835-1836).

16 Zu Millets Leben und Arbeit vgl. Griselda Pollock, *Millet*, London 1977; Alexandra Murphy, *Jean-François Millet*, Boston 1984.

17 In gewisser Weise rückt Millet in den Vordergrund, was in Vergils *Eklogen* nur nebensächlich ist: die Landnahmen und die Kargheit, die in der ländlichen Welt nur allzu üblich sind.

18 Siehe Liana Vardi, »Construing the Harvest: Gleaners, Farmers, and Officials in Early Modern France«, in: *American Historical Review* 98, no. 5 (December 1993): S. 1424-1447, bes. 1437-1439.

19 Das Recht zur Lese galt nicht für notleidende Fremde in Europa, weil Immigranten vor dem 20. Jahrhundert kein gewichtiger sozialer Faktor waren.

20 Siehe Vardi, »Construing the Harvest«, S. 1439-1447.

21 Mehr über Millets *Ährenleserinnen* schreibt Bradley Fratello, »The Intertwined Fates of ›The Gleaners‹ and ›The Angelus‹«, in: *The Art Bulletin*, Vol. 85, no. 4 (December 2003), S. 685-701.

22 Zitiert nach Fratello, »The Intertwined Fates of ›The Gleaners‹ and ›The Angelus‹«, S. 687.

23 Siehe Pollock, *Millet*, S. 17. Das vollständige Zitat, ein Satz des Kritikers Paul de Saint Victor, lautet: »Seine drei Ährenleserinnen sind unglaublich anmaßend, sie posieren als die drei Parzen der Armut ... ihre Hässlichkeit und Grobheit ungemildert.«

24 Johann Gottfried Herder, *Briefe das Studium der Theologie betreffend*, 2. Brief, in: *Johann Gottfried Herder. Werke in zehn Bänden*, hg. v. Günter Arnold u.a., Frankfurt am Main 1985-2000, Bd. 9/1, S. 151.

25 In seiner kommentierten Übersetzung des Hohelieds gibt Herder eine detaillierte Darstellung der Verwandtschaft von biblischer Lyrik und dem bukolischen Erbe des Orients. Weiterführend dazu Pardes, *The Song of Songs: A Biography*, S. 136-147.

26 Johann Wolfgang Goethe, *West-östlicher Divan; Noten und Abhandlungen: Hebräer*, Frankfurt am Main 1994, S. 140.

27 Vgl. Hilton Obenzinger, *American Palestine: Melville, Twain, and the Holy Land Mania*, Princeton 1999. Obenzinger hat die

amerikanische Szene im Blick, gibt aber auch Hintergrundinformationen zur Entwicklung des Genres in Europa.

28 Es gibt nicht viel Literatur über Hugues Merle. Eine kurze Erwähnung findet sich in Lorenz Eitner, *French Painting of the Nineteenth Century, Part I: Before Impressionism*, Washington, D.C., 2000, S. 310-312. Eine knappe Biographie steht auf der Website der Rehs Galleries: https://rehs.com/eng/default-19th20th-century-artist-bio-page/?fl_builder&artist_no=731&sold=1 (letzter Zugriff: Juni 2022). Im Jahr 1879 waren übrigens mindestens 52 Werke von Merle im Privatbesitz amerikanischer Sammler, siehe hierzu Edward Strahan, *The Art Treasures of America. Being the Choicest Works of Art in the Public and Private Collections of North America*, Philadelphia 1879, Index; siehe auch »Foreign Correspondence, Items, etc.«, in: *The Crayon* 7, no. 10 (October 1, 1860), S. 296.

29 Louis Devedeux, ein anderer vom Orientalismus geprägter französischer Maler, porträtierte Ruth ebenfalls als eine sinnlich-bescheidene bukolische Ährenleserin. Sein Porträt wurde als Illustration in Harriet Beecher Stowes *Women in Sacred History: A Celebration of Women in the Bible* (1873), publiziert, einer der bekanntesten amerikanischen Frauenbibeln im 19. Jahrhundert (mehr als 15 000 Exemplare wurden verkauft). Das Bild ist zu sehen bei Wikimedia Commons unter https://commons.wikimedia.org/wiki/File:Louis_Devedeux_-_Ruth.jpg (letzter Zugriff: Juni 2022). Eine noch deutlicher verführerische orientalische Ruth mit entblößten Brüsten malte der italienische Künstler Francesco Hayez 1835; verfügbar bei WikiArt unter www.wikiart.org/de/francesco-hayez/ruth-1835. Auch Victor Hugos Gedicht »Boaz endormi« (Der schlafende Boas) von 1859 ist eine eindringliche traumartige Vermengung von Sinnlichkeit und Keuschheit.

30 Edward W. Said, *Orientalism*, New York 1978. Deutsch: *Orientalismus* (Frankfurt am Main 2009. Said gibt im Kapitel V. eine gründliche Darstellung des Orientalismus in der französischen Literatur von Chateaubriand bis Flaubert. Siehe auch Linda Nochlin, »The Imaginary Orient«, in: dies., *The Politics of Vision: Essays on Nineteenth Century Art and Society*, New York 1989, S. 33-59.

31 Die Reihe besteht aus 139 Tafeln mit Szenen aus dem Alten Testament, 21 Illustrationen zu den Apokryphen und 81 zum Neuen Testament. Zu Gustave Dorés Leben vgl. Blanche Roosevelt, *Life and Reminiscence of Gustave Doré,* New York 1885. Zu den Bibelillustrationen und ihrem Einfluss siehe Eric Zafran (Hg.), *Fantasy and Faith: The Art of Gustave Doré*, New Haven 2007, und Sarah C. Schaefer, »›From the Smallest Fragment‹: The Archaeology of the Doré Bible«, in: *Nineteenth-Century Art Worldwide* 13, no. 1 (Spring 2014), http://www.19thc-artworldwide.org/spring14/schaefer-on-the-archaeology-of-the-dore-bible (letzter Zugriff: Juni 2022).

32 Zitiert in Schaefer, »›From the Smallest Fragment‹«, S. 1.

5. Die zionistische Pionierin

1 Über die israelische Bibel vgl. Anita Shapira, »The Bible and Israeli Identity«, in: *AJS Review*, 28, no. 1 (2004), S. 11-42.

2 Der Brief »Die Bibel leuchtet in ihrem eigenen Licht« ist in David Ben-Gurions *Iyunim ba-mikra* (Bibelstudien), Tel Aviv 1969, S. 41-49, wieder abgedruckt (hebräisch).

3 Ebd., S. 48.

4 Andere in der zionistischen Kultur hervorgehobene Bücher der Bibel: Exodus (2. Buch Mose), Buch Josua, Buch Samuel und das Hohelied. Über das Buch Josua in der israelischen Kultur vgl. Rachel Havrelock, *River Jordan: The Mythology of a Dividing Line*, Chicago 2011. Eine ausführliche Betrachtung des israelischen Hohelieds in Ilana Pardes, *Agnon's Moonstruck Lovers: The Song of Songs in Israeli Culture*, Seattle 2013.

5 Über Liliens Bibelillustrationen siehe Richard I. Cohen, »Urban Visibility and Biblical Visions: Jewish Culture in Western and Central Europe in the Modern Age«, in: *Cultures of the Jews*, hg. v. David Biale, New York 2002, S. 781-783. Siehe auch ders., *Jewish Icons: Art and Society in Modern Europe*, Berkeley 1998.

6 Liliens Ruth hat auch etwas von einem Abraham. Dafür sprechen die Ähnlichkeiten zwischen seinem Bild Ruths und der Szene, in der Abraham in die Nacht hinaustritt und aufgerufen wird, das Versprechen zu sehen, das in unendlich vielen Ster-

nen über ihm eingeschlossen ist. Zu sehen bei Wikimedia Commons unter https://commons.wikimedia.org/wiki/File:Abraham_Lilien.jpg (letzter Zugriff: Juni 2022).

7 Über Pionierinnen im frühen Zionismus siehe Billie Melman, »From the Margins to the History of the Yishuv: Gender in the Land of Israel 1890-1920«, in: *Riv'on le-heker toldot Yisrael* (1997) (hebräisch), S. 243-278.

8 Martin Buber, »Von jüdischer Kunst«. Aus einem Referat, erstattet auf dem V. Zionisten-Kongress zu Basel am 27. Dezember 1901 (Freimann Sammlung), www.lexikus.de/bibliothek/Von-juedischer-Kunst.

9 Über die einzigartigen Besonderheiten des jüdischen Orientalismus siehe Ariel Hirschfeld, »Locus and Language: Hebrew Culture in Israel 1890-1990«, in: *Cultures of the Jews*, S. 1011-1062.

10 Genauer gesagt tragen Frauen in arabischen Dörfern gewöhnlich schwere Krüge auf dem Kopf, aber Lilien übernimmt nur die Haltung, ersetzt jedoch den Krug durch ein Bündel Ähren.

11 Vgl. Batsheva Goldman Ida, *Ze'ev Raban: A Hebrew Symbolist*, Tel Aviv 2001; Dalia Manor, »Biblical Zionism in Bezalel Art«, in: *Israel Studies*, 6, no. 1, S. 55-75; Gideon Ofrat, *On the Ground: Early Eretz-Israel Art; Founding Fathers*, Jerusalem 1993 (hebräisch), S. 297-343.

12 Rabans Sympathie für die zionistischen Pionierinnen wird in einem Poster deutlich, das er in den späten 1920er Jahren entwarf (siehe Illustration 162 in *Ze'ev Raban: A Hebrew Symbolist*, S. 124). Das Poster sollte Jüdinnen in der Diaspora auffordern, ihre »Juwelen« *(kishutim)* zu spenden, um das Leben ihrer »Pionier-Schwestern« im Land Israel zu verbessern. Mithilfe der Spenden würden die Pionierinnen sich Nahrung kaufen können und hätten mehr zum Leben als die »wenigen Oliven«, ihr zu dieser Zeit einziges Essen. Das Poster besteht aus zwei gegensätzlichen Bildern – das eine zeigt die *halutza*, die sich mit Feldarbeit abmüht und alle Kraft in den »Aufbau des Heimatlandes« steckt, und auf dem anderen ist eine Frau zu sehen, die ein Luxusleben im Ausland führt, abzulesen an ihrer teuren Kleidung und dem Ballsaal im Hintergrund. Seine Illustration der Ruth auf dem Feld zeigt allerdings etwas anderes: Raban zögert nicht,

seine Pionierin mit den schönsten Juwelen zu schmücken. Diese Pionier-Prinzessin genießt offenbar das Beste aus beiden Welten.

13 Raban zitiert die King James Bible.

14 Mehr zu Rabans bildlicher Umsetzung des Hohelieds bei Pardes, *Agnon's Moonstruck Lovers*, S. 39-41.

15 Yaacov Ben-Dov war auch der erste zionistische Filmproduzent. Ein Dokumentarfilm über Ben-Dovs Arbeit existiert unter dem Titel *Yaakov Ben Dov: Father of the Hebrew Film*, Steven Spielberg Jewish Film Archive 1993, www.youtube.com/watch?v=MW39 l9LTOic (hebräisch) (letzter Zugriff: Juni 2022).

16 Diese Fotos der American Colony sind zu sehen bei »For Shavuot: Book of Ruth Recreated 100 Years Ago«, in: *Arutz Sheva*, June 1, 2014, www.israelnationalnews.com/News/News.aspx/181273 (letzter Zugriff: Juni 2022). Mehr Informationen zur Fotografie des Heiligen Landes im 19. Jahrhundert gibt Yeshayahu Nir, *The Bible and the Image: The History of Photography in the Holy Land, 1839-1899*, Philadelphia 1985.

17 Ben-Dov fotografierte auch Pionierinnen bei der Feldarbeit, ebenfalls gestellte Fotos. Die Frauen trugen für diesen Anlass weiße Kleider und hielten landwirtschaftliche Geräte in verschiedenen Posen.

18 In Boris Schatz' Buch *The New Jerusalem: The Rebuilt Reality*, Jerusalem 1924 (hebräisch), wird dieses Konzept Bezalels als eines gewissermaßen modernen Tempels bis ins Detail ausgeführt. Auf Rabans Illustration für das Titelblatt sieht man Schatz vor dem Bezalel-Tempel im Gespräch mit seinem biblischen Vorgänger Bezalel Ben-Uri, dem Künstler, der für den Bau der Stiftshütte verantwortlich war.

19 Um sich eine jüdische Renaissance im Land Israel vorstellen zu können, kombiniert Abraham Mapu das Buch Ruth und das Hohelied. Das ist möglich, denn in beiden spielen Frauen eine Hauptrolle, und in beiden finden sich romantische Episoden in idyllischen Szenarien.

20 Jakov Fichman, »Ruth«, in: *Ancient Figures*, Jerusalem 1948 (hebräisch), S. 19-50 (übers. v. Ilana Pardes). Siehe auch Jakov Fichman, »Three Essays« [*shalosh reshimot*], in: ders., *Selected Writings* [*Asif*], Tel Aviv 1959, S. 133-137. In seinem Essay über

das Buch Ruth macht er deutlich, wie viel er Goethes Auffassung verdankt, der das Buch Ruth idyllisch nannte. Mehr zu Fichmans »Ruth« bei Ruth Kartun-Blum, »Between Versions: On Yaacov Fichman's ›Ruth‹« in: *Moznaim* 32 (März-April 1971), S. 320-329.

21 Die zweite Alija war eine sehr einflussreiche Einwanderungswelle in den Jahren 1904 bis 1914. Ungefähr 40000 Juden, überwiegend aus Osteuropa, immigrierten in diesen Jahren nach Palästina.

22 Ausführlicher zu Agnons Biographie: Benjamin Harshav, Einleitung zu *Only Yesterday*, übers. v. Barbara Harshav, Princeton, Oxford 2000, S. vii-xxix; Alan L. Mintz und Anne Golomb Hoffman, »Agnon as Modernist: The Contours of a Career«, in: *A Book That Was Lost: Thirty-Five Stories*, hg. v. Alan L. Mintz und Anne Golomb Hoffman, New Milford, CT, 2008, S. 9-34.

23 S.J. Agnon, *Gestern, Vorgestern*, übers. v. Karl Steinschneider, Frankfurt am Main 1969, S. 146.

24 Die Spur Ruths in der Erzählung zeigte als Erster Eliezer Schweid in seinem kurzen Essay »In the Path of Repentance: Agnon's *In the Prime of Her Life*«, in: *Three Generations of Hebrew Literature*, Tel Aviv 1964 (hebräisch), S. 62-70. Für eine ausführliche Interpretation von Agnons neuer Sicht auf Ruth siehe Ilana Pardes, »Gleaning in Alien Fields: Agnon, Ruth, and the Question of Estrangement«, in: *Literature as a Cultural Heroine*, hg. v. Orr Scharf, Tel Aviv 2021 (hebräisch), S. 152-165.

25 Der Name der Kleinstadt wird nicht ausdrücklich genannt, aber die Personen der Erzählung, Tirza und Masal, kommen auch in *Eine einfache Geschichte* vor und gehören zum jüdischen Leben in Schibusch. Siehe Shemuel Werses, *Agnon Literally*, Jerusalem 2000 (hebräisch), S. 45-46.

26 Dass Agnon Tirza biblisches Hebräisch schreiben lässt, hat eine spezifische kulturelle Bedeutung. Seit der Aufklärung konnten jüdische Frauen die Bibel und biblisches Hebräisch studieren, hatten aber keinen Zugang zu rabbinischer Literatur. Siehe Iris Parush, *Reading Jewish Women: Marginality and Modernization in Nineteenth-Century Eastern European Jewish Society*, Waltham, MA, 2004. Tirzas hebräischer Stil erinnert an die Sprache Mapus.

27 Die Aufnahme von Agnons Lesung – er liest den Anfang von »In der Mitte ihres Lebens« – ist verfügbar unter www.youtube.com/watch?v=2zgFZ6622Ho (letzter Zugriff: Juni 2022).

28 S.J. Agnon, *In der Mitte ihres Lebens*, übers. v. Gerold Necker, Berlin 2014, S. 7. Alle Zitate folgen dieser Ausgabe.

29 Ausführlicher über Tirzas Einswerden mit ihrer Mutter: Ariel Hirschfeld, *Reading S.Y. Agnon*, Tel Aviv 2011 (hebräisch), S. 91-103.

30 Interessant ist, dass auch Masal ans Werk geht, die unerfüllten Träume seiner Mutter wahr werden zu lassen. Seine Mutter (eine zweite Ruth-ähnliche Gestalt in der Erzählung) war eine Konvertitin. Sie nahm den mosaischen Glauben an, schaffte es aber nicht, vom jüdischen Volk aufgenommen zu werden. Masal zieht von Wien nach Schibusch und schließt sich dort der jüdischen Gemeinde an, um, wie er offen zugibt, damit den Mangel im Leben seiner Mutter auszugleichen.

31 Das Streben nach Wiederherstellung und seine Schattenseiten sind wichtige Themen in Agnons Werk. Mehr dazu bei Baruch Kurzweil, *Essays on the Stories of S.Y. Agnon*, Tel Aviv 1970 (hebräisch); Galili Shachar, *Bodies and Names: Readings in Modern Jewish Literature*, Tel Aviv 2016 (hebräisch), S. 137-149.

32 Was Agnon Freud verdankt, untersucht Arnold Band: »Agnon discovers Freud's Face«, in: ders., *Profound Questions*, Beersheba 2007 (hebräisch), S. 207-218; über den Einfluss Freuds in *In der Mitte ihres Lebens* siehe Nitza Ben-Dov, *Unhappy Loves: Erotic Frustration, Art and Death in the Works of Agnon*, Tel Aviv 1997) (hebräisch); Pardes, »Gleaning in Alien Fields«.

33 Agnon, *In der Mitte ihres Lebens*, S. 74.

34 Lew Tolstoi, Anna Karenina. Roman in acht Teilen. Übers. und kommentiert v. Rosemarie Tietze, München 2009, S. 7.

35 Agnon, *In der Mitte ihres Lebens*, S. 74.

36 Mehr über die Verquickung von individueller und kollektiver Liebe in Agnons *Verlobte* und »Edo und Enam« in: Pardes, *Agnon's Moonstruck Lovers*.

37 Agnon kannte die Sohar-Lesarten des Buches Ruth. In seiner Anthologie *Book, Writer, Story* zitiert er einige Passagen über Ruth aus dem Sohar. Auf subtilere Weise deutet er an, dass es mehr

Ähnlichkeiten zwischen zionistischen und soharischen Exegeten gibt, als es den Anschein haben mag. Auch wenn der Zionismus selbst einen entschiedenen Bruch mit jüdischen Traditionen aus der Zeit der Diaspora propagierte, hat sein Bestreben, die durch das Exil entstandenen Schäden zu reparieren, eine merkwürdige Ähnlichkeit mit dem kabbalistischen Streben nach *tikkun* der entwurzelten Schechina – ein ironischer Effekt. In beiden Fällen scheint die Wiederherstellung eher ein leidenschaftlicher Traum als eine wirkliche Heilung der aus den Angeln gehobenen Welt zu sein.

38 Tirza hätte den Zionisten Landau heiraten können, aber sie hat sich stattdessen entschlossen, sich dem älteren, von der Diaspora geprägten Akavia Masal zuzuwenden.

39 Shapira, »The Bible and Israeli Identity«, S. 34-36.

40 Kristeva, *Fremde sind wir uns selbst*, S. 85.

41 Bonnie Honig, »Ruth, the Model Emigrée: Mourning and the Symbolic Politics of Immigration«, in: *Political Theory* 25, no. 1 (1997), S. 112-136.

42 Andere Bücher aus den 80er und 90er Jahren mit feministischen Lesarten des Buches Ruth sind zum Beispiel Mieke Bal, *Leathal Love* (1987); Ilana Pardes, *Countertraditions in the Bible* (1992); und Athalya Idan-Brenner (Hg.), *Feminist Companion to the Bible: Ruth* (1993).

43 Vgl. Timothy Duffys Rezension von Michal Ben-Naftalis *Chronicle of Separation*, in: *Ariel* 47, no. 4 (October 2016), S. 194-197.

44 Michal Ben-Naftali, *Chronicle of Separation. On Deconstruction's Disillusioned Love,* übers. v. Mirjam Hadar, New York 2015, S. 146.

45 Ebd., S. 147.

46 Ebd.

47 Ebd., S. 156.

48 Kristeva, *Fremd sind wir uns selbst*, S. 11.

49 Mehr über Nes' Serie *Biblical Stories* in Susan Chevlowe, *Adi Nes*, Tel Aviv 2007, S. 116-126; *Adi Nes Biblical Stories,* Wexner Center for the Arts, Ohio State University, February 2-April 13, 2008, www.adines.com/content/wexner_center_for_the_arts_brochure.htm.

50 Nes gibt seinen inszenierten Fotografien normalerweise keine Titel.

51 Adi Nes machte noch ein anderes, weniger bekanntes Foto von Ruth und Noomi in einem leeren Speicher, das nicht mit Millets Gemälde korrespondiert.

52 Siehe Homay King, »Matter, Time, and the Digital: Varda's *The Gleaners and I*«, in: *Quarterly Review of Film and Video* 24 (2007), S. 421-429; Virginia Bonner, »The Gleaners and ›Us‹: The Radical Modesty of Agnès Vardas *Les glaneurs et la glaneuse*«, in: *Documenting the Documentary: Close Readings of Documentary Films and Video*, hg. v. Barry Keith Grant und Jeannette Sloniowski, Detroit 2014, S. 494-506.

53 Adi Nes, *Biblical Stories*. Interview with Adi Nes, 17. Mai 2015, Beit Avihai (hebräisch), https://www.bac.org.il./blog/?postID=12895 (letzter Zugriff: Juni 2022).

54 Misrachim sind nordafrikanische oder aus dem Nahen Osten stammende Juden (Anm. d. Üb.).

55 Wissenswert ist auch, dass Ruth Calderon 1989 ELUL mitbegründete, den ersten *beit midrasch*, in dem säkulare und religiöse Frauen und Männer zusammen lernten und lehrten. Der Erfolg des Jerusalemer ELUL motivierte sie dazu, ein paar Jahre danach ALMA in Tel Aviv zu gründen.

56 Siehe das Poster der ALMA-Veranstaltung 2014 unter http: www.alma.org.il/newsletter.asp?id=243, und das Programm der Veranstaltung von 2018 im Shittim Institute unter https://rashut-harabim.org/%D7%AA%D7%99%D7%A7%D7%95%D7%A0%D7%99-%D7%9C%D7%99%D7%9C-%D7%A9%D7%91%D7%95%D7%A2%D7%95%D7%AA-%D7%A0%D7%91%D7%97%D7%A8%D7%99%D7%9D-%D7%9E%D7%A8%D7%97%D7%91%D7%99-%D7%94%D7%90%D7%A8%D7%A5 (hebräisch) (letzter Zugriff: Juni 2022).

57 Joseph Cedar war von Agnons Sicht auf Gelehrte beeinflusst – vor allem von der Erzählung *Ad Olam* (Bis in alle Ewigkeit) und dem Roman *Schira*. Mehr über das Buch Ruth in der gegenwärtigen israelischen Kultur bei Galia Vachman, *Ruth: A New Israeli Commentary*, Jerusalem 2018.

1 Emma Lazarus, »The New Colossus«, übers. v. Ruth Klüger. Emma Lazarus (1849-1887) wurde in New York in eine große sephardische Familie hineingeboren. Sie war die erste erfolgreiche jüdische Dichterin in den Vereinigten Staaten und mit berühmten Dichtern, wie zum Beispiel Ralph Waldo Emerson, befreundet. Sie setzte sich aktiv für arme jüdische Einwanderer aus Osteuropa ein; siehe Esther Schors Biographie, *Emma Lazarus*, New York 2006.

2 Die Entstehungsgeschichte von »Kaddisch« beginnt in der Nacht davor, die Ginsberg mit seinem Freund Zev Putterman verbrachte, der auf der anderen Seite der Stadt wohnte. Sie nahmen Drogen, hörten Platten von Ray Charles und lasen Shelleys »Adonais«. Im Morgengrauen bat Ginsberg Putterman, ihm das Kaddisch aus seinem alten Bar-Mizwa-Buch vorzulesen. Als Ginsberg sich auf den Heimweg machte, im Kopf den Nachhall gemischter Klänge, den Rhythmus des Kaddisch, »Adonais« und Ray Charles, trat ihm das Bild seiner Mutter vor Augen, die fünfzig Jahre zuvor über die gleichen Straßen gegangen war. Siehe dazu Ginsberg, »How Kaddish Happened«, und Bill Morgan, »Some Words on Allen Ginsberg's Kaddish« in: *Kaddish and Other Poems, 1958-1960*, erw. Ausgabe zum 50. Jahrestag der Erstausgabe, San Francisco 2010.

3 Mehr über die Lower East Side als Symbol jüdischer Erfahrung bei Hasia R. Diner, *Lower East Side Memories: A Jewish Place in America*, Princeton 2000.

4 Mehr über Naomi Ginsbergs Leben in: Bill Morgan, *I Celebrate Myself: The Somewhat Private Life of Allen Ginsberg*, New York 2006.

5 Ginsberg, »Howl«, in: ders., *Howl and Other Poems, 1958-1960*, San Francisco 1961, S. 9. Übers. v. Sophie Warning.

6 Ginsberg, »Kaddish«, in: ders., *Kaddish and Other Poems, 1958-1960*, S. 31. Deutsch: *Kaddisch*, übers. v. Anselm Hollo, Wiesbaden 1980, S. 125.

7 Ebd., S. 73-75.

8 Siehe Morgan, »Some Words on Allen Ginsberg's Kaddish«, S. 103-104.

9 Ginsberg, *Kaddisch*, S. 97.
10 Ebd., S. 113.
11 Ebd., S. 89.
12 Ebd., S. 121.
13 Ebd., S. 121-123.
14 Ebd., S. 125-127.
15 Zur Rolle des Kaddisch in der jüdisch-amerikanischen Literatur siehe Hana Wirth-Nesher, *Call it English: The Languages of Jewish American Literature*, Princeton 2006, S. 161-176.
16 Hana Wirth-Nesher, »Traces of the Past: Multilingual Jewish-American Writings«, in: *A Cambridge Companion to Jewish American Literature,* hg.v. Michael P. Kramer und Hana Wirth-Nesher, Cambridge 2003, S. 114. Über die Bindestrich-Identitäten der amerikanischen Judenheit siehe Arnold Eisen, »Choosing Chosenness in America: The Changing Faces of Judaism«, in: *Immigration and Religion in America: Comparative and Historical Perspectives,* hg.v. Richard Alba, Albert J. Raboteau und Josh DeWind, New York 2009, S. 224-245.
17 Was Ginsberg anderen Religionen verdankt, beschreibt Yaakov Ariel, »From a Jewish Communist to a Jewish Buddhist: Allen Ginsberg as a Forerunner of a New American Jew«, in: *Religions* 10, no. 2 (2019), S. 100.
18 Ginsberg, *Kaddisch*, S. 83.
19 Im Lauf der Großen Migration wanderten fast sechs Millionen Afroamerikaner vom Süden in den Norden der Vereinigten Staaten – ein Phänomen, das in den Jahren 1915 bis 1970 das Gesicht Amerikas veränderte. Siehe dazu Milton Sernett, *Bound for the Promised Land: African Americans' Religion and the Great Migration*, Durham, NC, 1997; Isabel Wilkerson, *The Warmth of Other Suns: The Epic Story of America's Great Migration*, New York 2010.
20 Morrison hat nicht die genaue Übersetzung von *schir ha-schirim:* »Song of Songs«, sondern die Übersetzung der King-James-Bibel: »Song of Solomon« als Titel ihres Romans gewählt, weil die Resonanz der King-James-Bibel in der afroamerikanischen Literatur (angefangen bei den Spirituals der Sklaven bis hin zu den Romanen von Zora Neal Hurston und James Baldwin) sehr groß ist. [Anm.d.Üb.: Angela Praesents deutsche Überset-

zung »Solomons Lied statt »Hoheslied« (Moses Mendelssohns genaue Übersetzung »Lied der Lieder« setzte sich nicht durch) entspricht Morrisons Entscheidung.]

21 Albert J. Raboteau betrachtet die wechselnden Bedeutungen, die die Geschichte vom Exodus in der afroamerikanischen Kultur hat: siehe »African-Americans, Exodus, and the American Israel«, in: *African-American Christianity: Essays in History,* hg. v. Paul E. Johnson, Berkeley 1994, S. 1-17.

22 Es ist interessant, dass Toni Morrison und Phyllis Trible das feministische Potenzial im Buch Ruth ungefähr zur gleichen Zeit entdeckten. Tribles *God and the Rhetoric of Sexuality* wurde 1978 publiziert.

23 Toni Morrison, *Song of Solomon,* New York 1977, S. 125. Deutsch: *Solomons Lied*, übers. v. Angela Praesent, Reinbek bei Hamburg 1986[8], S. 134.

24 Einen Bezug dieser Szene zur Episode auf der Tenne im Buch Ruth stellt Beth Benedrix her: »Intimate Fatality: *Song of Solomon* and the Journey Home«, in: *Toni Morrison and the Bible: Contested Intertextualities,* hg. v. Shirley A. Stave, New York 2006, S. 110.

25 Morrison, *Solomons Lied*, S. 29.

26 Ebd.

27 Ebd., S. 28.

28 Ebd., S. 13.

29 Ebd., S. 316.

30 Ebd., S. 312.

31 Ebenso faszinierend bringt Morrison im Roman *Beloved (Menschenkind)* das Buch Ruth und das Hohelied zusammen. In den Variationen des Verses »Mein Freund ist mein, und ich bin sein«, den Sethe und ihre beiden Töchter am Ende des Romans mehrstimmig singen, ist die Prägung durch das Hohelied klar erkennbar. Aber da das Lied von der Liebe einer Mutter und ihrer Töchter handelt, spielt es ebenso auf das Buch Ruth an. Vor allem der Refrain »Ich will dich nie mehr verlassen« erinnert an Ruths Schwur auf dem Weg. Mehr zu Morrisons Variationen des Hohelieds in *Solomons Lied* in: Ilana Pardes, *The Song of Songs: A Biography*, S. 198-216.

32 Zitiert nach Therese E. Higgins, *Religiosity, Cosmology, and*

Folklore: The African Influence in the Novels of Toni Morrison, New York 2001, S. 5.

33 Savannah Unit, Georgia Writer's Project, *Drums and Shadows: Survival Studies among the Georgia Coastal Negroes*, Athens, GA, 1940). Die afrikanischen Märchen und Lieder in *Drums and Shadows* wurden in den 1930er Jahren gesammelt. Gullah ist die Sprache und die Bezeichnung der afroamerikanischen Gemeinschaft, die an der Küste Floridas, Georgias und South Carolinas beheimatet waren (Anm. d. Üb.). Über Morrisons Verwendung von *Drums and Shadows* vgl. Higgins, *Religiosity, Cosmology, and Folklore*, S. 5-28. Siehe auch Joyce Irene Middleton, »From Orality to Literacy: Oral Memory in Toni Morrison's *Song of Solomon*« in: *New Essays on Song of Solomon*, hg. v. Valerie Smith, Cambridge 1995, S. 19-40.

34 Zitiert nach Higgins, *Religiosity, Cosmology, and Folklore*, S. 9.

35 Albert J. Raboteau, *Slave Religion: The* »Invisible Institution« *in the Antebellum South*, Oxford 1978, S. 243-266.

36 Morrison, *Solomons Lied*, S. 340.

37 Ebd., S. 348.

38 Zum mütterlichen Vermächtnis im Roman siehe Marianne Hirsch, »Knowing Their Names: Toni Morrison's *Song of Solomon*, in: *New Essays on Song of Solomon*, S. 69-92.

39 Genauer gesagt ist del Toro ein ziemlich mobiler Immigrant – er lebt vorwiegend in Los Angeles, verbringt aber jedes Jahr ein paar Monate in Mexiko und in Toronto.

40 Del Toros Ansprache ist auf YouTube verfügbar: https://www.youtube.com/watch?v=8gl77kHd81A (letzter Zugriff: Juni 2022).

41 Transkript und Video des Interviews auf der Website von Charlie Rose: »A Conversation with Guillermo del Toro«, 2. Juli 2009, https://charlierose.com/videos/14026 (letzter Zugriff: Juni 2022).

42 Henry Koster, Kind jüdischer Eltern, wurde 1905 als Hermann Kosterlitz in Berlin geboren. Erste Bekanntschaft mit Filmen schloss er 1910, als sein Onkel in Berlin ein Kino eröffnete. Koster wurde Filmregisseur, musste aber Anfang der 1930er Jahre wegen des wachsenden Antisemitismus Berlin verlassen. Nach einigen Jahren in Frankreich schloss er 1936 einen Vertrag mit

Universal und wurde zusammen mit mehreren anderen Flüchtlingen, darunter Joe Pasternak, der später ein einflussreicher Produzent wurde, nach Hollywood gebracht. Er blieb bis 1941 bei Universal, arbeitete dann für MGM und wechselte um 1948 zu 20th Century Fox. Koster drehte zahlreiche Filme – vorwiegend Musicals und Familiendramen. *The Bishop's Wife* (1947) trug ihm eine Oscar-Nominierung ein.

43 Zum Thema Hollywood und die Bibel siehe *Semeia* 74 (1996), Sonderheft: »Biblical Glamour and Hollywood Glitz«. Siehe auch die gesammelten Essays über *Ben Hur*, eines der einflussreichsten biblischen Epen, die in Hollywood produziert wurden: Barbara Ryan und Milette Shamir (Hg.), *Bigger Than Ben-Hur: The Book, Its Adaptations, and Their Audiences*, Syracuse, NY, 2015.

44 Hier Übersetzung nach der Hebräischen Bibel.

45 Zitiert in George MacDonald Fraser, *The Hollywood History of the World*, London 1988, S. xii.

46 Seit 2012 ist *The Story of Ruth* auf YouTube verfügbar und wurde im Internet häufig angeklickt.

47 Wie Koster Ruth in seiner Adaptation interpretiert, untersucht J. Cheryl Exum, »Is This Naomi?« in: dies., *Plotted, Shot, and Painted: Cultural Representations of Biblical Women*, Sheffield 2012, S. 161-208.

48 Mehr über die Vielfalt der Ruth-Gestalten in *Das Flüstern des Wassers* bei Jonathan Lyonhart und Jennifer Matheny, »The Monstrous Other and the Biblical Narrative of Ruth,« in: *Journal of Religion & Film* 24, no. 2 (2020).

49 Gilles Deleuze und Félix Guattari, *Kafka: Für eine kleine Literatur*, übers. v. Burkhart Kroeber, Frankfurt am Main 1976.

50 Del Toro nimmt mit seiner Erfindung des gottgleichen Fisches etwas vom katholischen Erbe der hispanischen Community in seinen Film auf. »Es ist nicht gerade ein Geheimnis, dass der Fisch ein christliches Symbol ist«, sagt del Toro verschmitzt in einem National-Public-Radio-Interview: »Guillermo del Toro Says ›Shape of Water‹ Is an Antidote for Today's Cynicism«, 1. Dezember 2017, NPR, www.npr.org/transcripts/567265511?t=1655544007392 (letzter Zugriff: Juni 2022).

51 Del Toro erweitert die feministische Dimension des Films, in-

dem er zwei Schauspielerinnen engagiert, die zuvor Hauptrollen in Filmen über den Kampf an den Rand gedrängter Frauen um ihre Rechte gespielt hatten: Sally Hawkins in *Maudie* (2016) und Octavia Spencer in *Hidden Figures* (2016).

52 Siehe Angela Williams' Interview mit del Toro; »Guillermo del Toro Says New Movie is a ›Fairy Tale for Troubled Times‹«, 13. Dezember 2017, ABC News, https://abcnews.go.com/amp/Entertainment/guillermo-del-toro-movie-fairy-tale-troubled-times/story?id=51769703 (letzter Zugriff: Juni 2022).

Nachlese

1 Der Begriff *gleaner* ist aus dem spätlateinischen, ursprünglich keltischen *glennare* abgeleitet. Auch im Hebräischen wird das Wort für Ährenlesen in buchstäblicher wie in übertragener Bedeutung verwendet. So kann *leket* die Lese auf den Feldern und eine Artikel- oder Kommentarsammlung bezeichnen.

2 Amerikanische und jüdische Gemeinden haben sich gegenseitig beeinflusst. Das Aufkommen der neuen *Tikkunim* in der israelischen Kultur geht auf amerikanische Einflüsse zurück. Als der Brauch aber ein voll entwickeltes kulturelles Phänomen in Israel wurde, wirkten israelische Formen der *Tikkunim* wieder auf die jüdisch-amerikanische Sphäre zurück. So verbrachte Ruth Calderon drei Jahre (2002-2005) in New York und organisierte in dieser Zeit im Manhattan Jewish Community Center und auch in der 92nd Street Y Tikkun-Leil-Schawuot-Veranstaltungen.

3 Die Website von Women of Reform Judaism zu Schawuot findet sich auf wrj.org.

4 Rabbi Rachel Grant Meyer, »What Shavuot Teaches Us About Welcoming the Stranger«, 9. Juni 2016, HIAS: https://www.hias.org/blog/what-shavuot-teaches-us-about-welcoming-stranger.

5 Rachel Wharton, »Meet the Gleaners, Combing Farm Fields to Feed the Newly Hungry«, in: *New York Times*, 6. Juli 2020, verfügbar unter www.nytimes.com/2020/07/06/dining/gleaners-farm-food-waste.html.

6 Ruth Rabbah 2,10 (übers. v. Ilana Pardes). Ausgangspunkt dieses Midrasch-Kommentars ist der Begriff *va-tish'er* – »was übrig

war« – im Bibeltext. Der Bibelvers heißt: »Und die Frau blieb zurück ohne ihre beiden Söhne und ohne ihren Mann« (Ruth 1,5).

7 John Keats, »Ode to a Nightingale«, online unter www.poetryfoundation.org/poems/44479/ode-to-a-nightingale. Benedict Cumberbatchs Lesung der Ode auf YouTube ist wunderbar: www.youtube.com/watch?v=TdphtMWjies. Mehr über Keats' Nachtigall bei Helen Vendler, *The Odes of John Keats*, Cambridge, MA, 1983. Deutsch: *John Keats*, Werke und Briefe, übers. v. Mirko Bonné, Stuttgart 1995, S. 145.

8 *John Keats*, Werke und Briefe, übers. v. Mirko Bonné, Stuttgart 1995, S. 145ff.

9 Über Ruths Fähigkeit in der »Ode an eine Nachtigall«, ein Lied zu singen, das menschlich befriedigender ist als das der Nachtigall, siehe Jeffrey Baker, »Nightingale and Melancholy«, in: *Modern Critical Views: John Keats,* hg.v. Harold Bloom, New York 1985, S. 54.

10 Es ist bemerkenswert, dass Ginsberg Keats im Sinn hatte, als er »Kaddisch« verfasste. In der Nacht vor der Niederschrift las er Percy Bysshe Shelleys Gedicht »Adonais: Elegie auf den Tod von John Keats«. Dazu kommt, dass Ginsberg in den ersten Zeilen seiner eigenen Elegie auf den Tod seiner Mutter Shelleys Elegie anklingen lässt. Toni Morrison wird Keats' berühmte Ode gekannt haben, verdankt ihr aber weniger.

Bildnachweis

S. 114: bpk/RMN-Grand Palais/Angèle Dequier
S. 119: bpk/RMN-Grand Palais/Angèle Dequier
S. 120: The National Gallery, London
S. 125: Museum of Fine Arts, Boston, 2022
S. 126: bpk/RMN-Grand Palais/Patrice Schmidt
S. 134: mit freundlicher Genehmigung des Art Renewal Center®, www.artrenewal.org
S. 137: Wikimedia Commons
S. 144: Wikimedia Commons
S. 149: mit freundlicher Genehmigung des Center for Jewish Art, Hebrew University of Jerusalem
S. 151: The Israel Museum, Jerusalem
S. 171: © Adi Nes. Mit freundlicher Genehmigung des Künstlers und der Jack Shainman Gallery, New York